한국 인터넷
밈의 계보학

한국 인터넷 밈의 계보학

김경수 지음

P 필로소픽

차례

1장

《 인터넷 밈, 매체에 타라 》

매체학으로 본 인터넷 밈의 탄생 배경

2장

(박제가 되어버린
합성 소스를 아시오)

합성 소스의 탄생

3장

〈 합성의 긴 터널을 빠져나오자, 인터넷 밈이었다 〉

밈화의 탄생과 그 양상

4장

$\big($ 당신이 인터넷 밈을 들여다본다면, 인터넷 밈 또한 당신을 들여다볼 것이다 $\big)$

한국 인터넷 밈과 정치적 밈

5장

$\big($ 어떻게 인터넷 밈이 변하니? $\big)$

인터넷 밈 이후의 문화와 예술

| 들어가며 |

인터넷 밈, 내 삶의 빛, 내 허리의 불꽃, 나의 죄, 나의 영혼이여

하나의 유령이 한국을 배회하고 있다.
인터넷 밈이라는 유령이…

망했다. 아 뭘 쓰지.

지나가는 인터넷에는 인터넷 밈으로 가득 차 있습니다.

아무래도 망했다. 내가 심사숙고 끝에 내린 결론이다…

밈 보기가 역겨워 가실 때에는…

계약서에 사인까지 했다. 이제는 더 이상 물러날 곳이 없다.

(…)

심영은 어느 날 아침 뒤숭숭한 꿈에서 깨어났을 때, 자신이 엄청나게 큰 인터넷 밈으로 변해 있는 모습을 발견했다.

우선 첫 문장을 보고 당황스러웠을 독자에게 사죄하고 싶다. 편하고 쿨하고 섹시한 첫 문장을 쓰려고 과욕을 부리다가 실패했다. 이러려고 이 책을 쓰려고 했나 자괴감이 들고 괴롭다. "원고 조지고 올게!" 외치며 책상 앞에 앉아도 언제나 조져지는 건 나인 법이다.

이 책은 석사학위논문(이라고 쓰고 흑역사라고 읽는) 〈한국 인터넷 밈의 계보학 - 드라마 〈야인시대〉 밈 이미지에 대한 매체적 연구〉를 단행본으로 고쳐 쓴 것이다. 제목에서 짐작할 수 있다시피 인터넷 밈의 개성과 그것이 우리 삶에 미치는 영향을 매체 이론으로 살피려 했다. 디시인사이드 같은 포털사이트가 유행했던 시절에 탄생한, 한국 인터넷 밈의 시조라고 볼 수 있는 싱하형과 아햏햏부터 인스타그램과 X(트위터) 등 SNS가 발전한 이후의 2세대 인터넷 밈을 넘어, 틱톡 이후의 3세대 인터넷 밈이라 부를 수 있는 해피캣과 푸바오, 민희진까지 시대를 넘나드는 한국의 온갖 인터넷 밈이 이 책의 주인공이다.

다만 이 책은 인터넷 밈 오타쿠가 만족할 만한 책이 아니다. 이 책에서 다루는 인터넷 밈의 역사는 한국 인터넷 서브컬처에 익숙한 사람에게는 상식에 가까운 내용이며 누구든지 검색을 열심히 하면 정리할 수 있는 내용이다. 시큰둥한 표정으로 팔짱을 끼고 '다 아는 밈이구먼…' 하며 중얼거릴지도 모르겠다. 인터넷 밈에 대한 정보를 꼼꼼하게 정리한 백과사전 같은 책을 원하는 독자에게도 이 책은 커다란 도움이 안 될 것이다. 차라리 아이템의 인벤토리나 캐릿처럼, 생업으로 두 눈에 쌍심지를 켜고 요즘 유행하는 인터넷 밈을 최대한 빨리 정리하는 이들의 콘텐츠가 더욱 큰 도움을 줄 것이다. 이 책의 관심사가 온라인 커뮤니티에서 유행한 인터넷 밈을 정보성으로 소개하는 것이 아닐뿐더러 최신 인터넷 밈을 소개하려 해도 책이 출간되었을 즈음에는 이미 죽은 밈이 되었을 가능성이 크다는 위험도 무시할 수가 없다. 이 책은 콘텐츠나 밈 마케팅 입문서[1]가 아니다. 학술서만큼 밀도 높은 논의를 펼치지도 않는다. 이 정체불명의 책을 뭐라 해야 할까. 인터넷 밈을 예술 창작으로 보고 비평하는 시선을 공유하는 비평서이자 각종 미디어 철학을 곁들인 교양서라 말하고 싶다.

왜 하필 인터넷 밈을 연구하냐고 묻는 독자도 있을 것이다. 어릴 적 나는 어떤 사건을 경험한 뒤로 현실 속 친구를 사귀는 것을 두려워했다. 차라리 온라인에서 사람을 만나는 것이 편했다. 나아가 현실을 경멸하기까지 했다. 그러다 보니 자연스럽게 인터넷 밈과 함께 성장했다. 대학생이 될 즈음에야 그 밈들이 윤리적으로 위험할 수도 있음을 자각했다. 그때의 내가 미성숙했다는 죄의식은 구차한 자기연민으로만 비춰질 것이다. 조금이나마 인터넷 밈에 비판적인 거리를 두고 더 성숙한 언어 감수성을 지닌 인간이 되기를 갈구하면서 인터넷 밈을 공부했다. 이 책은 긴 반성문인 셈이다. 다만 인터넷 밈을 무조건 비판적으로 보는 것은 아니다. 인터넷 밈은 친구와 나누는 대화에 유머와 솔직함, 말맛을 더해주는 MSG가 되어주었다. 나 같은 천

---

[1] 이 책이 인터넷 밈의 흐름을 파악하는 방식은 밈 마케팅 혹은 콘텐츠에서 이야기하는 방식과 판이할 것이다.

상 외톨이에게 새 친구를 사귀는 길을 터준 인터넷 밈을 외면
하기 힘들었다. 책 전반에 깔린 인터넷 밈에 대한 이상할 만큼
희망적인 관점은 이런 개인적인 경험에서 온다.

　그런데 인터넷 밈이 무엇일까라는 질문은 정작 답하기가
힘들다. 석사논문을 쓰는 동안에도 어려운 질문이었다. 생각
해보자. 신촌 오거리를 걷고 있는데 행인이 문득 "도를 아십니
까?"라고 묻는 것은 전혀 곤란하지 않을 것이다. 그런데 "인터
넷 밈의 정의를 아십니까?"라는 질문을 받았다면? 곤란한 나
머지 대답하기 힘들 것이다. 보통 인터넷 밈을 느낌적인 느낌
으로만 쓰는 데 익숙하기 때문이다. 인터넷 밈을 진지하게 고
려하면 왜인지 쿨하지 못한 사람, 즉 선비가 되기 마련이다.
도대체 인터넷 밈이 무엇일까. 은어나 유행어라 부르기에도,
웃긴 사진이나 영상이라고 말하기에도 어딘가 모자라다. 사
전에서 정의하듯이 인터넷에서 유행하는 말이나 행동을 모방
하여 만든 문구, 사진, 영상, 따위라고 말하기에는 인터넷 밈이
라고 불릴 만한 것이 너무도 많다.

　이 책은 그 가운데 고전으로 불리며 분석할 가치가 있는 인
터넷 밈을 대상으로 한다. 인터넷 서브컬처에 익숙한 사람이
면 누구든 한번쯤 들어보았을 법한 인터넷 밈이 이 책이 다루
는 대상이다. 음지에서 유통되는 인터넷 밈이 없다는 일부 인
터넷 밈 덕후의 불평은 당연히 따라올 것이다. 하지만… 여백
이 부족하므로 이 책에 굳이 그런 인터넷 밈에 대해서 적지는
않겠다.

　이 책의 의의는 인터넷 밈의 생애주기를 그려내며 옛날 인

터넷 밈을 분석하는 데 그치지 않는다. 우리가 세계를 보는 방식과 일상을 감각하는 방식에 사진과 영화 등 이미지의 탄생이 준 영향처럼, 인터넷 밈이 우리에게 준 영향을 분석하는 것이 이 책의 목적이다.[2] 이를 위해 고전으로 불리는 인터넷 밈을 파헤치는 고고학의 시선을 빌리고자 한다. 이 책이 인터넷 밈 각각을 분석하기보다 그것의 스타일에 초점을 두는 것도 이 때문이다. 파편적이고 순간적이며 자극적이기까지 한 인터넷 밈은 사진이나 회화, 영상 등 우리가 흔히 생각하는 이미지와 다른 스타일과 감수성을 지니고 있다. 그 스타일과 감수성을 분석하는 것은 도파민으로 가득한 동시대를 분석하는 일이기도 하다.

1장에서는 밈과 인터넷 밈 개념에 관한 여러 선행연구를 정리하며 인터넷 밈의 개념을 최대한 좁히려고 한다. 그다음 인터넷 밈이 탄생할 수 있었던 디지털 매체 환경과 그 환경 아래에서 저자성, 그리고 작품을 소비하는 방식이 어떻게 달라졌는지를 다양한 사례로 설명한다. 2장에서는 인터넷 밈이 탄생

---

2   이는 발터 벤야민이 《기술적 복제시대의 예술 작품》에서 쓴 문장이 모티프가 되었다. "역사의 광대한 시공간 내에서는 인간 집합체들의 존재 양식이 총체적으로 변화함에 따라 인간의 지각 양식도 변한다. 인간의 지각이 어떻게 조직화되었는가—즉 인간의 지각을 발생시키는 매체—는 자연적 조건들에 의해 제약되어 있을 뿐만이 아니라, 역사적 조건들에 의해서도 제약되어 있다." 발터 벤야민은 사진이나 영화, 축음기 등 아날로그 매체가 생겨난 1900년대 초반을 관찰하면서 이 말을 남겼다. 언뜻 복잡해 보이지만 실은 우리가 피부로 체감하고 있는 말이다. 시대별로 유행하는 매체에 따라서 사회가 달라지고 우리가 대상 혹은 세계를 인식하는 감각도 달라진다는 이야기다.

하는 토대가 되는 합성 소스를 설명한다. 합성 소스 스타일들의 개성을 분석하며, 각각의 의의와 한계를 검토하려 한다. 3장에서는 합성 소스를 인터넷 밈으로 가동하는 밈화를 예술 창작 행위로 보고 뒷받침할 이론을 소개한다. 또한 요한 하위징아, 상황주의 인터내셔널, 프레드릭 제임슨 등 여러 사상가를 살펴보며 인터넷 밈이 예술 창작, 놀이문화, 정치 운동의 접점이라는 것을 탐구할 것이다. 4장에서는 한국에서 인터넷 밈이 자라나게 되는 사회적인 감수성을 분석하고, 일베 등 문제가 되는 정치적인 밈을 분석한다. 5장에서는 영화를 통해서 인터넷 밈이 예술에 끼치는 영향을 살펴보고, AI 시대의 인터넷 밈을 그려내면서 인터넷 밈이 우리의 예술적인 표현 수단이 되어가는 과정을 그리려 한다. 인터넷 밈은 여전히 현재진행형이며 우리의 삶에 더욱 밀접하게 다가올 것이다.

　세 줄 요약과 스피드 웨건부터 숏폼까지, 스낵 콘텐츠로 불리는 단편적인 문장과 이미지로 구성된 콘텐츠가 주를 이루는 시대다. 이에 따라서 텍스트가 전달되는 속도가 상상을 초월할 정도로 빨라지는 중이다. 이 속도에 적응하느라 우리는 점차 느린 속도로 움직이는 것에 어색해지고 있다. 우리도 모르는 사이 우리의 신체 감각이 달라지고 있는 셈이다. 유행에 뒤처지지 않으려 바삐 움직일 때는 그 변화가 잘 느껴지지 않는다. 잠시 숨을 고르고 뒤를 돌아볼 때 자신의 변화와 그것을 가능하게 하는 동시대의 풍경이 보이기 마련이다. 이 책이 그러한 경험이 되었으면 하는 바람이다.

　이 책에는 여러 사람의 수고가 깃들어 있다. 책의 출발이 된

논문을 지도하신 서현석 교수님과 기꺼이 심사를 맡아주신 오영진 교수님, 심보선 교수님이 아니었더라면 이 책은 지금 없었을 것이다. 흔쾌히 추천사를 써주신 갈로아(김도윤) 작가님과 임지은 작가님께도 감사의 말씀을 드린다. 꼴이 추레한 석사학위논문을 책으로 만들기로 한 출판사 필로소픽에도 감사하다. 원고가 완성되기까지 오랜 기간 기다려주신 사장님께 특히 감사드린다. 이 책을 정성스레 매만져준 김다연 편집자님에게도 감사를 드린다. 편집에 함께한 김지은 님에게도 마찬가지다. 또 이 책을 쓰는 동안 격려를 보낸 수많은 친구와 지인들, 반백수 한량으로 지내는 나를 걱정하며 보살핀 가족에게도 한없이 고맙고 미안하다.

뒤늦게 이야기하는 바지만 책의 첫 문장을 허투루 쓴 것은 아니다. 수십 개 가까이 되는 첫 문장 후보 중 하나를 겨우 골랐다. 나름대로 책 전체를 압축하려고 쓴 것이기에, 이 책이 다룰 내용 대부분이 첫 문장 리스트에 있다.

첫 문장 후보 리스트[3]
1. 오늘 인터넷 밈이 죽었다. 아니, 어쩌면 어제인지 모르겠다.
2. 행복한 움짤은 모두 모습이 비슷하고, 불행한 움짤은 제각각의 불행을 안고 있다.
3. 이 몸은 합성 소스이다. 뜻은 아직 없다.

---

[3]   아 참, 안톤 체호프의 권총 법칙에 따르면 작품에 한번 등장한 총은 반드시 발사되어야만 하는 법이다. 첫 문장 후보 리스트에 있는 열 개의 문장은 장이나 절의 제목으로 재탕될 것이다.

4. 인기깨나 있는 합성 소스에게 합성할 잉여가 꼭 필요하다는 것은 모두가 인정하는 진리다.

5. "크아아아아" 밈 중에서도 최강의 인터넷 밈이 울부짖었다.

6. 나는 병든 병맛이다…… 나는 악한 병맛이다. 나는 호감을 주지 못하는 병맛이다.

7. 부끄러움 많은 인터넷 엽기를 보냈습니다.

8. 박제가 되어버린 합성 소스를 아시오?

9. 인터넷 밈, 내 삶의 빛, 내 허리의 불꽃, 나의 죄, 나의 영혼이여.

10. 합성의 긴 터널을 빠져나오자, 인터넷 밈이었다.

리스트에 적힌 문장의 공통점을 눈치챈 독자가 있을 것이다. 유명한 소설의 첫 문장을 훔친 것이다. 거장의 필력에 무임승차를 해 첫 문장을 날로 먹고 싶었다. 이미 날로 먹은 듯하지만 말이다. 훔쳐 온 첫 문장의 출처는 적어두지 않으려 한다. 독자가 검색으로 느끼는 재미를 빼앗고 싶지는 않다. 출처를 일부러 명시하지 않은 채 제멋대로 자르고 편집하고 도둑질하는 불펌이야말로 밈화, 즉 인터넷 밈이 생산되는 경로이기도 하다. 지금 유행하는 인터넷 밈 대부분은 커뮤니티나 유튜브 등에서 화제가 된 글을 그 즉시 불펌(불법으로 공유)해서 팔로우를 늘리는 바이럴 유머 계정에 의해서 전파되고 있다. 가관이다. 그래서 말인데, 노홍철처럼 실례가 안 된다면 바이럴 한번만 타게 해달라고 말하고 싶다. 여러분 이거 다 농담인 거 아시죠?

| 일러두기 |

* 인터넷 밈의 개성을 살리기 위해 일부 표기는 인터넷 밈의 스타일을 따른다.

* 초상권 및 저작권 문제로 게재 허가를 받지 못한 이미지는 QR코드로 대체해 삽입하였다. 왜 싣지 못하게 되었는지에 대한 나름의 해명을 더했다. 불법과 합법, 비윤리와 농담 사이에 있는 인터넷 밈의 복합성이 더욱 잘 드러날 것이다. 독자를 그 아슬아슬한 경계에 초대하고 싶다.

* 나무위키 등 여러 웹사이트의 도움을 많이 받았다. 사실 관계에 여러 논란이 있는 인터넷 밈의 경우, 검색을 통해 암묵적으로 다수가 정설이라 동의하는 정보를 서술했다.

1장

인터넷 밈, 매체에 타라

매체학으로 본
인터넷 밈의 탄생 배경

피어나! 너 내 미미…밈이 되어라
- 밈 개념의 정립과 그 발전

밈meme은 리처드 도킨스가 1976년에 쓴 《이기적 유전자》에서 만든 신조어다. 재현, 모방을 뜻하는 그리스어 'mimeme'를 유전자를 뜻하는 영어 'gene'과 운율을 맞춰 'meme'으로 변형시켰다. 어원에서 드러나듯이 도킨스는 밈을 유전자에 대응하는 개념으로 설정했다. 인간의 유전자가 경쟁을 거쳐서 살아남듯 밈도 마찬가지라고 본 것이다. 그에 따르면 인간의 문화적 정보도 생존 기계인 유전자처럼 계속해 자신을 복제하고 모방하며 후대를 이어가려고 한다. 그래서 복제 정확도가 높으며, 생존력이 강한 밈일수록 넓은 범위로 전파된다. 원래 정보에 불과했던 것에 생명력이 더해진 셈이다. 도킨스가 초점을 둔 것은 밈 하나하나가 아니라 계속 복제되고 전파되는 밈의 움직임이다. 그래서 도킨스의 밈은 모방을 통해서 전승되는 모든 문화적인 정보를 뜻하면서도 문화 전달의 단위 혹은 모방의 단위를 뜻하기도 한다.

나아가 도킨스의 영향을 받은 과학자 수전 블랙모어는 인간 행위 전체가 밈의 복합체에 불과한 밈플렉스라고 정의한다. 밈플렉스는 흩어져 있던 밈이 이해관계에 따라서 얽히기 시작해 단일한 시스템을 형성하며 종교나 공산주의 같은 이데올로기 및 음모론 등으로 발전해 거대한 밈이 된다는 도킨스의 밈 복합체 개념을 계승한 것이다. 종교처럼 과학적으로 증명이 불가능한 것을 의심하는 회의주의자 도킨스에게는 비합리적인 집단 행동이나 사고가 밈 복합체인 반면, 블랙모어에게는 우리의 일상 전체가 밈 복합체다. 영화 관람 등의 문화 소비를 비롯해 겉치레뿐인 인사까지도 밈 복합체의 사례에 속한다. 우리는 예절부터 언어까지 이전 세대의 것을 모방하면서 자라기 때문이다. 인간은 밈플렉스를 전달하는 매개체에 불과하기에 자유의지를 갖고 있다는 환상에서 벗어나야 한다는 것이 블랙모어의 결론이다.

비록 과학적 사실인 유전자의 전달에 문화 현상을 빗대어 표현하는 것이 무리수라는 비판이 있기는 해도, 밈은 여전히 잘 쓰이는 개념이다. 문제는 무엇이든지 밈이라고 이야기할 수 있다는 것이다. 이전의 것을 재생산한 것에 대해서는 복제라고, 이전에 없던 것을 생산한 발명이나 창조적인 예술에 대해서는 문화적인 돌연변이라고 설명하면 된다. 밈을 반박하는 개념마저도 또 하나의 밈이라고 이야기하면 그만이다. '밈'의 자리에 '거시기'를 넣어 읽어도 별로 이상하지 않을 정도로, 밈의 정체는 포괄적이고 모호하다.

그렇다면 인터넷 밈은 무엇인가? 인터넷에서 전송되는 모든 파일을 인터넷 밈이라 불러도 되는 것일까? 도킨스는 네트워크 기술이 발달하자 인터넷이 밈을 퍼뜨리는 장소가 될 것이라고 보았다. 그는 1989년 출간된 《이기적 유전자》 2판에서 "공장에서 만들어진 컴퓨터도 결국 정보의 자기 복제 형태, 즉 밈의 숙주가 될 것임은 분명히 예측 가능하"[1]며 이메일 등

---

1   리처드 도킨스, 2018, 《이기적 유전자》, 홍영남 · 이상임 옮김, 을유문화사, p. 592.

으로 정보 교환이 더욱 편리해진 인터넷 세상은 자기 복제 프로그램인 밈이 번성하기에 완벽한 환경이라고 언급했다. 그러나 인터넷에서 유행하고 복제된다고 전부 인터넷 밈이 되지 않는다는 것은 모두가 아는 사실이다. 인터넷에서 유행하는 것들 가운데서도 극소수만이 인터넷 밈으로 선택된다. 밈이 인터넷 밈의 상위 개념은 될 수 있을지언정 인터넷 밈을 정확히 지칭하지는 않는다.

지금도 수많은 글에서 인터넷 밈을 설명할 때 밈의 개념을 사용한다. 보통 한 개념어의 어원이나 유래가 그 단어를 이해하는 데 도움이 되는 경우가 있다. 그러나 인터넷 밈은 전혀 아니다. 밈이라는 개념에서 그저 "유행하고 번진다"라는 느낌만 빌린 것에 그치기 때문이다. 인터넷 밈과 밈 사이에는 큰 차이가 있지만 이 둘은 혼용된다.

밈의 개념이 인터넷 밈을 정의하는 데 걸림돌이 되는 것은 더없이 아이러니한 일이다. 또한 밈의 개념은 너무도 광범위해서 인터넷 밈의 복잡하고도 아름다운 개성을 설명하기에 턱없이 부족하다. 인터넷 밈 개념의 부조리와 모호성으로 인터넷 밈 연구가 어려워졌다고 호소하는 연구자도 있을 정도다.[2] 어쩌면 인터넷 밈을 설명하는 데 밈 개념이 아무 도움이 안 된다는 것이야말로 인터넷 밈의 매력이다. 더 정확히는, 인터넷 밈의 뜻이 원래 밈의 뜻을 대체했다는 것이야말로 복제품이 원본을 압도하는 인터넷 밈의 매력이겠다.

---

2 김민형, 2021, 〈팬덤의 수행성 연구 – 인터넷 밈과 시민 참여문화〉, 《기호학 연구》, 66(0), 참고.

미안하다 이거 보여주려고 어그로 끌었다..
매클루언과 키틀러 싸움 수준 ㄹㅇ실화냐?
진짜 세계관최강자들의 싸움이다..
- 매클루언과 키틀러의 매체 이론

하나마나한 말로 들리지만, 패션이든 영화든 인터넷 밈의 재료가 되려면 콘텐츠가 그대로 퍼지는 것이 아니라 인터넷 매체라는 틀을 거쳐서 왜곡이 생겨야 한다. 똑같은 대상일지라도 그것이 재현된 매체 안에서 또 다른 개성이 생기기 때문이다. 그러므로 인터넷 환경을 검토하기 전에 매체의 전반적인 개념에 대해 알아볼 것이다.

매체media의 기원은 'medium'이다. 라틴어로 가운데라는 뜻이다. 대상과 대상 사이에 끼어 있되, 그것이 목적이 있는 도구를 뜻하지는 않는다. 그저 대상과 대상 사이에 있어서 두 대상을 감각적으로 이어주는 것이다. 이에 따르면 A와 B 사이에 낀 모든 것은 매체이다. 어디서부터 어디까지가 매체인지에 대한 답변은 매체학자마다 다르다. 프리드리히 키틀러는 정보를 저장하고 전달하고 재현할 수 있어야 매체로 보았다. 입에서 입으로 전해지는 구술 언어는 매체로 보지 않는 셈이다. 한편, 존 더럼 피터스는 자연이 서로에게 신호를 보내고 있으므로 구름 등의 자연물도 매체로 볼 수 있다고 이야기한다. 최대한 범주를 과장하면 가장 기본적인 감각 기관인 눈, 코, 입은 물론 뇌까지 우리와 세계를 매개하는 매체로 볼 수 있다.

문제는 이 매체가 모든 것을 정확히 이어주지는 않는다는 것이다. 매체는 "세계의 자연적인 면모를 왜곡시킬 뿐만 아니라, 세계에 대한 우리의 지각을 미리 틀 짓는"[3] 것이기 때문이다. 이를 잘 드러낸 사례가 하나 있다. 지금도 예능에 나오곤 하는 〈가족오락관〉의 〈고요 속의 외침〉을 보자. 헤드폰을 쓴 네 사람이 있다. 제시어를 듣고 네 사람이 서로에게 그것을 있는 그대로 전달해야 점수를 얻는다. 그러나 그 과정에서 항상 엉뚱한 단어가 나오기 마련이다. 헤드폰을 쓴 채 서로 이야기를 전달하면 상대의 말을 제대로 듣기 어려워져, 상대방의 입 모양이나 제스처를 보고 추측해야 하기 때문이다. 이는 우스꽝스러운 해프닝을 일으킨다. 이처럼 매체 자체는 필연적으로 오해를 부르는 것이다. 매체에 기반해 타인과 소통하고 세계를 인식하는 우리는 요람에서 무덤까지 이 세상을 왜곡하고 오해하며 살아갈 수밖에 없다. 이렇게 매체는 세계의 자연적인 면모를 왜곡한다는 것이 고대 철학자의 고전적인 관점이다.

　매체가 타자와의 소통을 왜곡할 수 있다는 사실을 처음으로 지적한 철학자는 플라톤이다. 이를 이야기하기 위해선 먼저 플라톤이 미메시스mimesis를 부정적으로 여겼다는 사실에 주목해야 한다. 미메시스는 앞서 이야기한 밈의 어원인 'mimeme'의 어원 'mimos'에서 파생된 단어로, 우리말로 흔히 모방이라 번역되는 편이지만 때로는 재현이라고 번역되기도 한다. 플라톤의 《국가》에서 미메시스는 여러 맥락으로 쓰인다. 미메시스는 그 대상의 본질이 아니라 현상을, 원본을 본뜬 모상을, 진정으로 존재하는 것이 아니라 눈에 보이는 것을 만드

3　심혜련, 2017, 《아우라의 진화》, 이학사, p. 49.

는 행위다. 그는 책 전반에 원본과 미메시스, 즉 그것을 본뜬 복제물 사이의 위계가 있다고 서술한다. 감각으로는 파악할 수 없는 만물의 원형이자 실재인 이데아를 본뜬 저열한 것이 곧 현실 세계라고 보는 그가, 현실을 본뜬 미메시스에 딴지를 거는 것은 당연하다. 모방 행위mimeisthai가 진리에서 세 번째이며 모방술mimetike은 "변변찮은 것과 어울리어 변변찮은 것들을 낳는 변변찮은 것"[4]이라고도 언급하니까.

따라서 만약 매체가 원본과 복제품을 매개한 것이라면, 그에게 매체는 필연적으로 본질을 왜곡하고 타락을 일으키는 것이다. 플라톤은《파이드로스》와《일곱 번째 편지》에서 글쓰기를 비판한다. 그에 따르면 글쓰기는 지혜의 망각을 불러온다. 머리로 되새기고 기억해야만 하는 지혜를 기록하면 문자에 의존해 이성을 기르는 기억력을 안 쓰게 된다는 이야기다. 또한 글이 휘황찬란한 수사를 동원해 거짓을 그럴듯하게 포장해 사실이 아닌 말을 유포할 수도 있다고 보았다. 플라톤은 글이 철학적인 사유를 표현하는 데 적합하지 않다고 생각한 듯하다.

다만 그가 미메시스를 부정적으로만 본 것은 아니다. "즉 나라는 신적인 '본(paradeigma)'을 이용하는 화가들이 나라의 밑그림(diaphraphē)을 그리지 않고서는 결코 행복할 수 없을 것"[5]이라는 말을 통해서 본인(철학자)의 작업도 화가처럼 진리를 본뜨는 작업임을 이야기한다. 가상이 있어야 실재가 보인다는 것

4　　플라톤, 2005,《플라톤의 국가 · 정체(政體)》, 박종현 옮김, 서광사, p. 630.
5　　플라톤, 위와 같은 책, p. 420.

이다.

따라서 플라톤이 반드시 매체를 부정한 것도 아니다. 플라톤은 문자를 파르마콘이라고 이야기한다. 파르마콘은 독과 약을 동시에 의미하는 이중적인 단어다. 왜 그는 매체가 타락을 일으킨다면서 그것을 약이라고 말했을까? 바로 매체가 후대에 지식을 전달하는 기능을 해서다. 그는 물론 대화로 철학을 전개하는 변증술을 글보다 우선시했다. 대화로 철학을 전개할 때 서로 주장하고 변론하는 과정에서 새로운 철학적 사유가 생길 수 있다고 보았다. 반면에 문자는 종이에 기록되고 난 다음에는 상대가 반박할 수 없는 독백과도 같은 구조이다. 지금이야 매체의 발달(?)로 댓글로 개싸움을 벌이는 키보드 배틀이 흔하지만 과거에는 그것이 물리적으로 어려웠다. 하지만 대화로 진리를 추구한다고 한들 뭐라도 적어두어야 자신의 사상을 후대에 영원히 전달할 수 있다.

플라톤의 사유가 지금껏 전승되는 것도 그가 자신의 사유를 대화편이라는 여러 책에 적어두어서다. 대화편은 소크라테스를 중심으로 그 당시 여러 유명한 철학자가 철학적 대화를 나누는 가상의 현장을 그려낸 연작이며, 변증술을 문자로 전달하는 책이다. 종이에 기록된 텍스트 사이의 대화가 불가능하다고 생각한 플라톤의 생각과 달리, 플라톤의 텍스트는 끝없이 해석되며 대화와 논쟁의 소재가 되었다. 그는 평생토록 미메시스가 지식을 전승하는 데 도움을 줄 수 있다는 가능성을 스스로 증명한 셈이었다.

매체학이 본격적으로 학문 분과로서 자리하기 시작한 것은 사진기와 영사기, 축음기 등 여러 매체가 발명되면서부터다. 특정 대상을 보고 듣고 느끼는 우리의 지각 체계를 한정 짓는 틀로서 매체를 바라보는 문제의식이 강해진 것이다.

매체학의 촉매제가 된 학자는 발터 벤야민이라 할 수 있다. 벤야민의《기술적 복제시대의 예술 작품》은 영화, 사진 등 1900년대 매체와 그 이전의 매체의 차이를 분석한 글인데 지금까지도 수많은 매체학자에게 영감을 준다. 이후로 유럽에서는 여러 매체학자가 등장했다. 무성영화의 출현을 실시간으로 지켜보며 영화가 새로운 시각적 언어를 탄생시킬 수 있는 가능성을 분석한 벨라 발라즈, 연극과 영화를 넘나들며 활동한 베르톨트 브레히트 같은 작가가 있다. 또 매체의 탄생으로 인해 생겨난 대중문화를 비판적으로 고찰한 테오도어 아도르노 등이 벤야민과 함께 프랑크푸르트학파를 이루었다. 한편 저 너머 신대륙에서는 글쓰기와 영화, 구술문자와 같은 여러 매체를 오가며 매체의 본질을 탐구한 해럴드 이니스와 월터 옹, 마셜 매클루언 등의 캐나다 학파가 등장했다. 이윽고 2세대 매체학자로 빌렘 플루서와 귄터 안더스, 키틀러, 폴 비릴리오, 장 보드리야르 등이 나타났다.

매체학자는 매체가 세계를, 그리고 인간의 감각을 변화시키는 순간에 주목했다. 옹과 에릭 A.해블록은 고전학을, 매클루언과 키틀러는 문학을 전공해 영화나 사진 등 20세기의 아날로그 매체가 있기 전과 후의 세계를 비교하기에 더없이 적절한 내공을 지닌 이들이었다. 특히 키틀러나 비릴리오의 경우 제2차 세계대전의 참상을 몸소 경험했는데, 이러한 경험은 전쟁과 매체, 대중문화의 관계를 고찰하는 계기가 되었다. 보드리야르도 현대사회에서는 기호가 원본의 사용가치를 대체하는 것을 넘어 원본과 같은 위계에 서게 된다는 시뮬라크르라는 개념을 통해서 TV나 라디오, 영화 등 매스미디어가 만드는 소비주의 사회를 비판했다. 그러나 이토록 많은 매체학자를 여기에서 낱낱이 다룬다면 책의 성격이 달라지기에 대표적인 논의만 소개하겠다.

대중적으로 널리 알려진 매체학자는 매클루언이다. 그는 매체와 인간 신체 사이의 상호작용을 연구한 것으로 잘 알려졌다. 그는 "매체는 메시지"라는 유명한 말을 남겼는데, 컴퓨터나 스마트폰부터 시작해 온갖 매체 사이에서 살아가는 우리는 본능적으로 그 말의 뜻을 알고 있다. 똑같은 말을 해도 편지, 전화와 카톡, DM이 주는 무게감은 확연히 다르기 때문이다. 그래서 어떤 매체를 선택할지 고민도 한다.

예컨대 PPT 고백과 단톡 고백이 최악이라는 이유도 여기에 있다. 왜 어떤 고백은 '고백 공격'이 될까? 고백은 개인이 개인에게 감정을 드러내는 사적인 표현이다. 이러한 고백을 공적인 매체에서 드러내는 순간 둘이 해결해야만 하는 문제가 모두의 문제가 되는 것이다. 사례로 인터넷 밈 중에 이누공, 즉 "이제 누가 공지해주냐"[6]가 있다.

---

6   생각만 해도 아찔하지만, 다행히도 이 밈 속 상황은 커뮤니티 오늘의유머 유저에 의해서 연출된 것으로 알려져 있다. 그러나 고백 공격에 대한 수많은 경험담(?)이 있기에 폭발적인 반응이 생긴 듯하다. 마치 도시전설을 보는 듯하달까.

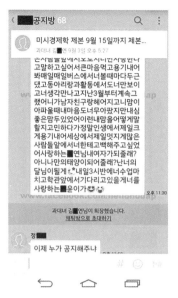

[사진1] 이제 누가 공지해주냐

　이 인터넷 밈은 한 대학생이 과 동기가 모인 단톡방에서, 공지사항을 전달하는 과 대표에게 고백하는 상황을 다룬다. 고백을 들은 과 대표가 말없이 단톡방을 나가자마자 누군가 "이제 누가 공지해주냐" 하고 탄식한다. 여기에서 매체의 힘이 잘 드러난다. 메시지의 내용만 보았을 때는 그저 오글거리는 고백 정도다. 그런데 매체가 하필이면 카톡, 그중에도 단톡방이기에 매체의 힘이 내용을 압도한다. 매체는 단순하게 텍스트를 전달하는 수단에 그치지 않는다. 어떤 매체로 전달하는가가 상대에게 보내는 메시지이기도 하다. 매클루언은 매체가 인간 행위의 규모와 그것의 형태를 제어하는 역할을 한다고 본다. 개인이 사적인 편지를 보내는 것과 단톡방에서 공개적으로 고백하는 것의 규모가 완전히 다르듯이 말이다.

매클루언은 매체 결정론, 즉 '어쩌면 매체가 우리의 행동 범위를 결정하고 있는 것이 아닐까?'라는 화두를 던지지만 이를 양면적으로 바라본다. 그는 매체가 인간 감각의 한계점을 확장하며 재구조화한다고 주장한다. 보청기를 생각하면 편하다. 보청기라는 기기 덕분에 인간은 흐릿해진 청력을 보완하고 되찾을 수 있게 되었다. 2019년에는 루게릭병을 앓던 로봇공학자 피터 스콧 모건이 2년 시한부를 선고받자 자신을 피터2.0이라는 사이보그로 개조하려고 시도한 일도 있다. 그는 병마와 싸우다 2022년에 64세로 별세했지만 그의 시도는 장애를 이겨낼 수 있도록 돕는 매체의 힘을, 그리고 인간과 매체의 아름다운 공생을 보여주었다는 함의가 있다. 그런 한편 매체는 인간의 감각을 매체의 한계에 가두는 절단을 일으키기도 한다. 매클루언의 매체 이론은 이처럼 기계와 신체 간의 경계를 무너뜨리고, 인간과 기계의 공존을 모색하며 인간의 진화를 논하는 포스트휴머니즘 사회에 문제의식을 던진다. 다만 그의 관점은 매체가 그 자체로 힘을 지니더라도 결국 그 매체를 쓰는 주체는 인간이라는 인간중심주의에 기반해 있다.

반면 키틀러는 매클루언의 인간중심주의를 뒤집는다. 매클루언이 인간 감각과 문화적 영역 전반까지 매체로 보는 반면에 키틀러는 매체를 채널 안에서 전개되는 "정보의 저장과 전달, 재현의 방식"[7]으로 정의하며 이를 인간의 신체에서 분리한

---

[7] 프리드리히 키틀러, 2019,《축음기, 영화, 타자기》, 유현주·김남시 옮김, 문학과지성사, p. 555.

다. 스마트폰을 통해 언제든 실시간으로 정보를 교환할 수 있는 우리 시대에는 당연한 정의로 보이지만 속뜻은 꽤 섬뜩하다. 저장을 매체의 핵심으로 봤을 때 목소리가 매체에서 가장 먼저 제외되기 때문이다. 설화를 사례로 들어보자. 입에서 입으로 전승되는 옛이야기는 말해지는 순간 사라지기에 원본이 정확히 기록되지 않는다. 기억은 보통 상황에 따라 재구성된 과거로, 기억에 의존해 토씨 하나 틀리지 않고 정보를 전달하는 것은 사실상 불가능하다. 기억을 회상하는 과정에서 왜곡이 생길 수밖에 없는 것이다. 또한 발화자가 정보를 전달할 때마다 다른 청자를 상정하고, 말하는 상황에 의해서 이야기가 재구성되기에 설화에는 수많은 버전이 생긴다. 목소리로는 정확한 정보의 매개가 불가능해지므로 키틀러는 과감히 인간의 목소리를 매체에서 배제한다.

키틀러에게 글쓰기가 생기기 이전의 매체는 없다. 종이에 쓰인 글자든, 사진이나 영상이든, 혹은 비트$_{bit}$든 보는 이가 정보를 객관적으로 볼 수 있는 물질 매체로 기록되어야 정보로 기능한다고 보기 때문이다. 이로써 인간의 신체와 정보가 적힌 매체가 분리되고 기술매체가 인간을 지배한다는 것이 키틀러의 논지다.

키틀러는 또 글쓰기 매체와 축음기, 영사기, 타자기라는 20세기의 아날로그 매체를 구분한다. 그는 글쓰기 매체가 중심적이었던 시기를 기록체계 1800으로, 아날로그 매체가 중심적이었던 시기를 기록체계 1900으로 나누며 두 체계 아래서 인간의 감각이 어떻게 달라지는지를 포착하려고 한다. 키틀러에게 축음기, 영화, 타자기라는 아날로그 매체가 유행한 기록체계 1900의 핵심은 노이즈다. "매체의 시대는 주어진 상황을 애초에 신호 - 잡음 비율을 통해 정의하기 때문"[8]이다.

이때 노이즈는 단순히 소음만 뜻하지 않는다. 인간이 의미화할 수 있는 신호로 포착되지 않는 모든 것을 지칭한다. 문자가 독점적인 매체인 1800년대에는 노이즈가 배제되었다. 키틀러에 따르면, 당대의 독자는 문학 작품을 향유하면서 텍스트에 적힌 감각적인 묘사를 보고 그 감각을 자의적으로 상상했다. 또한 문자로 쓰인 텍스트는 세상을 있는 그대로 기록한 것이 아니라 문학을 출판할 수 있는 특권을 지니는 작가가 골라서 쓴 것이었다. 인간의 상상 안에서만 구현되는 감각에는 노이즈가 끼어들 수가 없었다.

소설 속 대화를 생각하면 편하다. 소설은 풍경과 내면 묘사, 진술, 상황 설명 등을 구분한다. 특히 인물 사이의 대화는 풍경과 내면 묘사, 진술 등이 포함된 문단과는 구분된다. 마치 수학 공식에서 괄호를 치듯 말이다. 소설 속 두 주인공이 숲에서 대화한다고 가정해보자. 숲은 배경으로 물러나고 큰따옴표 안에 적힌 둘의 대화가 전개된다. 둘이 대화하는 동안 들리는 여러 소음은 큰따옴표 밖으로 밀려 나간다. 오직 둘만 거기에 있는 듯이 말이다. 인간은 화면 중앙에 있기에 더욱 두드러지고 배경은 뒤로 물러나는 원근법의 감각이 여기에 반영된다.

축음기로 녹음한 소리에는 소설에서 서술되듯이 인간의 목

8　프리드리히 키틀러, 앞과 같은 책, p.296

소리만 담기지 않는다. 인간의 목소리가 다른 소음과 같은 볼
륨으로 녹음된다. 거리에서 대화를 녹음한다고 가정해보자. 지
직거리는 소리가 둘의 대화 사이로 흐르기 시작한다. 또 거리
에 오가는 군중의 웅성거리는 소리, 자동차나 기차가 움직이는
소리 등 여러 소음이 함께 기록된다. 축음기가 아니었더라면,
우리는 우리 목소리 외에 우리 주변의 소음을 들을 수 없었을
것이다. 키틀러는 인간이 보지 못했던 것이 매체에 의해 보여
지고, 그것이 다시 인간 신체에 반영되는 과정에 주목했다.

> 기술적 미디어는 이렇게 신체와 그 분신 간의 피드백 루프
> 가 완전히 단절되는 것에 의해 정의된다. 그것은 신체가 더
> 이상 거울 속에서, 자신의 내면에 기억된 자기 자신의 신체
> 적 이미지 속에서, 혹은 타인의 승인하는 눈 속에서 자신의
> 분신을 발견하지 못하게 만든다. 사람은 카세트테이프에
> 녹음된 자기 목소리를 알아듣지 못한다. 후두, 유스타키오
> 관, 내이內耳의 피드백 루프는 마이크로 전해지지 않고, 오
> 로지 외부 공간의 음향만 테이프에 저장되기 때문이다. 마
> 찬가지로, 초창기에는 사람들이 자신의 움직이는 도플갱어
> 를 알아보지 못했다는 으스스한 증언이 줄을 이었다.[9]

매체에 기록되는 나 자신과 내가 생각한 나 자신은 다르다.

---

9   프리드리히 키틀러, 2011,《광학적 미디어: 1999년 베를린 강의》, 윤원화
옮김, 현실문화, pp. 277-278.

매체는 우리의 일상이 우리가 감지할 수 없는 소음으로 가득하며, 우리가 소음과 함께 살아야 한다는 사실을 알려주는 창구이기도 한 것이다.

사진도 마찬가지다. 키틀러는 《사진과 보복Photographie und Vergel-tung(1865)》이라는 소설을 사례로 사진이 처음 발명될 당시의 분위기를 생생히 복원한다. 이 소설에는 자신의 초상 사진을 찍은 모든 손님이 초상화가가 그리거나 조각가가 새긴 제 얼굴과 초상 사진 속 제 모습이 달라서 기겁하는 상황이 묘사되어 있다. 그들의 눈에 사진 속 자신의 얼굴은 자신이 생각한 자신과 전혀 닮지 않았을 뿐더러, 전과자처럼 보이기까지 한다. 키틀러에 따르면 "사진이라는 미디어 기술은 조각가나 화가가 직분에 충실하게 모델을 "신격화"하면서 거듭 복제했던 "이상적"인 것 또는 상상적인 것을 파괴한다." 동시에 사진은 귀족의 딸마저도 전과자처럼 보이도록 하는 "어떤 실재적인 것을 처음으로 시각화"[10]한다. 셀카 속 내 얼굴이 내가 상상하는 나와 달라 보이는 것도 사진기가 내 얼굴을 다른 신호로 전환해 물리적 형상으로 남겨서다. 사진은 찍히는 순간부터 내가 정확히 보고 있다고 여겼던 것에 노이즈를 개입시키며 나 자신마저도 다르게 보이도록 한다.

마지막으로 타자기와 컴퓨터가 보편화된 시기에 이르러 인간이 쓰는 텍스트 전체가 숫자 신호로 변환되고야 만다. 애니악 컴퓨터는 유통되는 정보를 암호문에 기반한 신호 체계나

---

10 프리드리히 키틀러, 앞과 같은 책, p. 223.

비트로 변경한다. 비트는 모든 것을 모스부호나 0과 1의 조합으로 저장하면서, 그 모든 것을 숫자의 조합에 불과한 것으로 변환한다. 인간의 흔적은 디지털 매체에서 완전히 실종되고, 다른 기호로 변환가능한 기호로만 기록되기 시작한 것이다. 키틀러는 이를 케이블화 혹은 "모든 데이터 흐름이 튜링의 범용 기계의 n단계로 흘러 들어가고, 숫자와 도형 들이 모든 피조물의 열쇠가 되는"[11] 시대인 컴퓨터화로 이야기한다. 인터넷 세계 안에서 우리는 독창적인 개인이 아니라 네티즌 중 하나에 불과하며, 우리가 쓴 글은 그저 비트에 불과하다.

　이때 독점적인 저자의 권위가 사라진다. 여기에는 두 가지 이유가 있다. 하나는 기술적인 변화에 있다. 타자기가 쓰이기 시작하면서 정보의 개념이 달라졌다. 이전까지만 하더라도 실명성과 저자의 주체성을 지닌 책만이 정보로 인정되었다. 반면 타자기가 등장하면서 기계 글쓰기가 생긴 이후 누구든 익명으로 자신이 쓴 텍스트를 퍼뜨릴 수 있게 되었다. 실명과 저작권에 기반한 저자의 권위가 해체되기 시작한 것이다. 타자기로 입력된 정보는 같은 필체로 쓰이기 때문에 멀리서 볼 때 저자가 구분되지 않는다. 인터넷에 유포되는 음모론이나 루머를 생각하면 편하다. 루머에는 저작권은 물론 저자도 사라져버리고 누군가가 퍼뜨린 거짓된 정보의 콜라주만이 남아 있다.

　첫 번째 이유와 맞닿아 있는 두 번째 이유가 있다. 매체의

11　프리드리히 키틀러, 2019, 《축음기, 영화, 타자기》, 유현주 · 김남시 옮김, 문학과지성사, p. 44.

변화에 따라서 저자가 될 수 있는 장벽이 한층 낮아진 것이다. 1800년대만 하더라도 저자가 대부분 남성이었다. 여성은 사회적인 분위기로 인해 남성에게 창작의 동력을 제공하는 뮤즈로만 머물렀을 뿐 작가로서 전면에 나서지 못했기 때문이다. 그러나 기계로 글을 쓰는 타자기가 생기며 여성이든 남성이든, 노동자든 부르주아지든 누구든 글을 쓸 수 있게 되었다. 더 정확히는 누가 쓰든 종이에 인쇄되어 나오는 텍스트는 같으므로 글 쓰는 사람의 성별이 아무런 상관이 없어진 것이다.

지금까지 설명한 키틀러의 매체 이론은 프랑스의 정신분석학자 자크 라캉의 영향을 받은 것이다. 키틀러는 라캉이 인간의 무의식을 실재와 상징계, 상상계로 구조화하는 방법[12]이 매체의 기술적 구분과 일치한다고 지적하며 논지를 전개한다.

---

12 자크 라캉은 인간의 무의식을 실재real, 상징계, 상상계로 나누어 설명했다. 라캉의 이론을 거칠게 도식화해보자. 우선 실재와 상징계는 각각 혼돈과 질서라고 생각하면 편하다. 우리는 흔히 거리에서 어린아이가 떼쓰는 것을 마주할 수 있다. 아이는 자신이 원하는 대로 하자고 조르지만, 부모에 의해서 "이건 안 돼"라는 식으로 저지당하기 마련이다. 이처럼 부모는 어린아이가 성장할 때 세상의 법과 규칙, 언어를 알려주면서 사회화를 진행한다. 아이는 차츰 사회에 적응하면서 맞는 것과 아닌 것을 구분하고 사회된 어른으로 자라난다. 상징계로 진입하게 되는 것이다. 상징계는 질서와 그 질서를 지탱하는 언어(기표)로 구성된다. 반면 실재는 무의식 깊은 곳에 숨어서 눈에 보이지 않는 우리의 욕망이다. 이때 상징계와 질서를 매개하는 상상계가 있다. 상상계는 흔히들 거울단계라는 상태로 표상된다. 아이가 거울 앞에서 자신의 팔다리를 움직거리며 그 모습이 비친 이미지를 보고 자신을 인지하는 단계다. 다만 그 이미지는 거울 속 환상에 불과하다. 거울은 자신의 몸짓을 의미화하는 데 도움을 주되 환상에 기반해 있다. 이처럼 일상과 실재를 이어주는 대상 a로 볼 수 있는 상상계는 실재의 실루엣을 보게끔 하면서 실재를 저 너머에 있게끔 하는 커튼이다.

우선 타자기는 상징계다. 상징계는 눈으로 보이는 기호로 구성된 세계다. 키틀러는 물질화된 언어를 계속 생산하는 타자기를 상징계로 본 것이다. 반면 축음기는 실재다. 인간의 언어로는 의미화하기 어려운 노이즈를 생산해서다. 영화는 이 둘 사이에 끼어 있다. 영화는 상상계, 즉 거울단계 속 아이와 같다. 인간은 영화를 통해 자신의 움직임을 마주할 수 있게 되었으나 그것은 본질적으로 환영에 불과하다. 1초에 24장의 사진을 재생하는 기술을 통해 화학 질료의 연속을 사실로 착각하게끔 해서다. 몽타주, 고속촬영, 저속촬영 등의 기술로 현실이 기록되는 필름을 조작하고 재구성하는 영화는 사실이자 거짓이다. 이때 "시각, 청각, 문자의 기술적 분화와 함께 인간은 조작이 가능한 것이 된다. 인간의 존재는 기술적 장치로 변질된다."[13]

키틀러는 인간이 눈, 코, 입 등 감각을 통합해 세계를 하나로 인식하듯 미디어도 마찬가지라고 보았다. 미디어 기술이 먼저 각각의 감각 채널을 분리하고 낱낱이 계측한 후에야 비로소 이들을 다시 조합해서 멀티미디어 시스템이 생기는 것이다.

키틀러의 매체 이론에서 매체는 우리와 상관없이 발전하고, 인간은 매체의 발명자에 그친다. 키틀러는 천재로 불리는 한 인간이 매체를 발명하고 이끌었다는 연대기적인 서술을 거부한다. 그는 기술을 중심으로 역사를 재구성하며, 기술의 역사를 인간의 역사처럼 서술한다. 인간을 서술할 때마다 "소위 인

---

13 프리드리히 키틀러, 앞과 같은 책, p. 39.

간은…"이라고 덧붙이기까지 했던 그는 "매체가 우리의 상황
을 결정하"[14]기에 매체가 인간보다 더 우위에 있다고 보았다.

매체가 인간 감각의 한계를 확장한다고 본 매클루언의 주
장과 매체가 인간 감각의 한계를 결정한다는 키틀러의 주장은
둘 다 나름대로 이해된다. 다만 이 둘 중 하나만 맞다고 할 수
는 없다. 또한 디지털 매체는 현재진행형인 매체인 데다가 발
전 속도가 나날이 빨라지기에 섣불리 그 속성을 정의하기에도
까다롭다.

죽은 키틀러가 지금의 매체를 어떻게 생각하는지는 정확히
알 수 없다. 그러나 기술이 혁신적으로 발달한 지금이야말로
"매체가 우리의 상황을 결정"한다는 키틀러의 말을 되돌아볼
때다. 식당 키오스크 앞에서 쩔쩔매는 노인을 보는 일은 일상
다반사가 되었다. 스마트폰을 충전할 수 있는 콘센트에 매여
있는 우리의 모습은 마치 목줄에 묶인 개의 모습 같기도 하다.
나아가 가짜뉴스나 데이터 알고리즘 등이 우리의 사고를 확증
편향으로 몰고 가며 의식을 옭아매는 중이기도 하다. 매체로
인해 우리 삶이 확장되기는커녕 뒤흔들리고 있는, 우리가 보
지 못한 우리의 심연을 보고 있는 지금이야말로 매체가 우리
의 상황을 결정한다는 전제가 더 설득력이 있는 듯하다.

14 프리드리히 키틀러, 앞과 같은 책, p. 7.

"크아아아아" 밈 중에서도
최강의 인터넷 밈이 울부짖었다
– 리모르 시프만의 인터넷 밈 개념

인터넷 밈을 본격적인 연구 대상으로 삼은 학자는 리모르 시프만이다. 그는 인터넷 담론과 도킨스로부터 생겨난 밈 연구 사이에 괴리가 있다고 말하면서 인터넷 밈과 밈 개념 사이에 연결고리가 없다는 점을 지적한다. 시프만은 그의 저서《디지털 문화의 전파자 밈(2022)》에서 인터넷을 소통의 매개medium로 설정하고, 밈 개념을 문화 정보로 해석하며 인터넷 밈과 밈의 차이를 설명한다. 기존의 밈이 인간과 인간 사이에 퍼지는 것이라면, 그는 인터넷이라는 매체를 또 다른 항으로 삽입하는 셈이다.

시프만은 인터넷 밈을 "1.콘텐츠, 형식, 그리고/또는 입장을 공유하는 디지털 아이템item들의 집합체로, 2.서로의 존재를 의식하면서 만들어진 것으로, 3.널리 유포되고 모방되고 그리고/또는 인터넷을 통해 다수의 사용자가 변형할 수 있는 것"[15]으로 이야기한다. 도킨스의 밈은 유행하는 문화현상 전반을 추상적으로 지칭하는 데 비해서 시프만은 추상적인 밈 개념에 인터넷이라는 시공간을 설정한다. 나아가 콘텐츠와 형식, 입장 등 여러 조건을 더해서 인터넷 밈으로 불릴 수 있는 대상을 구체적으로 정의했다.

---

15   리모르 시프만, 2022,《디지털 문화의 전파자 밈》, 최은창 옮김, 한올아카데미, p. 65.

시프만은 커뮤니티든 SNS든 혹은 뉴스 언론 등의 댓글창에서든, 인터넷 밈을 유통하는 밈 허브meme hub가 생겨야 인터넷 밈이 활성화되기 시작한다고 보았다. 거기서 비슷한 문화정체성을 공유하는 유저끼리 인터넷 밈으로 관심사를 공유하며 인터넷 밈이 퍼져나간다. 모든 커뮤니티는 저마다의 밈을 공유하게 된다. 그러다 커뮤니티끼리 교류가 생기며 인터넷 밈이 퍼지고 뒤섞이기 시작한다. 인터넷 밈의 문화적인 혼종성은 여기서 비롯한다.

시프만에 따르면 인터넷 밈은 모방mimicry과 리믹스remix로 제작된다. 모방은 텍스트를 다른 것으로 대체해 재가공하는 것을, 리믹스는 기존 이미지에 새로운 이미지를 추가하거나 사운드를 입히는 것을 일컫는다.[16] 이때 모방과 리믹스의 재료가 되는 텍스트는 열린 텍스트다. 열린 텍스트는 의미가 완결된 텍스트가 아니다. 독자가 텍스트를 제 나름대로 가공하면서 의미가 정해지는 텍스트를 뜻한다. 열린 텍스트는 원본이 복제품보다 위대하다는 고전적인 위계에서 자유롭다. 독자에 의해서 다른 텍스트와 합성되거나 재해석되는 순간 원본에 버금가는 가치가 생기기 때문이다. 인터넷 밈은 이러한 열린 텍스트를 재료로 함으로써 원본과의 관계를 따지기보다, 원본이 어떻게 예상외의 텍스트와 합성되었는지를 가늠하면서 그 과정을 소비하는 전도가 일어나게 한다.

예컨대 리믹스 밈은 단순히 여러 음악을 뒤섞는 것만으로

16 리모르 시프만, 앞과 같은 책, pp. 41-43.

성립하지 않고, 이를 넘어서야 한다. 영화 〈좋은 놈, 나쁜 놈, 이상한 놈(2008)〉 OST 〈Don't let me be misundertood〉와 빠삐코 CM송의 멜로디가 비슷하다는 것을 우연히 발견한 디시인사이드 유저가 두 음악을 리믹스해서 만든 빠삐놈이 그 사례다. 빠삐놈 리믹스 중 가장 유명한 병神[17]리믹스 같은 경우는 전진과 D.I.S.C.O 등 그때 유행한 합성 소스 이미지를 한 곳에 모아둔 것으로 유명하다. 지금도 유튜브에서 흡사 종교 집단의 교주와 같은 인기를 누리고 있는 DJ 요한 일렉트릭 바흐[18]와 정했댜일기석 등 밈 생산자의 매시업mashup은 음악과 시각적인 요소가 이어져 있다. 모방과 리믹스 둘 중 어느 쪽이든 인터넷 밈은 복제라기보다는 창작에 더 가깝다.

인터넷 밈의 반대편에는 바이럴viral이 있다. 시프만은 특정한 문화적 유닛(이미지나 텍스트, 비디오 등)이 대중에게 퍼지고,

---

17 2008년 경 유행하기 시작한 빠삐놈 병神 리믹스는 빠삐코 CM송에 〈Don't let me be misundertood〉와 구준엽, 전진, 엄정화와 이효리, 한가인 등의 음악 합성 소스를 리믹스한 것으로, 빠삐코 광고 영상과 가수의 음악방송 라이브 및 M/V가 교차편집되어서 등장하는 방식으로 이루어져 있다. (gogos8, 2008.07.29, PapiNom Pyung-shin Disco Ver. (빠삐놈 병神), 유튜브, https://www.youtube.com/watch?v=9G9rIzN9E6w)

18 요한 일렉트릭 바흐(줄여서 J.E.B)는 인디밴드 SSS의 멤버인 조선구의 활동명으로, 유튜브에서 둘 혹은 그 이상의 음악을 창조적으로 매시업하는 것으로 유명하다. 2012년에 활동을 시작했지만 지금까지도 그의 대표적인 작업이라고 불리는 전국 Handclap 자랑으로 다량의 팬이 유입해 폭발적인 인기를 누리기 시작했다. SM 등 아이돌 회사의 음악을 매시업하는 작업을 꾸준히 하며 SM town live 등 다수의 공연에 참여했다. 그의 영상은 앨범 커버를 패러디하거나 두 개 이상의 요소를 혼합하면서 시청자들의 주의를 끈다. (J.E.B, 유튜브 채널, https://www.youtube.com/@JEBofficial)

수백만의 사람들이 그것을 보고 쓰는 것을 바이럴로 규정한다. 바이럴의 전파는 유행어가 퍼지는 과정과 비슷하다. 유행어는 TV나 라디오 등 전통적인 매체 환경에서 탄생했다. 당연한 얘기지만 책과 같은 매체에서는 곧장 유행어가 될 만한 대사가 등장하기 힘들다. 텍스트를 읽는 데는 비교적 오랜 시간이 걸리며, 각자가 그 텍스트를 소화하는 시간이 다르기 때문이다. 또 텍스트에 깃든 뉘앙스는 직관적이지 않다는 한계도 있다. 그러나 TV나 라디오에서는 동시다발적으로 유행어가 될 법한 단어를 송출할 뿐만 아니라 화자의 어투나 뉘앙스 등이 직관적으로 전달되는 경우가 대부분이다. TV나 라디오에서 유행어가 발생하기 더 쉬운 이유다. 유행어는 인터넷 밈과는 다르게 그 창조자가 선명하게 있을뿐더러 그 단어를 그대로 쓰는 것이 미덕이다. 패러디하더라도 원본의 맥락에 따라야만 한다.

다시 인터넷 밈의 이야기로 돌아와서, 시프만은 인터넷 밈이 어떻게 쓰이느냐에 따라서 창조자 기반 밈founder - based meme과 평등주의자 밈egalitarian meme이 된다고도 이야기한다. 텍스트와 비디오, 사진에서 파생된 창조자 기반 밈은 창작자가 명확한 원본을 중심으로 익명의 네티즌이 원본을 가공하는 것이다. 창조자 기반 밈은 콘텐츠 시장에서 흔히들 말하는 OSMU[19]나 콘텐츠 IP[20]와는 다르다. 창조자 기반 밈을 소비하

---

19 원 소스 멀티 유스One Source Multi Use. 특정 콘텐츠를 재료로 콘텐츠가 확장되는 것을 이야기한다. 세계관을 공유하는 스핀오프가 나온다든지, 게임 등의 다른 장르로 각색한다든지 하는 창작이 여기에 속한다.

20 콘텐츠 지식 재산Intellectual Property의 약자로, 한 콘텐츠에서 특정 요

는 소비자는 원본의 설정을 확대하는 데 무심하다. 이들은 페티시즘에 기반해 있는데, 원본의 한 부분만을 발췌해 특정한 규칙을 형성하고 그 규칙을 강박적으로 따르며 소비한다는 점에서 그러하다. 유튜브에서 흔히 보이는 사례로, sake L의 노동요 밈은 창조자 기반 밈의 가장 적절한 예시일 것이다.

유튜버 sake L은 당시에 유행했던 아이돌 노래를 한데 모아서 1.2배속으로 빠르게 재생한 영상을 '노동요'라는 이름으로 올렸다. 이때 sake L은 핵폭탄이 터지는 사진에 인형극 〈세서미 스트리트〉의 캐릭터 엘모가 놀란 표정을 짓고 있는 장면을 합성해 썸네일로 사용한다. 이는 인터넷에서 선풍적인 인기를 끌었고 수많은 파생 밈이 생산되었다. 원본은 2010년대에 유행한 샤이니 등의 2.5세대 아이돌 노래를 중심으로 했으나 3세대 아이돌이 등장하자 그 아이돌의 노래를 모은 또 다

[사진2] 노동요

소를 기반으로 다른 콘텐츠를 만들 수 있는 권한을 뜻한다.

른 버전이 생기기 시작했다. 또한 민중가요 등 다른 장르 노래를 sake L 노동요 형식에 따라서 만드는 경우도 더러 있다. 노동노동요 등의 영상이 그러하다.

노동요 밈은 전부 핵폭탄이 터지는 배경을 바탕으로 한 엘모의 사진을 변형해 썸네일로 쓴다는 규칙을 공유하고 있다. sake L의 노동요는 노래 속도만 빠르게 변환한다면 원본에 있는 노래를 다른 노래로 대체해도 되기에, 저마다의 노동요를 제작하기에 충분한 소스다.

한편 평등주의자 밈은 원본과 이를 변형해 탄생한 밈 중 무엇이 원본인지 도저히 따지기가 힘든 밈으로, 대부분 동시다발적으로 퍼져나간다. 물론 각각의 원본은 있을지라도 그것이 익명의 네티즌으로 인해 밈으로 합성되는 순간부터 출처 불명이 된다. 평등주의자 밈에는 대중이 공감할 수 있는 출퇴근의 힘겨움 등의 보편적이고 정형적인 상황이 설정되어 있다. 개비스콘 밈을 사례로 들 수 있을 것이다. 위장약 개비스콘 CF를 캡처한 합성 소스를 바탕으로 하는 인터넷 밈이지만, 밈을 처음 쓴 사람은 그 출처를 알 수 없다. 이 밈이 흥행하는 원인은 누구든지 자신이 처한 상황에 따라서 가공할 수 있는 내용과 형식을 지니고 있어서다. 일종의 우화寓話[21]인 셈이다.

---

21 우화는 A를 그려내고자 그것을 충분히 연상할 수 있게끔 만드는 B를 제시하는 수사인 알레고리에 기반한다. 알레고리는 주로 작가가 자신이 말하고자 하는 교훈을 더 효과적으로 전달하기 위한 수단으로 시작되었다. 〈이솝우화〉의 "저 포도는 신 포도일 거야!"라 외치는 여우를 생각하면 편하다. 작가가 숨겨둔 의미를 독자가 발견하게 하는 방식이므로 작가의 영향력이 절대적이라 여겨지던 수사법이었다. 훗날 독일 철학자 발터 벤야

[사진3] 개비스콘 짤

[사진3]을 보자. 가슴쓰림으로 고통받는 광고 속 인물의 표정과 약을 먹은 후 고통이 해결되어 나타나는 과장된 표정은 극단적으로 대비되어 있다. 첫 번째 사진에는 보통 각자가 루

민은 《독일 비애극의 원천》에서 알레고리를 재평가한다. 독자나 비평가가 B를 본 뒤 A를 주체적으로 연상할 수 있다는 자의성에 초점을 두어서 기존 텍스트를 더 급진적으로 해석하고 재창조할 가능성을 발견하려 한 것이다. 일례로, 드니 빌뇌브의 〈듄〉 시리즈는 하코넨 가문이 사막에서 프레멘에게 폭력을 퍼붓고 있다는 설정을 기반으로 이스라엘-팔레스타인 사이의 전쟁을 드러내는 것이라고 재해석할 수 있다. 원래 텍스트가 그럴 의도가 없더라도 이처럼 알레고리의 대상으로 설정하고 새로운 해석을 부여할 수 있는 것이다. 이후 '저자의 죽음'을 논하며 설명할 내용이지만, 이는 작가가 텍스트의 의미를 더는 고정할 수 없기 때문이다. 이처럼 개비스콘 광고에서 보통 직장인의 모습을 발견하는 것은 우화적 독법에 기반한다.

틴화된 일상에서 경험하는 여러 스트레스를, 두 번째 사진에는 그 루틴화된 일상을 벗어나서 퇴사나 종강 등 잠깐의 휴식을 취하는 상황을 삽입한다. 이는 출퇴근이 힘들다 하는 뻔한 말마저 새로운 것으로 보이게끔 하는, 일상 속의 작은 창조 행위인 셈이다. 인터넷 밈은 우리를 일상의 예술가로 만든다. 시프만은 인터넷 밈을 포스트모던 시대의 민담이라고 정의했다. 정체불명의 원본을 토대로 하여 우리가 잠시나마 이야기를 마음껏 변형하고, 타인에게 물려주는 이야기꾼으로 거듭나는 재미야말로 인터넷 밈의 재미라고 본 듯하다.

　위와 같은 점에서, 시프만의 정의를 확장해 인터넷 밈을 '합성 소스를 기반으로 하는 불특정 다수의 대중이 참여하는 대안적인 놀이'라고 이야기하고 싶다. 동시에 이는 놀이로 작품을 생산하는 창작 행위이기도 하다. 인터넷 밈이 생기려면 영화나 드라마, 만화 등의 원본이 있어야 하며 그 원본은 디지털 파일로 제작되고 인터넷에 유포되어야 한다. 거기서 우연히 짤방과 같은 합성 소스가 생긴다. 합성 소스는 그림, 사진, 영화 등 무엇을 토대로 하는지에 따라 그 형식을 나눌 수 있다. 합성 소스는 불특정 다수 유저에 의해 음악 등의 여러 요소와 합해지고, 거기서 밈의 장르가 생긴다. 밈화는 각 요소가 장르적인 규칙을 형성하는 과정을 지칭한다. 한 이미지가 분해와 결합을 거쳐서 계속 다른 이미지로 생산되는 셈이다. 이 모든 조건을 통과해야만 인터넷 밈이 된다.

언어로 갈까요~ 이미지로 갈까요~
차라리 텍스트로 갈까요
- 인터넷 밈의 혼종성

우리는 인터넷 밈을 이야기할 때 주로 "짤방"을 생각한다. 짤방은 2000년대 초반 유행한 인터넷 유머로 짤림방지용이라는 말을 줄인 것이다. 카페 혹은 온라인 커뮤니티의 게시판에 아무 내용 없는 게시물인 뻘글을 업로드할 때 그 글이 삭제되지 않게끔 형식상 삽입한 웃긴 사진을 일컬었다. 여기에 업로드된 웃긴 사진은 대부분 나중에 인터넷 밈으로 유행했으며, 짤방은 인터넷 밈 전반을 지칭하는 말이 되었다. 지금도 SNS나 커뮤니티에서 인터넷 밈이 JPG, GIF 등 이미지 확장자와 결부된다는 것은 눈여겨볼 만한 지점이다. 커뮤니티와 SNS 등에 인터넷 밈을 업로드할 때 제목에 ".jpg"를 더하는 방식으로 이 게시물에 담긴 것이 밈이라는 것을 드러내곤 하기 때문이다.

　동시에 인터넷 밈은 언어로 기능하기도 한다. 친구끼리 카카오톡으로 주고받는 온갖 인터넷 밈을 생각하면 편하다. 때로는 말하는 것보다 인터넷 밈을 쓰는 것이 소통에 더 도움이 되기도 하니까. 이토록 복잡한 인터넷 밈의 성질을 이해하고자 인터넷 밈을 이미지-매크로라는 신조어로 쓰려는 연구자도 있다.[22] 즉 이미지와 문자 텍스트(혹은 기호)가 합해져서 또 다른 텍스트가 된다는 것이다. 이처럼 인터넷 밈의 고유한 속

22　지영은의 〈밈의 대화로의 초대 - 인터넷-밈의 시각면과 상호행위(2021)〉는 해외의 인터넷 밈을 사례로 이같은 논지를 전개한다. 해외의 밈(특히 미국)은 주로 이미지에다가 문자를 더하는 만화적인 형식을 지닌다.

성은 언어나 이미지로 고정하기 힘든 혼종성을 지니고 있다.

인터넷 언어를 연구하는 언어학자 그레천 매컬러는 저서 《인터넷 때문에》에서 이모티콘과 이모지를 거쳐서 인터넷 밈이 되기까지 인터넷 언어의 발전사를 그려냈다. 이 책에 따르면 이모티콘과 이모지, 인터넷 밈은 비언어적 소통 없이 서로 문자로만 대화를 주고받아야 하는 채팅 환경의 한계에서 탄생했다. 문자 언어에 담을 수 없는 감정적 표현을 드러내고자 이미지와 문자, 기호를 넘나들면서 다양한 시각적 수사를 발명해낸 것이다.

이모티콘은 문자의 뜻을 제거하고 시각적 기호인 기표만 빌려다 써서 자신의 표정이나 몸짓을 드러내려고 하는 시도에서 탄생했다. 채팅창에서 두 유저가 문자를 주고받는 상황을 가정해보자. 대화는 오가지만 상대방의 말투나 표정 등 비언어적인 표현을 읽기가 어려우므로 상대방의 속내를 온전히 알기가 어렵다. 비언어적인 표현이 언어를 보충하지 않을 때 우리는 그 언어를 오해할 수 있다. 여기서 생기는 소통의 제약을 극복하려 생긴 것이 이모티콘이다. 문자를 이미지로 쓰는 방식을 통해 비언어적 표현을 발명한 것이다. 맥락에 따라서 달라지기는 하더라도 ^^, :), O〈-〈 등 이모티콘에 담긴 감정 표현은 제법 선명하다. 인간의 표정을 기호로 모방한 것이기 때문이다. 우리는 표정을 보듯이 상대방이 보낸 이모티콘을 읽는다.

다만 이모티콘이 감정을 정확히 지시하는 것은 아니다. ^^의 경우를 생각해보자. 완곡한 거절 표시든^^… 비꼬는^^ 것으로 보이든, 호감^^의 표시로 보이든 이모티콘을 어디에다가 배치하냐에 따라서 6맥락9이 달라질 수가 있다…^^ 이모티콘만으로는 비언어를 대체하기 어렵다. 또 비언어가 언어를 보충한다고 한들 언어에 담긴 감정이 온전히 전달되지도 않는다.

이모지는 이모티콘의 이중성과 불확실성을 한층 잠재운다. 이모지는 :)나 ^^ 등과는 달리 그림으로 더욱 선명한 감정을 드러내기 때문이다. 일본에서 유래한 이모지는 여러 문자 기호를 조합해 생긴 서양의 이모티콘과 다르게 처음부터 그림으로 그려진다. 표정, 사물, 동물, 동작 등 다양한 이모지가 있으며 채팅창에서 문자와 똑같은 크기로 입력된다.

이모지는 이모티콘과 달리 제약이 크다. 이모티콘의 경우 문자를 조합하면서 유저가 새로운 표정을 얼마든 발명할 수 있는 반면 *_*, 이모지는 이미 그려진 표정만을 쓸 수 있기 때문이다😊. 이모지는 단일한 감정만 매개한다는 점에서도 한계가 뚜렷하다. 채팅창에 (기쁨), (슬픔), 등 명사를 입력했을 때 특정한 하나의 이모지가 나타나는 것으로 이를 알 수 있다.

인터넷 밈은 이모티콘과 이모지의 장점을 합친 것이다. 인터넷 밈은 이모티콘만큼이나 자유로이 변형할 수 있으며 이모지만큼 명징하게 직조된 시각적 감정 표현이 한데 어우러진다. 미디어 문화 연구자 김내훈은 밈을 "(밈의) 사용자가 어떤 상황이나 감정 상태 등을 풍자적이고 해학적으로 묘사하고자 할 때 노래, 영화, 만화, 게임 등 다양한 대중문화의 텍스트를 원작의 의도나 맥락과 전혀 무관하게 가져다가 쓰는 것"[23]이라고 정의한다. 이처럼 인터넷 밈은 이모지의 경직된 표정을 넘어서고자 인터넷 곳곳에서 사진이나 영상 등에 기록된 타인의 풍부한 표정을 빌린다. 문자를 빌려서 표정을 그리듯, 그 이미지를 빌려와 내가 짓고 싶은 표정으로 대신 쓴다. 인터넷 밈은 일회용 아바타인 셈이다.

그래서인지 인터넷 밈은 이모티콘이나 이모지 등으로 말할 수 없는 미묘한 상황을 더욱 잘 드러낸다. 한때 인터넷 밈으로 칠레의 원주민인 야간족이 쓰는 단어 하나가 이미지로 캡처되어서 유행한 적이 있는데, 이 사례를 들면 더 설명하기 편할 듯하다. 'Mamihlapinatapai'의 뜻은 "서로에게 꼭 필요한 것이지만 굳이 스스로 하고 싶지는 않은 일에 대해서 상대방이 자원해 대신해 주기를 바라는, 두 사람 사이에서 조용하면서도 긴급하게 오가는 미묘한 눈빛"[24]이다. 이 단어는 대학 팀플에서 조장을 뽑아야 할 때 조원끼리 오가는 표정을 설명하는 데 더없이 적절하다. 그러나 지금껏 이와 같은 상황을 정리할 마땅한 단어가 없었기에, 당시 저 단어가 알려졌을 때 유행하게 된 것이다.

이러한 인터넷 밈의 탄생과 전파를 가능하게 만드는 것은 혁신적으로 빨라진 파일 전송 속도로 인한 이미지 파일의 경량화다. 이모티콘과 이모지는 데이터 파일 전송이 느렸던 시절의 산물이다. 두 언어가 데이터 용량을 최소화하는 방식으

---

23 앤절라 네이글, 2022, 《인싸를 죽여라》, 김내훈 옮김, 오월의봄, p. 9., 역주.
24 Mamihlapinatapai, 나무위키, https://namu.wiki/w/Mamihlapinatapai

로 제작된 것에서부터 이와 같은 속성을 알 수 있다. 지금은 인터넷 기술의 발전으로 사진과 영상 파일의 전송이 말하는 것만큼이나 편해진 시대다. 스마트폰의 발전은 인터넷 밈으로 쓰이는 사진과 영상을 저장한 다음 상황에 따라서 언제든 그 밈을 찾아 상대에게 보낼 수 있게 해주었을뿐더러, 대화에 실시간성을 더했다.[25] 특히 스마트폰을 자신의 일부라 생각하는 디지털 네이티브에게 인터넷 밈은 즉시 말할 수 있는 구어만큼 구사하기 편한 언어가 되었다.

인터넷 밈의 개성을 잘 설명할 수 있는 사례가 있다. 〈무한도전〉의 유혹의 거인 에피소드에서 유래한 "형이 왜 거기서 나와?" 밈이다. 정형돈은 유재석이 등장한 순간 자신이 깜짝카메라에 당한 것을 자각하고는 다급히 당황해하는 표정을 짓는다. 그때 자막으로 "형이 왜 거기서 나와?"라는 문구가 등장한다.

이 밈은 보통 예기치 못한 상대방의 등장으로 당황스러운 상황을 드러내려고 사용한다. 원본의 맥락을 모르더라도 상관

25 기술매체 연구자 박승일은 무선인터넷이 인터넷과 일상 간의 연결을 최대한으로 하는 기술적인 환경을 제공한다고 보았다. 그는 이러한 매체 환경으로 우리의 "일상적 공간 전체가 그대로 인터넷의 매개 안에 놓이게 되었음을, 그리하여 그 안의 사람들 또한 과잉 연결된(over connected) 상황에 놓이게 되었음(Davidow, 2011/2011)"을 지적한다. 무선인터넷은 스마트폰을 쓰는 사람을 "항상-이미 상시적이고 잠재적인 연결 상태"에 있게 한다. 그는 스마트폰이 "선(線)을 통한 연결을 면(面) 안에서의 연결로 전환한 것이며, 그럼으로써 일시적 연결을 상시적 연결(또는 잠재적) 연결로, 장소적 연결을 공간적 연결로, 자발적 연결을 비자발적인(또는 자동적) 연결로 바꾸어 낸 것"인 환경을 제공한다고 보았다. (박승일, 2021, 《기계, 권력, 사회》, 사월의책, p.173.)

[사진4] 〈무한도전〉 '유혹의 거인' 에피소드 중 정형돈의 당황한 얼굴 위로 "형이 왜 거기서 나와…?" 라는 자막이 나오는 장면 (일명 '형이 왜 거기서 나와 짤')

저기 실례가 안 된다면… 무한도전 사진 하나만 싣게 해주십시오라고 노홍철처럼 물어봤다. MBC의 대답은 매우 긍정적이었다. 통상적으로 출판계에서 이미지 저작권에 지불하는 금액의 10여 배에 달하는 저작권료를 지불할 수만 있다면. 방송계가 아닌 출판계에서는 감당하기 곤란한 비용이어서 사용을 포기했다. 무도 없는 무도 짤이 된 아이러니한 상황을 두고 독자에게 양해를 부탁드리고 싶다.

없다. 인터넷 밈의 매력은 여기서 생긴다. 그 인터넷 밈을 폴더에 보유하고 있는 한 비슷한 상황이 생길 때마다 쓸 수 있다. 이때 이 상황의 주체가 인터넷 밈의 새로운 주어가 된다. 인터넷 밈의 개성은 "단어와 문장을 발화하지는 않으면서도 대상을 지칭하고 술어화하며, 나아가 진술하고 질문하며, 명령하거나 약속할 수 있"[26]는 것이다. 위 인터넷 밈에서 "형"은 어떤 대상으로 대체되어도 무관하다.

이에 따라서 이미지가 대화를 대체하는 극단적인 예시도 있다. 고독한 OOO방으로 불리는 대화방은 (주로 연예인인) 특정 대상을 인터넷 밈으로 가공한 사진으로 이야기를 주고받는 방이다. OOO의 사진을 밈화한 이미지로 소통하는 것을 대화의 규칙으로 공유하고 있으며, 이미지가 아닌 말을 쓰는 순간 강제퇴장된다.

여기서 알 수 있듯이 "고독한 전광렬방"에서는 배우 전광렬

---

26 지영은, 2021, 〈인터넷 밈과 시각언어학 – 메르켈 밈 사례 분석〉, 《독어학》, 44(0), p. 97.

[사진5] 고독한 전광렬방

의 사진을 합성 소스로 한 온갖 인터넷 밈을 손수 만들어서 대화하거나 심지어 유저 사이의 눈치게임까지 진행한다. 이는 개개인이 상황에 참여해, 상황을 놀이로까지 확장하는 경우이다.

그렇다면 구어를 대체하는 이미지로 쓰이기 좋은 재료는 무엇일까? 바로 우연성과 돌발성이 두드러지는 상황이다. 〈무한도전〉이나 〈나는 솔로〉 등은 돌발 상황이 실시간으로 생기는 리얼 버라이어티 예능이다. 최근 유튜브에서 유행하는 콩트나 스케치 코미디가 구체적인 빌드업을 통해서 웃기는 상황을 연출하는 데 비해, 리얼 버라이어티는 기본적 틀이나 대사가 정해져 있더라도 세부 상황까지는 통제가 힘들다. 즉각 상황에 반응해야 하므로 엉뚱하거나 과장된 언행이 나타난다. 출연진 간의 오해에서 나오는 반응도 등장한다. 개연성 대신 우연성과 돌발성이 강조되는 리얼 버라이어티 예능에서의 매 순간은 부조리와 우연이 가득한 인생과 비슷하다고도 할 수 있다. 바로 그곳에서 인생의 돌발적인 순간에 쓰기에 괜찮은 짤방이 나오는 것이다. 자막과 리액션에서 드러나는 만화적 과장은 그 상황을 더 두드러져 보이게 한다.

　우리의 일상도 인터넷 밈의 재료가 될 수 있다. 일상 속의 대화도 실시간으로 이루어지며 대부분은 리얼 버라이어티만큼 시시콜콜하고 돌발적이며 웃기기 때문이다. 카카오톡 대화 내역을 캡처한 인터넷 밈이 종종 돌아다니는 것이 그 증거다. 둘 혹은 그 이상의 사람이 나누는 대화가 캡처를 통해 이미지로 저장되는 순간 앞서 이야기한 "형이 왜 거기서 나와?" 밈처럼 카톡을 주고받는 상황 전체가 박제된다. 비단 카카오톡뿐만이 아니다. 비슷한 이유로 X(트위터) 등의 SNS와 커뮤니티 게시물에 달린 댓글도 인터넷 밈이 될 수 있다. 그것이 공감만 불러일으킬 수 있다면 말이다.

싸늘하다. 예술에 기술이 날아와 꽂힌다.
하지만 걱정하지 마라. 복제는 생산보다 빠르니까
– 발터 벤야민, 인터넷 밈 제작 가능성의 발견

발터 벤야민은 예술이 주체적으로 소비될 수 있다는 가능성을 본 매체학자다. 그는 이러한 현상을 아우라Aura라는 개념을 중심으로 설명한다.

아우라의 뜻을 먼저 살피자. 벤야민은《기술적 복제시대의 예술 작품》에서 아우라를 "가까이 있더라도 아득히 멀게 느껴지는 것의 일회적인 나타남"이라고 이야기한다. 그에 따르면 예술은 원래 제의祭儀에 쓰이는 것이었다. 최초의 예술로 언급되는 알타미르의 동굴 벽화는 기우제 등 마을의 번성을 기원하는 축제를 위해서 그려졌다. 이 벽화에 접근할 수 있는 사람은 제사장뿐이었다. 중세에도 마찬가지로 예수상과 모자이크화 등은 성당에서만 볼 수 있었다. 주술이 세계를 설명할 수 있는 시대든, 종교가 세계를 설명할 수 있는 시대든 예술은 공동체를 이끄는 자에게만 허용되었다. 이러한 예술 작품은 "지금–여기"에 있는, 유일무이하게Inmalig 현존해 있기에 생기는 진본성Echtzeit을 갖는다. 또한 그것은 인간의 손을 거쳐서 만들어지기에 일회성을 지니기까지 한다.

이러한 성질들은 자연스레 그에 따른 전통과 권위를 만든다. 벤야민은 이를 예술의 제의적인 가치라 정의한다. 이 제의적 가치가 바로 아우라를 생성하는 동력이다. 벤야민은 제의적 가치가 중세를 지나 르네상스를 거쳐 신의 영향권에서 완전히 벗어난 근대까지 지속되었다고 본다. 대중이 신성한 신을 찬미하는 대신에 세속적인 아름다움을 찬양하게 되면서 회화를 미술관에다가 걸어두었기 때문이다.

벤야민이 보기에 아우라는 1900년대의 기술적 복제시대에 이르러 사라지고 만다. 그에게 기술적 복제는 인간의 손을 직접 거치지 않고 기술에 의해서 그 대상이 복제되는 것을 이야기한다. 당시는 사진이 예술로 논의되기 시작했으며, 영화계에서 지가 베르토프나 에이젠슈타인, D. F. 그리피스 등 여러 감독이 만든 영화 문법이 정착된 시기다. 또 음악가 사이에서 레코드가 일상화된 시기이기도 하다. 이로 인해서 앞서 이야기한 아우라를 만드는 여러 조건이 한꺼번에 사라지고 말았다. 작품은 언제 어디서든지 존재할 수 있게 되었고, 인간의 손을 거치지 않기에 신속하게 생산되는 데다가 일회성을 지니지도 않는다. 그렇기에 권위도 존재하지 않는다.

여기서 결정적인 변화가 나타난다. 제의적 가치와 대립하는 전시적 가치가 생기기 시작한 것이다. 제의적 가치는 작품이 동굴이나 성당, 미술관 등 특정 장소에 숨겨져 있기에 생기는 가치인 데 비해, 전시적 가치는 작품이 여기저기에 전시될 수 있는 데서 생기는 가치다. 즉, 과거만 하더라도 작품의 감상자가 유명한 그림이나 음악을 손수 장난감으로 다루는 일이 불가능했다. 미술관이나 공연장 등에서 가만히 앉아서 작품을 바라보아야만 했기 때문이다. 이제는 유명한 그림이나 음악을 직접 가지고 노는 일은 흔하다. 벤야민은 이러한 아우라의 붕괴를 통해서 모두가 매체를 공유할 수 있는 매체의 민주주의가 가능하다고 본다.

　　고전적인 예술 감상자가 시각을 통해서 관조하듯이 예술을 받아들였다면, 기술적 복제시대 이후 감상자는 예술 작품을 손수 만질 수 있다. 이는 작품과 수용자 사이의 물리적 거리뿐만 아니라 정신적인 거리를 무너뜨린다. 그 거리에서 비롯되는 신성함이 줄어들면서 예술 작품은 친숙한 것이 된다. 'BGM(백그라운드 뮤직의 줄임말)'이라 불리는 합성이 그러하다. 이를테면 흔히들 띠로리~라고 말하는 그 음악, 바흐의 〈토카타와 푸가 라단조 BWV565〉가 대표적인 예시다. 누군가 절망적인 상황에 적절하게 느껴지는 바흐의 음악을 BGM으로 삽입한 콘텐츠가 퍼지면서, 이전과는 다른 음악으로 들리게 되었다.

　　벤야민은 우리가 단순히 관객의 입장을 넘어서 복제된 음악이나 그림을 조작하는 행위로 그 작품의 아름다움을 발견한다고 보고, 이를 촉각적 수용이라 개념화한다. 촉각적 수용은 작품을 복제하는 데 그치는 것이 아니다. 그는 재생산으로서의 복제Reproduktion를 소비하려는 대중의 욕망을 언급했다. "주어져 있는 모든 것의 복제를 손에 넣음으로써 주어진 것의 유일무이성을 극복하려고 하는 경향"[27]은 원본을 대체하는 복제품을 지니려는 욕망으로도 보인다. 벤야민은 이 욕망을 이야기할 때 작품을 자신에게 '더 가까이 접근시키는 것'을 열렬한 관심사로 두는 수용자를 전제로 두었다. '더 가까이 접근시키는 것'의 의미는 단순히 그것을 수집하고자 하는 욕망에 그치지 않는다.

27　발터 벤야민, 2017, 《기술적 복제시대의 예술작품》, 심철민 옮김, 도서출판b, p. 30.

창작자가 되려는 욕망까지 담겨 있다. 즉, 기존의 작품과 그에 대한 해석이 마음에 들지 않기에 그 대신 나만의 작품과 해석을 만들고자 하는 욕망이다.

이를 설명하려면 광학적 무의식을 먼저 이야기해야 할 듯하다. 벤야민은 그간 인간의 눈이나 귀 등의 감각 기관으로 감각하기 어려웠던 것을, 클로즈업이나 고속 촬영 기법 등 카메라만 할 수 있는 여러 기법이 감각하도록 돕는다고 보았다. 이는 의도치 않은 사실을 포착하도록 하는 것이기도 하다. 그는 이를 무의식에 빗대어 논의했다. 우리는 우리 무의식에 든 것을 다 알기가 힘들뿐더러, 그것이 우연히 드러나는 과정을 통제하기 힘들다.

이탈리아의 영화감독 미켈란젤로 안토니오니의 〈블로우 업 (1966)〉이라는 영화로 이를 이야기해 보자. 패션사진 작가 토마스는 연인의 사진을 한 장 찍는다. 사진을 인화하는 과정에서 토마스는 사진 속 연인의 뒤편이 께름칙하게 느껴진다. 그는 사진을 여러 번 확대한 끝에 진실을 알게 된다. 그곳에 사람 한 명이 죽어 있던 것이다. 그의 연인은 이런 일이 생긴 줄도 모르고 환히 웃는 표정이다. 이렇게 우연한 클로즈업을 통해서 시체가 사진에 드러나듯, 광학적 무의식은 우리 지각의 한계를 확장한다.

다만 벤야민은 광학적 무의식을 드러낼 수 있는 존재가 기계 장치가 아니라 인간이라고 본다. 그에게 기술적 복제를 완성하는 것은 수용자다. "수용자가 그때그때의 자신의 상황에서 복제품과 대면하는 것을 가능케 함으로써 복제 기술은 그 복제품을 현실화하"[28]기 때문이다. 그는 이어서 영화 매체의 특성으로 수용자의 주체성을 드러낸다. "영화는 다양한 대상들을 클로즈업하거나 우리에게 친숙한 대상들의 숨겨진 세부를 강조하거나 또는 대물對物렌즈를 자유자재로 사용하여 진부한 환경을 탐구해나감으로써, 한편으로는 우리의 생활을 지배하고 있는 필연성들에 대한 통찰을 증대시키며, 다른 한편으로는 지금까지 예상도 할 수 없었던 엄청난 유희공간Spielraum을 우리에게 약속하는 것"[29]이라는 말은 꼭 인터넷 밈을 예언한 듯하다. 앞서 말했듯 수용자는 한 작품에서 예기치 못한 순간을 발견할 수 있으며, 그것을 수용하는 감상이 하나의 놀이로 작동한다는 점에서 그러하다.

　오늘날 이미지는 언제 어디서든 전송하고 가공할 수 있는 것이 되었다. 특히나 유명 작품을 파일로 저장할 수 있는 사유화는 영화관이나 미술관 등 특정한 장소에서만 즐길 수 있는 이미지를 그곳으로부터 해방되게끔 했다. 예술 작품이 파일로 변환되고 디지털화되면서 모든 이가 예술 작품을 소유하고 공유할 수 있게 되었다. 심지어 그것을 가지고 놀 수 있다. 원본과 무관한 굿즈를 만들어도 그 누구도 뭐라 하지 않는다. 그 작품을 복제한 파일을 소유하고 있기에 작품 뒤편에 있는 가치와 권위, 맥락을 무시할 수 있어서다. 누구의 작품이든지, 거기에 어떤 맥락이 엉켜 있든지 간에 그 자체로 아름답거나 기

28　　발터 벤야민, 앞과 같은 책, p. 24.
29　　발터 벤야민, 앞과 같은 책, p. 80.

이하거나 쓸 만한 것이라면 곧장 콘텐츠로 소비된다. 작품의 콘텐츠화는 합성 소스가 탄생하는 배경이 된다. 이는 한편으로 인터넷 밈이 저작권 등 작품의 가치를 규정하는 근대적 법적 시스템, 경제적인 시스템으로부터 예외 상태에 있게끔 하는 원동력이 되기도 한다.

왜 나 저자는 햄보칼 수가 없어
- 인터넷 밈의 저자성 검토

우리는 흔히 텍스트를 창작한 사람을 저자라고 생각한다. 그렇다면 원본을 훔치고 복제한 익명의 유저에 의해 생산되는 인터넷 밈의 저자는 누구일까. 원본의 주인을 저자라고 하기에는 이미 인터넷 밈이 원본과 너무 멀어져 있기 마련이다. 〈뽀롱뽀롱 뽀로로〉의 분홍색 비버 캐릭터 루피를 가공한 인터넷 밈인 "군침이 싹 도노"로 예를 들어 생각해보자. "군침이 싹 도노"는 한 트위터 유저가 양말 사진을 업로드하면서 쓴 트윗을 출처로 한다. 이때 조인승이라는 학생[30]이 루피의 얼굴을 사악하게 그려낸 다음 해당 대사를 더한다.

"군침이 싹 도노"가 유행하자마자 EBS는 이 밈화된 루피를 활용한 〈잔망 루피〉라는 〈뽀롱뽀롱 뽀로로〉의 스핀오프 시리즈를 제작한다. 이 경우 〈잔망 루피〉의 저자는 누구일까? 〈뽀롱뽀롱 뽀로로〉를 그린 이일까, 아니면 "군침이 싹 도노"를 처음 쓴 트위터 유저일까, 그게 아니라면 조인승 학생일까? 아니면 다시 그것을 시리즈로 제작하고 수익을 창출한 EBS일까? 사실 모두가 저자라고 할 수 있다.

인디넷 밈의 저사를 밝히기엔 너무 복잡한 문제가 뒤엉켜

---

30 SBS의 뉴미디어 채널에 인터뷰까지 한 인물이다. (스브스뉴스 SUBUSU-NEWS, 2021.05.23., 루피 짤 처음 만든 사람이 중학생이라고? 한번 검증해봄 / 스브스뉴스, 유튜브, https://www.youtube.com/watch?v=XKG3yFwdwbs) 그러나 훗날 일베 출신이라는 것이 밝혀져 잠적하게 되었다.

[사진6] 군침이 싹 도노

[사진7][사진8] 〈뽀롱뽀롱 뽀로로〉 캐릭터 루피 2차 가공 이미지 (일명 '군침이 싹 도노 짤')

저작권자에게 문의해보았으나 해당 이미지는 잔망루피로 보기 어려우며 회사에 부정적인 영향을 끼치기에 활용을 절대적으로 지양하는 이미지라는 대답이 되돌아왔다. 충분히 이해할 만하다. 이 밈이 잔망루피 유행의 시초이기는 하지만, 지금은 각주에 적어두었듯이 리스크로 인해 사용이 힘들기 때문이다. 책을 집필하는 과정에서 비슷한 사례가 여럿 있었다. 인터넷 밈의 당사자가 범죄에 연루되는 일도 있었고, 수명이 끝나버린 밈도 있었다. 잠깐 다른 잔망 루피 사진을 삽입할까 고민했지만 대체하지 않았다. 이러한 돌발 상황마저도 인터넷 밈과 인터넷 밈에 관련된 책을 쓰는 과정임을 독자에게 알리고 싶어서다.

있다. 표절과 창작, 익명과 실명, 합법과 불법이 한데 있어서 딱 잘라 말하기가 힘들다. 인터넷 밈에는 네트워크를 거치며 우연하게 매개된 공통 저자들이 있다. 심지어 인터넷 밈의 디지털 풍화(화질 열화)마저 인터넷 밈을 구성하는 요소다. 기계도 인터넷 밈의 저자 중 하나인 셈[31]이다. 예술 작품의 주인은 단일 저자라는 환상은 근대의 산물에 불과하다.[32] 인터넷 밈의 저자는 여기저기에 퍼져 있다.

프랑스의 기호학자 롤랑 바르트는 저자의 죽음이라는 개념을 통해, 저자에 기반해 텍스트를 해독déchiffrer하려고만 하는 학계의 문학 비평을 거부하면서 수용자가 텍스트를 자기 맥락대로 해석할 수 있는 자유를 옹호한다. 텍스트가 하나의 중심적인 의미로만 해석할 수 있는 것은 아니며, 나아가 텍스트를 생산, 유희, 해체할 수 없게 하는 제약이 독서 행위를 납작하게

---

31 브뤼노 라투르는 비-인간과 인간이 네트워크로 연결되어 있으며, 모든 존재는 여러 이질적인 존재의 상호작용과 뒤섞음(하이브리드) 사이에 있다고 분석했다. 이를 행위자-연결망이라고 지칭했다. 인터넷 밈의 저자성은 이처럼 행위자-연결망의 저자성에 가깝다.

32 인터넷 밈에 관련해 가장 많이 나오는 질문 중 하나는 저작권에 관련된 질문이다. 밈은 저작권을 위반하고 저자에게 해를 끼치는 행위가 아닌가요? 마땅한 지적이다. 그러나 저작권이라는 개념을 다시 고찰해보아야 한다. 근대가 막 시작하던 1709년 앤 여왕법으로 확립된 저작권법은 존 로크의 사유에서 영향을 받았다. 개개인이 노동을 투여한 자연물에는 개인의 배타적 소유권이 생긴다는 이론이 반영된 것이다. 작가가 쓴 저작물도 그만큼의 노동을 투여했기에 개인의 배타적인 소유권이 인정된다. 이 법은 탄생할 당시민 하더라도 삭가를 출판사에서 보호하려는 의도로 제작되었다. 이때 저작권을 갖는 것은 대체로 타인이 따라 할 수 없는 예술가 개인의 탁월한 재능이 발휘된 작품이다. 저작권은 자연스레 단일 저자가 작품의 주인이라는 환상을 만든다. 그 작품을 창작하는 과정에서 저자가 영향을 받은 다른 작품의 흔적은 지워진다. 과연 인터넷 밈이 유행하는 시대에도 근대적인 저자성이 유효한가? 라는 새로운 질문이 생긴다. 저작권법에 근거한 근대적 저자성을 폐기하자는 것이 아니다. 인터넷 밈 시대에 따르는 새로운 저작권 법이 생겨나야만 한다는 것이다. (드미트리 클라이너, 2011,《텔레코뮤니스트 선언》, 권병철 옮김, 갈무리, pp. 93-107 참고.)

만든다는 것이다. 그는 텍스트를 생산하고 유희하고 해체하는 욕망을 옹호하며 독자의 역할을 재조명했다. 그가 보기에 저자의 역할은 텍스트에 "안전장치를 부과하고, 최종적인 기의 (signifié)를 제공하고, 글쓰기를 봉쇄하는 것"[33] 정도에 불과하다. 저자는 독자가 텍스트에서 유희할 수 있도록 판을 깔아주어야 한다. 이처럼 바르트에게 저자는 더 이상 텍스트의 의미와 해석 방향을 결정하는 존재가 아니다.

그는 왜 하필 저자의 죽음을 이야기한 것일까? 그는 니체가 말한 "신은 죽었다"라는 선언을 의식한 것일지도 모른다. 니체는 우리가 초월적 존재인 신 대신에 눈앞에 펼쳐진 우리의 삶을 마주하기를 바랐다. 바르트도 마찬가지로 저자 대신에 눈앞에 있는 텍스트를 마주하기를 바란 것일까. 바르트는 "(저자의) 목소리는 그 기원을 상실하고, 저자는 자신의 죽음으로 들어가며 글쓰기가 시작"[34]된다고 보았다. 독자는 저자가 아니라 저자의 글만 접할 수 있다. 이때 독자는 저자의 영향력에서 벗어나 읽기의 주체가 된다. 즉, 저자의 죽음은 해석의 주체가 되는 독자의 탄생으로 이어진다. 나아가 바르트는 저자 또한 자신이 접한 텍스트를 골라서 짜깁기하는 필사자scripteur에 불과하다며 저자의 독창성을 부순다. 저자도 그저 텍스트 안에서 유희하고 재조립하는 독자 중 하나라는 것이다.

텍스트 생산자로서 저자의 위기는 키틀러의 논의에서 더

---

33 롤랑 바르트, 1995,《텍스트의 즐거움》, 김희영 옮김, 동문선, p. 33.
34 롤랑 바르트, 위와 같은 책, p. 28.

두드러진다. 타자기는 저자가 쓴 글을 기계적인 물질로 남기면서 저자의 흔적을 지워버렸다.[35] 키틀러의 표현대로라면 저자의 "목소리와 친필은 용의자를 찾기 위한 흔적보존기술의 대상이 되"[36]어버리며 "광학과 음향학, 스펠링과 축약어, 표준화된 자판의 글자, 숫자, 상징들 사이의 과격한 매체 연합이 처음으로 인간을 (그리고 여성을) 등식 부호들처럼 동등하게 만들었"[37]다.

그 사례 중 하나가 프란츠 카프카다. 카프카는 소설에서 자신의 흔적을 드러내지 않기 위해 Kafka에서 K만 남겨 인물들의 이름을 지었다. 이를 통해 키틀러는 저자의 흔적이 더는 카프카의 소설, 나아가 현대 소설 안에 반영되지 않음을 말한다. 카프카의 K처럼 익명화된 캐릭터는 지금 시대에 이르러서 흔해졌다. 인터넷 밈을 제작하는 이가 그저 게시물로 존재하는 익명의 존재라는 것을 생각해보자. 이러한 익명 유저가 저작권을 가지는 하나의 저자라고 볼 수 있을까?

컴퓨터는 기존 매체의 연합으로, 그 매체들의 감각적인 속성을 모두 흡수하고 데이터로 전환한다. 이때 우리가 보고 들

---

35 키틀러는 기계글쓰기가 탄생한 뒤 글자의 미학 자체에 집중하는 타이포그래피 시와 기존의 텍스트를 짜깁기하는 콜라주 시의 탄생에 주목했다. 각각의 기호로 절단되는 문자가 콜라주와 재조립, 해체의 대상이 된 것이다. 이는 단순히 글자가 조립의 대상이 되었다는 말로 보면 안 된다. 텍스트가 저자성을 상실하고 콜라주의 재료가 되었다는 의미이다. 또한 모든 글쓰기가 콜라주적으로 변했다는 의미로도 해석할 수 있을 것이다.

36 프리드리히 키틀러, 2019,《축음기, 영화, 타자기》, 유현주·김남시 옮김, 문학과지성사, p. 406.

37 프리드리히 키틀러, 위와 같은 책, p. 411.

는 모든 것이 저장, 전송, 케이블화를 거치는 데이터에 불과해진다. 디지털은 모든 것을 신호로 변환한다. 인터넷에 있는 상대방이 쓴 글은 물론 상대방까지 모두 비트에 불과해진 것이다. 익명과 실명을, 저자와 저자가 아닌 사람을 더는 구분할 수가 없는 매체 상황이 도래했으며 폐쇄 회로 속 문자나 이미지는 더 이상 저자와 관련이 없다.

뉴미디어 이론가인 레프 마노비치도 이와 비슷한 논조로, 저자의 흔적 대신 데이터만이 거기에 남을 것이라고 말한다. 다만 그에 따르면 저자는 제 작품의 행방조차 알 수 없다. 파일은 언제든 삭제되거나 조작될 수 있으며 재생되고 멈춰질 수 있다. 또한 상대방에게 전송될 수도 있다. 이미지의 디지털화는 그 이미지의 자유도를 극한까지 다다르게끔 하고, 저자가 흔적을 추적할 수 없게 한다. 실제로 인터넷에 유통되는 이미지 중 기원이 분명한 것도 있으나 조작을 거쳐 기원을 발견할 수 없는 것이 대다수다. 원본의 권위, 그리고 그 권위를 보장하는 저작권도 유명무실해졌다. 우리가 그간 생각한 작품의 고전적인 정의 자체가 흔들리는 셈이다. 인터넷 밈이 지적 재산권의 영향권에서 벗어나 공공재로서의 가치를 지니는 이유이기도 하다.

텍스트가 계속되면 그게 책인 줄 알아요
- 인터넷 인터페이스와 텍스트 공간의 진화

월터 옹은 "시각은 분리하고 청각은 합체시킨다"[38]라고 이야기했다. 청각 언어(구술 문화)로 소통할 때만 해도 연결되어 있던 독자와 텍스트, 작가가 시각 언어(인쇄 문화)의 발달에 따라 분리되었다는 말이다. 구텐베르크 인쇄술 이전의 구술문화에서 텍스트는 청각에 의존적이었다. 목소리는 오직 발화된 장소 한 곳에서만 있다가 사라져버리기 때문에, 듣는 이는 말하는 이가 있는 곳에 가야만 그 메시지를 접할 수 있었다. 저자의 북토크를 생각하면 편하다. 한편 문자문화에서 텍스트는 시각에 의존한다. 종이와 인쇄술만 있으면 문자는 어디든지 갈 수 있다. 메시지를 전달하는 작가, 작가가 적은 문자 자체, 그리고 그 텍스트를 접하는 독자는 서로 분리되어 공간의 제약에서 벗어난다. 작가가 어디에 있더라도 (심지어 작가 사후에도) 독자는 텍스트가 인쇄된 종이만 있으면 작가의 흔적을 접할 수 있다.

문자문화의 효율성을 등에 업고, 구술문화는 인쇄문화로 대체되기 시작했다. 눈으로 보는 문자가 독자에게 더욱 익숙해질수록 시각이 청각에 우위를 점하게 되었다. 그러나 인쇄술 또한 문자를 책이나 종이라는 물리적 제약이 있는 공간에 갇히게 한다. 옹에 따르면 "인쇄는 하나의 작품에 대하여 똑같은 시각적·물리적 일치성을 가진 복사물 몇천 부 속에 사고를 폐

---

38 월터 옹, 2018,《구술문화와 문자문화》, 임명진 옮김, 문예출판사, p. 130.

쇄시켜버리기 때문"[39]이다. 책을 생각하면 편하다. 텍스트는 페이지 안에 가지런히 정렬된다. 20행이든 26행이든 텍스트는 계속 이어질 테지만, 종이에서는 텍스트가 한 페이지 단위로 끊겨서 그 페이지에 갇혀버리게 된다. 이는 책 자체도 마찬가지다. 표지를 덮는 순간 책은 앞과 뒤가 닫혀버린, 그 자체로 완결된 텍스트가 된다.

인터넷 인터페이스에서는 텍스트가 공간에 갇히지 않는다. 텍스트가 물질에 고정된 인쇄문화와는 달리 비트는 얼마든 다른 비트로 변환되기 때문이다. 우리에게 이미 익숙한 사실이지만, 인터넷 인터페이스에서는 한번 출력된 텍스트를 다시 추가하거나 삭제할 수 있고 이미지를 확대하거나 축소할 수도 있다. 스크롤 또는 스와이프로 페이지의 범위를 마음껏 확장할 수도 있다. 하이퍼링크에 접속해 또 다른 페이지에 접속할 수도 있다. 인터넷 인터페이스는 이처럼 종이 매체에 적힌 텍스트의 완결성을 파괴한다.

인터넷 글쓰기 공간은 일종의 광장이다. 유저는 인터넷에 접속한 순간 특정한 목적 혹은 주제나 공동체를 형성하는 공간을 상상하면서 다른 유저와 대화를 주고받는다. 게시물에 달리는 댓글은 글의 연장선이 되고, 그 자체로 다른 텍스트가 된다. 2010년대 후반에는 웃기는 댓글을 다는 행위가 제목학원이라는 인터넷 밈으로 유행하기도 했다.[40]

---

39 월터 옹, 앞과 같은 책, p. 212.
40 지금은 활성화가 안 되어 있지만 2010년대 중후반 제목학원의 인기는 선풍적이었다. ("제목학원 페이지", 페이스북, https://www.facebook.

이렇듯 인터넷의 글쓰기 공간은 그 자체로 완결된 텍스트를 언제든 타인에 의해 수정될 수 있는 열린 텍스트로 만든다. 광장에서 모두가 손을 들고 이야기하듯, 인터넷은 탄생할 무렵부터 여러 이야기를 마음껏 말할 수 있는 담론장으로 주목받았다.

다만 공간에 따라서 거기에 있는 대중의 성격이 달라지듯이 인터넷 글쓰기 공간의 형식에 따라서 유저의 성격도 달라진다. 우선 커뮤니티의 형식을 구분한 다음 그것에 따라서 이야기해보자. 먼저 포털사이트, 즉 커뮤니티는 일반적으로 특정 분야의 카테고리로 접속이 가능한 여러 게시판을 마련한다. 게시판마다 불특정 다수의 유저가 해당 분야에 알맞은 게시물을 업로드한다. 책 페이지가 나뉘듯 게시물의 수에 따라 페이지가 나누어지며, 과거에 업로드된 글을 찾아보려면 각 페이지에 따른 번호를 클릭해야 한다.

게시판에 글을 쓰는 행위는 자신의 글을 읽어줄 만한 가상의 독자를 가정하는 것이다. 동시에 그 게시판을 보는 모두에게 말을 거는 행위에 가깝다. 마치 구술문화에서 청중에게 말을 걸듯이 말이다. 그러다 보니 어디까지 텍스트가 전달될지 가늠이 안 되는 난처한 상황이 생긴다. 우리는 매번 조회 수가

com/jaemok2) 제목학원 커뮤니티에 업로드된 사진이 인터넷 밈으로 만들어져 퍼지기도 하고, 관리자가 특정 제시어를 던져주면 SNS 유저가 백일장이라는 이름으로 제목을 지어서 인터넷 밈 창작에 직접 참여할 수도 있는 공론장이 만들어졌다. 유병재가 이를 영상 콘텐츠로 제작한 것이 큰 인기를 끌기도 했다. (유병재, 2018.07.05., [유병재 라이브] 제1회 제목학원 그랑프리, 유튜브, https://www.youtube.com/watch?v=dxMch5JGkvc)

안 나올까, 혹은 '좋아요'가 안 눌릴까 하는 조바심에 떨면서 글을 올리기 마련이다. 남에게 정보를 알리는 글이든, 사적인 일기든 말이다. 상대와 대화하는 듯하면서도 모두가 자기 이야기를 올리며 타인의 관심을 갈구하는 셈이다. 이 상황을 멀찍이서 볼 때 커뮤니티에 마구 올라오는 글은 각자 혼잣말하는, 즉 집단 독백으로 보인다. 이는 이후에 설명할 SNS에서도 동일하게 나타나는 특성이다.

다음으로 싸이월드, 네이버 블로그, 티스토리 등 개인 홈페이지로서 인터넷 글쓰기 공간이 있다. 홈페이지는 사진이나 글로 일상을 기록하는 사적인 공간으로, 불특정 유저 다수에게 개성을 한껏 드러내는 장소로 작동한다. 싸이월드에서는 도토리라는 독자적인 전자화폐를 기반으로 아이템, 혹은 배경음악 등을 사서 꾸밀 수 있다. [사진9]에서 보이듯 이 공간은 익명을 기반으로 하는 커뮤니티와 달리 실명이 적힌 프로필이

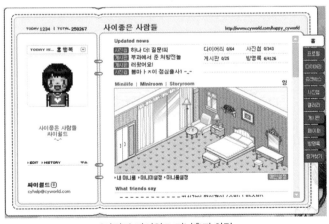

[사진9] 싸이월드 미니홈피 화면

전면에 드러난다. 또한 방명록을 통해서 친구들이 자신의 홈페이지에 글을 남길 수도 있다. 홈페이지는 타인과 무작위로 연결되기보다 개인 사이 '파도타기'라는 이름의 하이퍼링크에 기반한다.

싸이월드의 홈페이지 형식은 훗날 SNS의 프로필로도 이어진다. 다만 인스타그램에서 사용되는, 일상을 잘라내 파편적으로 업로드하여 완벽한 것으로 보이게끔 하는 영화적인 기법과는 다르다. 싸이월드는 자신이 직접 일상을 켜켜이 적는, 책에 더욱 가까운 형식으로 사용된다 할 수 있다.

싸이월드의 유행은 아마추어리즘에 기반한다. 필름 사진이 유행할 때만 하더라도 자질구레한 사진을 찍기 어려웠다. 사진 한 장 한 장이 돈이므로 최대한 소중한 것을 담아야 했다. 영화 또한 필름 한 롤의 최대 촬영 분량이 필름 크기에 따라 보통 4분에서 10분 가량이었으므로 영상을 허투루 찍는 것이 불가능했다. 그야말로 인생샷만 올릴 수 있던 시절이었다. 그러나 사진과 영상의 디지털화가 진행되면서 비용이 절감되었고, 사진의 물리적 혹은 정신적 무게감은 더욱 가벼워졌다. 이에 힘입어 디지털카메라와 캠코더가 유행하면서 일반인의 셀카와 일상적인 사진이 인터넷에 업로드되기 시작했다. 나아가 일반인이 연출하는 UCC나 플래시 애니메이션 등이 유행하기도 했다. 이러한 흐름을 타고 아마추어 문화가 형성되었다.

스타성 있는 개인이 얼짱 문화라는 이름 아래서 연예인에 버금가는 인기를 끈 사례도 있다. 싸이월드의 반윤희는 일반인인데도 패션트렌드를 주도한 것으로 알려져 있다. 초코송이

머리라든지, 카고 반바지 등 반윤희의 패션이 연예인의 것만큼이나 인기를 탔다. 이처럼 아마추어리즘이 보급되면서 디지털이라는 공간에서 스타와 일반인 모두가 같은 선상에서 존재할 수 있었다. 일반인으로서 나의 일상을 업로드하는 일이 자연스러워진 상황은, 나 자신이 누구인지를 드러내려는 진정성이 생기는 기반이 되었다. 싸이월드는 제한적으로 상대방에게 열려 있는 동시에 일기장처럼 사적인 공간이었다. 실명을 기반으로 하지만 프로필을 만들어야 했으므로, 나다움을 추구하는 것이 가능해지는 대안적인 공간으로 기능했다.

이에 따라서 싸이월드 감성이라 불린 사적인 감정의 표출도 자유로웠다. 그 시기에 싸이월드에서 유행한 "학생이라는 죄로 학교라는 교도소에서 교실이라는 감옥에 갇혀 출석부라는 죄수명단에 올라 교복이란 죄수복을 입고 공부란 벌을 받고 졸업이란 석방을 기다린다", "음악만이 나라에서 허락하는 유일한 마약" 등의 문구는 일상적인 불만을 토로하면서도 국가나 규범을 이탈해 나다운 것을 발견하려는 몸부림이기도 하다. 이렇듯 사회 규범에 구속되지 않고 나의 고유성을 탐색하려는 싸이월드 감성은 근대적 윤리인 진정성과 이어져 있다.

싸이월드를 시작으로 사적이고도 시시콜콜한 이야기가 활발히 인터넷에 업로드되기 시작하면서 이에 따르는 언어가 생겨나야만 했다. 셀카나 특정한 분위기가 있는 문구의 결합이 그러하다. 짱, 헐 등의 의성어를 중심으로 한 유행어가 생겨난 것도 기존의 언어로는 말하기 어려운 황당한 감정을 드러내기 위해서다. 이처럼 개인은 저만의 방식으로 감정을 더욱 잘 드러내고자 시도한다. 싸이월드의 이러한 이미지 문자가 아햏햏 과 햏자 등 디시인사이드에서 퍼졌던 이미지 매크로 합성 소 스와 같은 시기에 탄생했다는 점도 눈여겨볼 만하다. 싸이월 드와 디시는 제각기의 방식으로 언어를 발명한 것이다.

난...ㄱㅏ끔...
눈물을 흘린ㄷㅏ....
ㄱㅏ끔은 눈물을 참을 수 없는ㄴㅐ가 별루ㄷㅏ...
맘이 ㅇㅏㅍㅏ서....
소ㅁㅣ치며... 울 수 있ㄷㅏ는건....
좋은 ㄱㅓㅇㅑ......
ㅁㅓ... 꼭 슬ㅍㅓㅇㅑ만 우는건 ㅇㅏ니잖ㅇㅏ...^^
난... 눈물ㅇㅣ.... 좋ㄷㅏ.....
ㅇㅏ니...
ㅁㅓ리가 ㅇㅏ닌.....
맘으로.....우는ㄴㅐㄱㅏ 좋ㄷㅏ.....

[사진10] 가수 채연 미니홈피 화면 (일명 '난 가끔 눈물을 흘린다 짤')
저작권자이자 초상권자인 채연 씨 측에 문의한 결과, 내용은 문제없으나 셀카 이 미지는 책에 넣지 말아줄 것을 요청했다. 이에 설명을 위한 글만 캡처해 자료로 사용한 점에 대해 독자에게 양해를 부탁드린다.

[사진10]은 싸r ㅇ1월드 문(차)체를 모범적으로 드러낸 ㅅㅏ ㄹ례다…★ 가수 채연의 싸이월드에 올라온 이 사진은 울고 있는 셀카와 함께 싸이월드에서 유행한 문체로 제 감정을 드 러낸다. 기존 문법을 무시하면서 자음과 모음을 띄워 한글의 이미지를 강조함으로써 악센트를 발음하듯이 과장된 감정으 로 나를 표현한다. 텍스트를 이미지화해 감정을 전달하는 이 모티콘의 속성을 그대로 담되, 본인이 이야기하고자 하는 문

장을 전달하는 식이다. 이는 솔직한 감정을 드러내려는 시도로부터 나온 것이다. 아이러니하게도 문자를 손수 이미지로 변환해야만 하는 수고로움 때문에 이와 같은 방식으로 적힌 문장은 정보값이 적고, 단문 위주로 구성되어 있다. 이야기를 적기보다는 순간순간의 과잉된 감정과 상황을 적는 데에 치중한 것이다. 이렇게 감정적인 문체는 나다움을 드러낸다는 진정성이라는 환상을 충족한다.

마지막으로 SNS가 도입되면서부터 청중은 그 어느 때보다 모호해졌다. 싸이월드에서의 '나'는 SNS에 이르러 가계정이자 익명의 유저가 된다. 페이스북이나 X(트위터) 등 SNS에서의 청중은 방송 청중과 전통적인 작가의 예상 독자를 결합한 네트워크 청중이다. SNS에 글을 쓰는 이는 누군가에게 편지를 쓰거나 말을 걸고 있는 상황을 상상한다. 그러나 동시에 방송 청중처럼 실시간으로 자신을 보는 시청자뿐만 아니라 잠재적인 시청자까지 고려한다. 때로는 특정인을 저격하는 등 청자가 좁혀지기도 한다. 청중에 따라서 변하는 정체성을 지니기에, 네트워크에서는 단일한 '나'의 정체성이 무너지는 맥락의 붕괴 현상이 드러난다.[41]

특히 익명성이 도드라지는 X에서 유저의 실체는 모호하다. 앞서 말했듯 한 개인을 구성하는 맥락이 붕괴되어서다. 하나의 주체는 짧은 텍스트의 불균질한 나열로 구성된다. 몇백 글

41 Marwick, A. E., & Boyd, D, 2011, "I tweet honestly, I tweet passionately: Twitter users, context collapse, and the imagined audience," *New Media & Society*, 13(1), pp. 130-133.

자로 쓰인 글은 캡처되는 순간에 맥락이 제거된다. 이는 언제든 캡처당해서 그 사람의 전체로 재구성될 가능성도 있다. 이제 정치인이나 스타의 과거 발언이 발굴되어서 조리돌림을 당하는 일은 일상다반사다. 상대가 해당 글을 쓴 이유가 밝혀지기도 전에 파편화된 글 일부만 보고 그 사람 전체를 성급하게 판단하면서 사이버불링을 하는 경우도 잦다. 이는 X에만 한정된 문제가 아니라 다른 SNS에도 똑같이 나타난다. 지금은 맞고 그때는 틀리다라고 말해도 아무도 듣지 않을 것이다. 아이러니하게도 이러한 맥락 붕괴 현상은 SNS발 인터넷 밈이 생기는 기원이 되기도 한다.

인스타든 페북이든 X든, SNS 앱은 새 게시물을 끊임없이 피드에 등장하도록 한다. 커뮤니티나 싸이월드가 여전히 일부 지녔던 인쇄문화의 폐쇄성은 SNS에서 완전히 사라진다. 기존의 커뮤니티는 게시판마다 볼 수 있는 게시물 수를 제한하고, 과거에 올라온 글을 보려고 할 때 그다음 페이지로 넘어가는 하이퍼링크로 정보를 매개했지만 SNS는 기다리면 바로 그다음 게시물이 등장한다.

게시물과 친구 추천이 실시간으로 계속해 업로드되는 SNS 앱의 환경은 마치 끝나지 않는 페이지를 보는 듯하다. 피드는 계속 이어지고, 릴스는 곧장 그다음 릴스로 넘어가버린다. 흔히 릴스 중독이나 SNS 중독이라고 하는 행위는 텍스트가 무한히 이어지는 데서 나온다. 아무리 페이지를 넘겨도 책이 끝나지 않기에 그 텍스트에 마음이 빼앗겨버리는 셈이다. 이는 호르헤 루이스 보르헤스의 소설 《바벨의 도서관》에 나오는,

영원히 책이 이어지는 바벨의 도서관에 가깝다. 정작 그 도서관에는 흩어져 있는 데이터만이 가득하다는 것까지.

커뮤니티와 싸이월드에서 타인의 글을 본다는 것은 어느 정도 모험을 동반했다. 제목과 내용이 다른 경우도 더러 있을 뿐더러, 폐쇄적인 공간에 들어서는 것이어서다. 무한히 개방적인 공간인 SNS에서 글을 보는 것은 탐험이라기보다는 산책 flaneur에 가깝다. 발터 벤야민이 이야기한 산책자는 아무런 목적 없이 도시를 돌아다니는 이다. 그는 이를 정신분산적 수용이라고 칭했다. 마치 타임라인에 새로운 짤방이 나오기만 바라며 마구 넘기는 우리의 모습과도 비슷하다. 무한한 짤방의 우주 아래서 헤매는 셈이다. 그런데 이렇게 도시를 걷다가 군중의 한 명과 부딪힐 일이 가끔 있다. 타인과 어깨를 부딪힐 때 내가 군중 사이에 있다는 것이 문득 인식된다. 벤야민은 일상적 감각, 집중의 차단으로 생긴 충격에서 예술적인 경험이 가능하다고 보았다. 무수한 게시물이 올라오는 타임라인 속에서 우리가 마음에 드는 인터넷 밈을 발견하는 순간이 바로 벤야민이 말하는 충격이라고 볼 수 있지 않을까?

2장

박제가 되어버린
합성 소스를 아시오

합성 소스의 탄생

이 몸은 합성 소스이다. 뜻은 아직 없다
- 합성 소스의 탄생과 낚시

이 장에서는 인터넷 밈의 재료가 되는 합성 소스를 다루려 한다. 합성 소스는 인터넷 밈의 질료이며, 합성 – 필수 요소 갤러리에서 비롯한 개념이다.[1] 해당 갤러리 유저는 엽기 갤러리나 스타 갤러리 등에서 합성 재료로 쓸 만한 웃기고 자극적인 이미지를 긁어모았다. 그것을 자신들의 갤러리에 퍼뜨리며 나름의 놀이도구로 삼았다. 인터넷 밈은 이 놀이도구를 조합하며 생겨난 것이다.

합성 소스는 문자 텍스트, 그림, 영상 등 어떠한 원본이 탈맥락화되면서 탄생한다. 그 이미지가 특정 집단의 공감대를 형성해 다른 맥락으로 가져다 쓸 만한 이미지로 인정받을 때 합성 소스가 된다. 공감대가 왜 생기는지 그 합성 소스가 유행할 당시에는 알 수 없다. 합성 소스가 탄생하는 이유는 항상 사후에야 파악이 가능하다. 대부분은 웃겨서 발굴된 것이기는 하지만, 합성 소스는 정제되지 않은 폭력적인 요소나 성적 대상화, 타인 비하나 소수자 혐오 등 반사회적인 이미지까지 포함한다.

한국 인터넷에서 합성 소스의 발견은 인터넷 짤방 문화로부터 비롯되었다. 짤방을 이야기하려면 2000년대 초 여러 온라인 커뮤니티의 분위기를 되짚어보아야 한다. 그때의 온라인 커

---

[1] 다만 합성 소스나 인터넷 밈 등이 그 이전에 없었던 것은 아니다. 인터넷 아카이브의 불안정성으로 인해서 디시인사이드 이전의 자료를 발견하기도 힘들 뿐더러, 지금도 성지 순례가 되는 만큼 인터넷 밈의 기원이라고 공통의 합의에 이른 자료를 최초의 인터넷 밈이라 가정하기로 했다.

뮤니티는 동호회에 가까웠으므로 동호회의 목적에 어긋나는
글은 그리 환영받지 못했다. 당시 디지털카메라 전문 사이트이
던 디시인사이드도 포털사이트에 있는 카페와 마찬가지로 디
지털카메라에 관련된 내용이 주를 이루었으며, 심지어 게시물
을 올리려면 무조건 사진 한 장을 첨부해야 하는 규칙도 있었
다. 불필요한 잡담을 막는 순기능을 가진 규칙이었지만, 단순
제목 하나만으로 설명할 수 있는 제곧내(제목이 곧 내용)인 게
시물에도 불필요한 사진을 첨부하게끔 강요했다는 역기능도
생겼다. 그 제약을 피하려 만든 것이 바로 "짤림방지용 사진"이
라고 불린 짤방이다. 게시물 내용이 시답잖고 별것 없어도, 게
시물의 구색은 갖췄으니까 제재하지 말라는 반항이었다.

[사진11] 쿠키닷컴

복숭아맛이라는 유저가 2001년 7월 17일 디시에 올린 〈오늘 산 중저가형 모델 싸게 팝니다..〉가 흔히 최초의 짤방으로 언급된다. 중고 디지털카메라를 판매하려는 듯한 제목이 눈길을 사로잡지만 사실은 낚시글이다. 과자를 먹다가 남겨둔 사진을 올린 다음, 기존의 디시 회원이 중고 카메라를 판매할 때 올리는 글 형식을 패러디했다. 사진에서 알 수 있듯 시답잖은 농담이 담겨 있다. 제목과 상반된 아이러니한 상황이 담긴 게시글로 하여금 제목을 보고 클릭한 이를 킹받게 만든다. 이 밈은 네티즌으로부터 인터넷 밈의 기원으로 일컬어지면서 성지순례(어떤 인터넷상에서 생긴 이슈의 시발점이 된 게시물에 방문해 댓글을 다는 행위)의 대상이 되었다. 낚시는 지금도 가장 유명한 인터넷 밈 제작 방식이다. 포토샵이나 영상편집 등의 기술을 동원하지 않아도, 시선을 끌 만한 제목을 지은 뒤 그와 어긋나는 내용을 적으면 그만이기 때문이다.

이는 인터넷 매체 환경에서 탄생한 농담이다. 책의 경우를 생각해보자. 각 페이지가 닫혀 있기에 페이지를 넘겨야만 그다음 장으로 넘어가 새 텍스트가 등장한다. 다만 페이지를 넘겨도 앞 페이지의 내용이 뒷 페이지의 내용과 충돌하지 않으리라는 믿음이 깔려있다. 이는 책의 물성과 관련 있다. 보통 책으로 출판되는 글은 통일성과 완결성을 지니고 등장하므로 우리는 한 페이지와 그다음 페이지 사이에 아무 인과성이 없더라도 자연스럽게 이어진 것으로 생각한다.

인터넷에서의 글쓰기를 연구한 제이 데이비드 볼터는 인터넷 매체의 양식 중 하나인 하이퍼링크가 텍스트를 읽는 독자

경험이 달라지게끔 할 것이라고 보았다. 인터넷에서는 링크를
경유하면 종이를 넘기지 않더라도 또 다른 텍스트가 등장한
다. 하이퍼링크는 두 텍스트 사이의 논리적인 인과가 있을 거
라는 가정이 사라지게끔 하는 것이다. 텍스트와 텍스트 사이
에 암묵적으로 합의된 인과성이 없으므로 링크에 접속할 때
무엇이 등장할지 알 수 없다는 데서 긴장이 생긴다. 낚시는 이
런 하이퍼링크의 개성을 농담으로 삼은 것이다. 낚시 게시물
에 접속한 순간 우리는 속았다는 것을 알아챈다. 이때 텍스트
를 보기 직전의 긴장이 완화되고 텍스트가 급작스레 끝난다.

낚시는 유저가 커뮤니티 게시판의 목적에 따르는 게시물
을 올려야 하며, 제목이 글의 내용을 함축해야 한다는 규칙을
전복한다. 그 규칙이 얼마나 경직된 것인지 낯설게 보게 만드
는 방식을 택하며 자신의 자유로운 목소리를 내려 한다. 짤방
은 여기에서 한 단계 나아가, 제목으로 할 말을 다 한 뒤 만화
나 웃긴 사진 등을 삽입한 채 내용은 텅 비우는데, 이는 유저
가 커뮤니티에 반드시 의미 있는 내용을 적어야 한다는 강박
을 벗어나게끔 도왔다.

나는 병든 병맛이다⋯⋯ 나는 약한 병맛이다. 나는 호감을 주지 못하는 병맛이다
- 그림이나 만화에서 파생한 합성 소스

일단은 인터넷 밈의 기반인 합성 소스를 원본 파일 형식에 따라 다섯 가지로 나누려 한다. 굳이 파일 형식을 언급하는 이유가 있다. 앞서 언급한 뉴미디어 이론가 레프 마노비치는 뉴미디어의 미학을 구성하는 중요한 요소로 한 파일의 형식이 다른 파일의 형식으로 변환될 수 있는 호환성을 이야기했다. 다만 원본 파일이 다른 형식으로 변환된다고 해도 그 원본 파일의 개성은 합성 소스에 남아 있다. AVI로 저장된 동영상을 캡처해서 JPG가 된다고 한들 AVI의 속성이 남아 있다는 이야기다. 이러한 흔적이 합성 소스의 개성을 결정하기도 한다. 대중은 파일에서 다른 파일로 변환하는 과정에서 생기는 오류에서 합성 소스가 될 법한 요소를 발견한다. 그 오류는 대부분 우리가 예기치 못한 제스처를 생산하기 때문이다.

먼저 그림이나 만화에서 파생한 합성 소스가 있다. 두 번째로는 사진을 원본으로 하는 짤방이 있다. 세 번째로는 이미지에 대사가 더해진 이미지 - 매크로 짤방이 있다. 네 번째로는 영상을 원본으로 하는 짤방이 있다. 마지막으로 움직이는 짤방을 일컫는 '움짤(GIF)'이 있다.

2000년대 중반, 웹툰으로부터 비롯된 그림 합성 소스가 짤방으로 쓰이기 시작했다. 이말년의 〈이말년 시리즈〉에서 "이렇게 된 이상 청와대로 간다"라는 대사가 적힌 밈, 아마추어 만화가 엉덩국의 "들어올 땐 맘대로지만 나갈 땐 아니란다"라

[사진12] 이렇게 된 이상 청와대로 간다 (이말년 작가 웹툰)

는 대사가 적힌 밈, 그가 〈아기 공룡 둘리〉를 패러디해서 그린
만화 〈애기 공룡 둘리〉 밈 등이 그 사례다.

　그림 합성 소스는 의도를 지니고 그려진 이미지로부터 생
겨났다는 점에서 다른 합성 소스와는 다르다. 게다가 사진이
나 영화와 달리 원저자의 흔적이 명확하다. 대상을 그대로 복
제하는 기계 장치의 결과물은 인간의 손을 거치지 않은 반면,
만화에는 어느 정도 인간의 손길이 남아 있다. 그림체에 작가
의 흔적이 남아 있으므로 그림 합성 소스를 쓸 때는 작가의 존
재를 어쩔 수 없이 의식하게 된다. 오히려 작가의 흔적이 남아
있어야만 다른 이와 공유할 수 있기도 하다.

　따라서 그림이나 만화에서 유행한 합성 소스의 한계는 결
국 원저자의 문체를 따라 하는 2차 창작에 그칠 수밖에 없다
는 데 있다. 지적 재산권은 여전히 살아 있으며, 그 지적 재산
권을 원작자가 주장하는 순간에 소멸된다. 맷 퓨리가 그린 만
화 〈Boy's Club〉의 주인공 개구리 페페가 2차, 3차적 변형을
거쳐서 미국 대안우파의 상징이 된 경우를 보자. 오줌 싸는 개

구리가 "Feels good"이라고 말하는 만화의 한 컷에 불과했던 이미지가 급작스레 4chan이라는 미국의 한 커뮤니티에서 반사회적인 정서와 우익 성향을 표출하는 정치적 상징으로 왜곡되기 시작했다. 페페는 혐오표현에 등록되는 지경에 이르렀다. 이에 맞서 맷 퓨리는 페페의 장례식을 그리는 방식으로 페페를 정치적 상징으로 왜곡하지 말라고 대응하며, 페페의 사망을 선언한다. 나아가 캐릭터의 저작권을 도용한 방송사를 고소했다.

그림 합성 소스는 병맛이라 불리는 문화적 코드를 공유하는 디시 등의 커뮤니티에서 계속 생산되었다. 병맛은 병신같은 맛의 줄임말로 시작되었지만 의미가 정확하지 않다. 굳이 따지자면 "조롱의 의미를 담아, 맥락 없고 형편없으며 어이없는 것"[2] 정도의 의미로 추정할 수 있다.

병맛이 유행한 것은 2000년대 중반부터지만, 2000년대 후반에 이르러서야 이 개념을 둘러싼 제대로 된 분석이 나오기 시작했다. 처음에 병맛은 키치의 연장선으로 분석되었다.[3] 병맛 감수성의 근원을 〈멋지다 마사루(1995)〉, 〈죠죠의 기묘한 모험(1987)〉등의 일본의 악취미 만화에서 발견하려는 시도[4]

2   병맛 만화, 루저들의 코딱지를 후벼주는 맛, 2010.04.09., 한겨레 21, http://h21.hani.co.kr/arti/culture/culture_general/27079.html
3   [만화로 보는 세상] 키치적 웹툰들, 2009.10.16., 전자신문, https://www.etnews.com/200910150041
4   〈SNL 코리아〉의 병맛, 2013.08.10., 한겨레21, http://h21.hani.co.kr/arti/culture/culture_general/35136.html, 병맛 만화, 루저들의 코딱지를 후벼주는 맛!, 2010.04.09., 한겨레21.

도 이어졌다. 병맛 콘텐츠는 차츰 잉여나 루저 등 청년 세대를 호명하는 신조어와 이어지기 시작했다. 최근《90년생이 온다(2018)》등의 도서에서도 병맛은 90년대생의 감수성을 형성하는 문화 코드라고 설명되었다.

병맛만화로 호명되는 만화가들은 정식 루트로 데뷔하지 않거나(엉덩국), 디시의 카툰연재갤러리 등 서브컬처 논리가 통용되는 인터넷 아마추어 커뮤니티로 데뷔한다(김풍, 이말년, 귀귀, 마사토끼). 이들은 정형화된 기존 상업 만화 그림체와 구분되는, 아마추어만이 그릴 수 있는 낙서에 가까운 비정형화된 스타일을 추구한다. 그 내용은 대중문화에 대한 뒤틀린 인용, 그리고 B급 영화 같은 하위문화와 주류문화 사이를 넘나드는 짜깁기 등의 형식으로 표현된다.

이때 병맛에서 두드러지는 것은 낙서처럼 그려진 인물이다. 보통 만화는 한 인물의 감정을 시각화하고자 표정을 섬세히 잘 그리려고 한다. 병맛은 퀄리티에 신경을 쓰지 않는다. 섬세히 그리는 대신 캐릭터의 제스처와 표정을 눈에 띄게 과장한다. 우리가 흔히 만화라 생각하는 꼴은 지니고 있되 중간중간에 특정한 장면이 돌출된다는 인상을 준다. 우리는 일상에서 지을 수 없는 새로운 표정을 그곳에서 발견한다. 마음으로는 어렴풋이 느끼나 언어로 드러내기가 힘든 표현이라든지, 일상적인 언어로는 담아낼 수 없는 큰 감정의 진폭이 발견된다.

병맛만화의 서사 전개도 합성 소스의 단초가 된다. 이말년은 모든 상황을 급작스럽게 정리하려는 데우스 엑스 마키나인 "와장창"을 상징으로 한다. 전방위적인 문화 패러디를 쓰는 것

은 물론 분량조절에 실패하면서 서사를 어떻게든지 수습하고
자 하는 노력 등 전통적인 장르 서사에서 보기 어려운 제4의
벽과 부조리한 인과성을 그려냈다. 감정선이 급작스럽게 날뛴
다거나 예기치 못한 제3의 결론에 다다르는 비약적인 전개는
전적으로 섬세하지 않은 그림체로 인해서 가능했다. 또 여기
에다가 스크롤로 장면을 넘기는 웹툰의 형식 또한 한몫했다.
스크롤을 내리기 전에 어떤 컷이 나올지 예측하기가 힘들기에
병맛으로 처리되는 장면이 나올 때의 충격이 배가된다. 기승
전결을 배반한 기승전병이라는 말로 표현되는 병맛만화의 전
개는 서사의 통일성보다 각 컷 속의 상황과 표정, 제스처에 집
중한다. 병맛만화야말로 합성 소스로 발굴되기 가장 좋은 조
건을 가지고 있는 셈이다.

특히 이말년의 만화는 영국 TV 시리즈 〈몬티 파이튼의 비
행서커스〉의 초현실적인 스케치 코미디에 가깝다. 몬티 파이
튼의 코미디에서는 에피소드마다 서사가 단절되고, 초현실적
인 상황과 아이러니, 소통 불가능한 여러 캐릭터의 부조리극
이 펼쳐진다. 논리를 거부하는 병맛만화를 볼 때 감상자는 작
품을 이성적으로 이해하지 못해서 혼란에 빠지기 마련이다.
상식적인 판단을 포기하게 되면서 거기서부터 해방감과 재미
가 따라오기 시작한다. 당시 공중파에서 유행한 코미디 TV 프
로그램인 〈개그콘서트〉가 심의를 거쳐서 제작된 스케치 코미
디인 것을 생각해보자. 병맛만화는 심의로 정제된 당시의 개
그가 제공하지 못한 원초적 쾌감을 제공해주었다.

이외에 그림에서 비롯된 합성 소스로 2004년 즈음 웃긴대

학에서 유행한 짤방보이가 있다. 무언가를 열렬히 때리는 짤
방보이의 원본은 웃대인이 그린 네 컷짜리 만화다. 첫 번째 컷
부터 세 번째 컷까지는 평범한 일상 대화가 이어지지만 네 번
째 컷에서 급작스럽게 폭력적인 제스처로 돌변한다. 합성 소
스가 된 장면은 바로 네 번째 컷으로, 과장된 제스처와 기승전
병의 전개로 인해서 웃음을 자아낸다. 짤방보이가 짤방으로
쓰일 때 쓰는 이에 따라서 도라에몽 같은 캐릭터와 합성될 수
도 있고, 입히는 옷에 따라서 군인이 될 수도 있다. 그러나 그
제스처와 상황은 늘 그대로다.

　이러한 병맛에 문제점이 없는 것은 아니다. 대중문화의 전
형성에서 벗어나고자 욕설과 성적인 내용을 마음껏 쏟아붓는

[사진13] 짤방보이

병맛 콘텐츠가 걸러지지 않고 인터넷에 범람했다. 짤방보이의 주먹 너머에 무엇이 있는지 우리는 모른다. 병맛의 과잉된 폭력성이 겨냥한 희생양은 바로 장애인과 성소수자, 여성 등 사회적인 소수자들이었다.[5] 문제는 병맛이 이 모든 것에 대해 그저 유머라는 이유로 책임을 지지 않을 수 있는 특권을 누린다는 것이다.

---

5 박재연, 2019, 〈'병맛' 담론의 형성과 담론의 작동방식〉, 《대중서사연구》, 25(3), pp.143-180.

꽁꽁 얼어붙은 CG 위로 개죽이가 걸어다닙니다
- 사진에서 파생한 합성 소스

사진을 원본으로 하는 개죽이[6] 짤방은 (짤방보이보다 먼저 탄생
했지만) 그림이나 만화를 원본으로 하는 합성 소스에서 한 차
례 더 진보한다. 그림 합성 소스가 원작자의 영향 아래 있는
반면 사진을 원본으로 하는 합성 소스는 더 이상 원본에 구속
받지 않게 된다. 즉, 저자의 권위에 기대지 않고 원본을 마음
껏 쓸 수 있는 저자의 죽음이 실현된다.

[사진14] 개죽이

6   다른 밈과는 달리 개죽이의 저작권은 이 사진을 처음으로 찍은 권한일
(닉네임 Nills)에게 있다. 그는 개죽이가 공공재라고 생각하기에 굿즈
를 출시하는 행위를 자제했다. 그러나 최근 2022년 12월 26일을 기점
으로 디시와 권한일은 협업해 개죽이를 NFT로 지급하기 시작한다. (추
억의 '개죽이', 20년 만에 NFT로 귀환, 2022.12.26., 서울경제, https://
www.sedaily.com/NewsView/26F1WVOQ46, 탄생 8년 '개죽이' 행
방 추적해보니…, 2009.04.25., 머니투데이, https://m.news.nate.com/
view/20090425n02191?mid=e02)

우선 디시의 아이돌이었던 개죽이의 탄생 과정을 보자. [사진14]의 대나무에 올라가 있는 개 이미지는 우스꽝스러우면 서도 귀엽다는 디시 유저들의 반응을 자아냈다. 유저들은 이 사진을 개, 그리고 대나무를 뜻하는 죽竹을 합해 개죽이라고 불렀다. 개죽이는 디시의 상징적인 존재로 쓰이기 시작했고, 이윽고 인터넷 스타로 급부상한다.

이 개 사진을 올린 이미지의 저작권자 권한일은 당시 영화 CG 업체인 모션팩토리의 직원이었다. 그는 이 이미지를 촬영할 당시에 개가 대나무를 붙들고 있는 포즈를 취하게 한 뒤에 손으로 받치고 촬영한 다음 손을 지웠다고 이야기했다.[7] 즉 개죽이의 탄생은 처음부터 CG의 발달과 맞물려 있는 것이다. 그리고 CG는 짤방을 파일화하고 합성하는 데 쓰이는 프로그램인 포토샵과 맞물려 있다.

포토샵은 특수효과 제작사인 ILM의 직원으로 제임스 카메론의 〈심연(1989)〉, 로버트 저메키스의 〈포레스트 검프(1994)〉 등 할리우드 블록버스터 VFX 작업을 담당한 존 놀과 그의 동생 토머스 놀이 1990년에 개발한 프로그램이다.[8] 존 놀이 특수효과에 참여한 〈포레스트 검프〉는 전형적인 바보성자(유로지비)[9] 캐릭터 포레스트 검프(톰 행크스)를 통해 미국

---

7   개죽이, 나무위키, https://namu.wiki/w/%EA%B0%9C%EC%A3 %BD%EC%9D%B4

8   카메론은 VFX와 CG를 자연스러운 비주얼을 그려내는 도구로 썼다. 반면 저메키스의 VFX와 CG는 컴퓨터 그래픽의 진보가 지니는 상징적인 의의를 나타내는 도구이다.

9   러시아 민담에서 주로 쓰이는 캐릭터로, 장애를 가지고 있으나 그만큼 신

현대사를 되짚어 보는 영화로 기억된다.

그러나 이 영화의 진짜 의의는 CG기술에 있다. 포레스트 검프와 1961년도 아카이브 푸티지 속 케네디JFK가 악수하는 장면에서, JFK는 포토샵으로 프레임을 하나하나 그려서 연출된 것이다. 포토샵이 생기기 전까지만 하더라도 JFK와 닮은, JFK를 연기하는 배우가 등장했을 장면이다. 그러나 CG는 잠깐이나마 죽은 JFK를 되살리고, 한술 더 떠서 JFK가 픽션 속 캐릭터 포레스트 검프와 만나게까지 한다. 이처럼 포토샵은 현실을 속일 만큼 강력해지는 것을 넘어 현실을 왜곡할 수도 있다. 나아가 가짜 증거를 제작해 음모론을 만드는 수단이 되기도 한다.

포토샵에서는 모든 레이어가 혼합되고 레이어 간의 경계가 사라진다. 포토샵의 작동 원리를 생각하면 편하다. 레이어마다 다른 작업을 하더라도 마지막에 저장할 때는 하나의 레이어로 합쳐진다. 모든 것이 하나의 레이어에 용광로처럼 녹아내리는 셈이다. 과거에 만든 것이든, 나중에 만든 것이든 합성하는 순간에 하나로 보인다는 점에서 과거와 현재, 미래 등 시간의 흔적을 지우기까지 한다. 또 그려진 것과 촬영한 것 사이의 경계가 사라져버린다. 이는 레프 마노비치가 이야기하는 완벽한 합성으로, 봉합의 흔적마저 사라지게끔 하는 매끄러운 것이다. 모든 것이 2D 평면에 통합된다. 원본-가상 사이의

성한 능력을 지니고 있다. 도스토옙스키나 톨스토이 등 대문호는 유로지비의 수난사로 인간사의 잔혹성과 진정한 선을 탐구했다.

[사진15] 개죽이 2차 가공 이미지

경계, 2차원과 3차원의 경계는 소멸되고 만다. 저자의 흔적 또한 사라져버린다.

　다시 유저였던 남경운은 포토샵으로 [사진14]를 [사진15] 속의 웃는 개죽이로 변형했다. 개죽이가 인위적으로 상황을 연출한 것이라면, 웃는 개죽이는 대상 자체를 왜곡하면서 탄생했다. [사진15]는 [사진14]를 원본으로 하나 강아지 털 색깔을 제외하면 원본의 흔적이 전혀 남아 있지 않다. 개과 대나무를 더해져 만들어진 개죽이라는 이름과 아무런 상관없다는 듯이 대나무마저도 사라져버렸다. 두 사진을 처음 본 사람이라면 [사진14]와 [사진15]의 개죽이 가운데 무엇이 원본인지 알 수 없다. 보통 필름 사진은 사진 속 대상이 사진을 찍은 시공간에 존재했다는 지표$_{index}$가 남는다. 디지털 사진에서는 지표의 역할이 희미해진다. 디지털 사진에서는 원본이 거기에 있다는 흔적이 사라진 것이다. 오히려 그 사진의 소유자가 지표마저 자의적으로 변환할 수 있다. 즉 지표는 사용자 간의 자의적인 설정으로 의미가 변경될 수 있다는 상징[10]이 되는 셈이다.

다만 디지털 기술이 사진 속 대상을 완전히 왜곡하는 것은 아니다. 우리는 사진에 가해진 보정이나 필터, 합성 등 변형의 흔적을 놀라울 만큼 잘 포착한다. 변환되는 순간 생긴 부자연스러움이 그곳에 남아 있어서다. 남경운이 합성한 웃긴 개죽이는 디지털 합성의 부자연스러움을 개그 코드로 드러낸다. 개가 발로 입을 가리며 풋 하고 웃는, 얄미우면서도 차마 미워할 수 없는 표정은 실제로 있을 수 없다. 강아지마저 나를 비웃는다고 느끼게 되지만 왜인지 웃기다. 병맛의 어설픈 그림체에서 우리가 이전에는 없는 표정을 발견했듯이, 개죽이는 비웃음과 웃음 사이의 어딘가를 발명한 셈이다.

[사진15]의 웃는 개죽이도 [사진14]의 개죽이와 마찬가지

---

10 기호학자 찰스 샌더스 퍼스는 기호를 세 가지로 구분했다. 하나는 도상, 하나는 상징, 하나는 지표다. 도상은 대상과의 유사성을 지니는 기호다. 상징은 대상과의 관계기 임의적으로 정해시는 기호다. 마지막으로 지표는 그 대상과의 인접성과 인과성이 생기는 기호다. 도상은 도圖라는 한자어로도 알 수 있듯, 세계 지도나 화장실 문 앞의 남녀 픽토그램 등 대상과 비슷하다는 것이 드러나야 한다. 상징은 자의적이기에 기호와 그 의미가 달라야 한다. 기호를 보더라도 쓰는 사람에 따라서 그것에 저마다의 의미를 더할 수 있기 때문이다. 비둘기는 평화의 상징이라는 고리타분한 사례를 들어야겠다. 디지털 사진은 찍힌 대상을 0과 1이라는 코드로 전환해 조작할 수 있게끔 만든다. 디지털 사진에서 지표성은 사라지고, 상징이 남게 되는 것이다.

[사진16] 개죽이 2차 가공 이미지

로 합성 소스로 쓰이기 시작한다. 네이버 Q&A 게시판인 지식in 에서 개죽이는 [사진16]과 같이 내공냠냠이라는 이름으로 또 다른 합성 소스가 된다. 내공냠냠이란 질문에 대답하면 생기는 포인트인 내공을 얻기 위해 답변의 포맷만 충족한 낚시글을 올 렸던 일부 유저가 만든 현상이다. 내공냠냠 자체는 열받는 일이 지만 개죽이 사진을 보면 유쾌한 짜증남이 생긴다. 이 낯선 감 정은 훗날의 '킹받음'과 비슷하다. 내공냠냠은 당시 유행한 TV 예능 〈스펀지〉의 자막이 삽입되는 등 수많은 버전으로 합성되 며 선풍적인 인기를 끌었다.

사진을 원본으로 하는 합성 소스는 흔히들 누끼 따기라 부 르는 기법을 거쳐서 합성 재료가 된다. 누끼는 일본어로 '제거 하다'라는 뜻이다. 시각디자인 업계에서 사진 내 핵심 피사체 를 배경으로부터 잘라낸다는 의미의 은어로 사용하던 것이, 이제는 일반인도 흔히 접할 수 있는 단어가 되었다. 누끼를 통해 잘려 나간 피사체는 합성이 가능한 재료로 가공된다. 예를 들어 김래원 짤방의 경우 김래원이 아니라 그의 코와 입이 누끼로 잘려나가서 합성의 대상이 된다. 나아가 누군가가 콧구멍을 포토샵으로 확대한 탓에 김래원의 코는 비명을 지르는 인간의 모습과 비슷해졌다.

[사진17] SBS 드라마 〈러브스토리 인 하버드〉 중 배우 김래원이 소리치는 장면의 2차 가공 이미지 (일명 '김래원 콧구멍 짤')

앞서 채연 씨의 경우와 마찬가지로 이미지 사용 허가를 받기 위해서 김래원 씨 측에 연락을 해보았다. 김래원 씨 측에서는 별다른 사유를 말하지 않은 채 게재 불가 의사를 짧게 통보해왔다. 2017년 9월 20일 방영된 JTBC 예능프로그램 '한끼줍쇼'에서 김래원 씨는 "인터넷에 돌고 있는 콧구멍 사진은 사실 포토샵으로 콧구멍을 크게 늘린 것이다. 처음엔 이야기만 듣고 기분이 좋지 않았다"[11]라고 하면서 "사진을 보자마자 너무 웃겨서 웃고 말았다. 그렇게 넘어가면서 10년째 남아 있다. 이제는 그냥 포기했다"라고 말한 바 있다. 그러나 책에 실리는 것은 포기하지 않고 막은 그다. 인터넷상에서 떠도는 짤이라면 기법게 웃어넘길 수 있지만 책에 박제되는 것은 무게감이 다르다고 여겼기 때문일까?

누끼는 공존할 수 없는 여러 피사체를 평면에 덧대어서 이질적인 그림을 만드는 초현실주의의 콜라주 기법을 디지털화했다. 누끼를 뜬 피사체는 별개의 레이어에 속해서 다른 사진에 덧댈 수 있는 것이 되었다. 보통은 이런 누끼 뜬 합성 소스를 여럿 더해 인터넷 밈을 제작한다.

두 유 노? 클럽 밈은 누끼 기법을 가장 잘 설명한 사례라고 볼 수 있다. 두 유 노?는 K-POP 등 한국 문화가 해외에 덜 알

---

11 김래원 "10년째 돌아다니는 '콧구멍 짤'…나도 이젠 포기", 2017.09.21., 중앙일보, https://www.joongang.co.kr/article/21958296#home

[사진18] 두 유 노? 클럽

려졌을 때 탄생한 유행어다. 해외 스타가 방한할 때마다 기자
나 리포터가 "두 유 노 김치?" 등 질문을 하던 관례를 풍자한
밈이다. 두 유 노?는 그즈음 유행한 국뽕이라는 유행어와 결합
되었다. 국뽕은 국가, 그리고 마약인 히로뽕(필로폰)의 합성어
로 마치 마약을 한 듯이 애국심에 경도되어서 한국을 무조건
찬양하는 대중을 조롱하는 의도로 디시의 역사 갤러리에서 쓰
이기 시작한 단어다. 이 둘이 결합해 하나의 인터넷 밈이 되었
으나 이제는 부정적인 맥락으로 쓰이지 않는다. K-POP과 영
화가 널리 알려진 이후에는 Latte is horse…와 함께 옛 한국
의 모습을 자조하는 개그로 쓰이기 시작했다.

눈여겨보아야 할 것은 두 유 노? 밈이 시각화되는 과정이
다. 이 밈은 외국인에게 "두 유 노 A?"라고 묻는 상황을 가정
한 뒤 A에 들어갈 법한 여러 유명 인사를 나열한다. 야구선수
류현진, 〈강남스타일〉을 부른 싸이, 〈기생충〉의 봉준호, 축구

선수 박지성과 손흥민, LOL(리그 오브 레전드) 프로게이머 페이커, 피겨 선수 김연아, 〈오징어게임(2021)〉의 이정재와 정호연, 블랙핑크와 BTS, 피아니스트 조성진까지 해외에서 유명하면 누구든지 두 유 노 클럽에 가입된다. 이때 두 유 노 클럽의 이미지는 각 인물의 누끼를 따서 합성 소스로 삼고 똑같은 레이어에 마구 더하는 방식으로 제작된다.

누끼 작업은 상당히 고난이도다. 보통 레이어를 비트 단위로 확대해 섬세히 잘라내는 작업을 거쳐야 자연스럽다. 그러나 아마추어의 누끼는 그만큼 섬세하지 못한 경우가 대다수다. 오히려 좋다. 누끼가 어설플수록 합성의 흔적이 더욱 역력히 남아 있기에 이미지가 충돌하는 그 자체의 재미가 더욱 살아난다.

이미지와 텍스트가 만나서
이미지 매크로가 되었다, 가을이었다
– 이미지에 대사가 더해진 이미지-매크로 합성 소스

사진에서 비롯한 합성 소스는 표정이나 제스처 등 미묘한 감정을 설명하는 데는 탁월하나 구체적인 상황을 설정하는 데는 불리하다. 보통 맥락이 제거된 채로 쓰이기에 정확히 그 감정을 이해하고 있는 이와 소통하지 않는 한 오해를 살 여지가 있다. 이 한계를 넘어서고자 발명된 합성 소스의 양식이 바로 이미지-매크로Image macro다. 이미지-매크로는 짧은 텍스트를 얹은 사진이나 그림 합성물로, 정형화된 레이아웃과 디자인을 선호한다.[12] 보통 이미지에 대사나 설명 등 텍스트를 삽입해 만화적인 컷을 만드는 식이다. 이때 텍스트는 이미지의 의미를 보충하거나 지시해 특정한 상황을 만들어낸다.

아햏햏은 이미지-매크로 합성 소스의 대표적 사례다. 아햏햏은 디시 엽기 갤러리에 게시된 일본 코스프레 플레이어 사진에 어떤 인터넷 유저가 "어힝어힝어힝어힝힝 아해햏햏"이라고 댓글을 단 데서 유래했다. 해당 댓글을 줄여서 아햏햏이라고 부르기 시작했으며, 디시 유저는 이를 공유하면서 유행어로 형성했다. 한글 문법상으로는 가능하지만 잘 쓰이지는 않던 방식의 자모음을 조합해 그들만의 단어를 만들어 노는 이러한 문화에는 "꼰대스러운' 기성문화와 스스로를 '구별 짓기'할 수

---

12 지영은, 2021, 〈인터넷 밈과 시각언어학 – 메르켈 밈 사례 분석〉,《독어학》, 44(0), p. 100.

있는 정체성을 원했다는 걸 잘 드러내[13]"기를 바라는 욕망이 투영되어 있다. 또한 아햏햏 문화는 "PC통신의 수많은 동호회가 어쨌거나 공통의 관심사와 주제를 가지고 모였다면, 햏자들에게는 스스로 만들어낸 게시물과 작품(?)들 외엔 아무것도 없는, 자생적 문화를 형성할 수 없는[14] 기반이 결핍되어 있는 청년 세대의 곤경을 드러낸 것으로도 해석되었다.

아햏햏은 말 그대로 언어의 의미나 사회적인 상호작용에서 벗어난 어린애의 말장난에 가깝다. 아햏햏이 유행한 그다음 해에 인도 가수 달러 멘디의 노래 〈tunak tunak tun〉을 플래시 뮤비로 만든 뚫훍송에서도 이를 발견할 수 있다. 뚫훍송은 노래 도입부에 반복되는 후렴구인 "tunak tunak tun"을 들은 디시의 한 유저가 몬데그린으로 그 후렴구를 "뚫훍뚫훍뚫"이라 적은 것이 시초다. 이는 합성 소스로 쓰이기 시작했으며 노래를 부른 달러 멘디는 뚫훍햏자로 불렸다. 빵상, 호롤롤 할머니 등의 의성어로 구성된 음악 합성 소스도 유행했다. 이러한 합성 소스를 소비하는 이는 말의 의미보다는 말하는 행위 자체에서 생기는 재미를 탐닉한다.

아햏햏은 이모티콘이라기에는 특정한 감정을 형상화하지도 않고, 단어라기에는 의미를 형성하지 않는다. 기표만 있는 이 이미지는 유저 간의 소통 상황에 따라서 감정이 형성되고 전해진다. 아햏햏은 언어라기보다 이미지에 가까운 방식으로

13　2010년 이미 예견된 '일베'의 탄생, 2015.08.30., 오마이뉴스, http://www.ohmynews.com/NWS_Web/View/at_pg.aspx?CNTN_CD=A0002138082

14　최태섭, 2013,《잉여사회》, 웅진지식하우스, p. 132.

쓰인다. 이때 '햏'은 아햏햏과 동일한 기능을 한다. 의성어로 기능하며 어떠한 감정을 표현하지만 맥락 없이는 의미를 파악하기가 힘들다. 나아가 햏은 행이라는 글자와 형상이 유사하기에 그를 대체하는 이미지로 채택되기에 이른다. 햏은 그 자체로는 무의미하지만 행이라는 단어를 대신하면 행의 기의를 지니게 된다. 기존 단어에다가 햏을 합성한 신조어 햏자, 면식수햏 등의 탄생은 밈화의 가장 원시적인 단계 중 하나이기도 하다.

햏은 그 언어를 쓰지 않는 이에게는 외계어로 보일 수밖에 없다는 한계가 있다. 아무 의미도, 기원도 없는 텅 빈 기표의 이미지는 유행 당시 여러 언론의 관찰 대상이 되었다. 당시 언론은 한글을 파괴한다는 이유로 아햏햏이 유행하는 인터넷 문화를 문제시하면서도 해당 언어의 용례를 파악하고자 했다. 부정적인 여론이 지배적이었으나 가끔씩 "디지털 영상 세대가 우연히 발명한 '이미지 언어 1호'"[15]라는 긍정적인 반응이 이따금 나타났다. 사회학자 최태섭은 아햏햏이 주체적으로 자본을 재생산하지 못하는 당대 청년 세대인 잉여의 감수성을 반영한다고 분석하기도 했다. 아햏햏은 잉여적이기에 오히려 역동성을 띄는 단어다.

아햏햏은 이전의 합성 소스는 디시에서 자체적으로 생성되었다. 개죽이 같은 사진 합성 소스는 대부분 출처가 불분명하

---

15 2002년 인터넷을 강타한 '아햏햏' 문화, 2002.12.21., 오마이뉴스, http://www.ohmynews.com/NWS_Web/View/at_pg.aspx?CNTN_CD=A0000099697

거나 아마추어가 찍은 것을 바탕으로 했다. 그러나 아헿헿이 등장한 이후 그들은 저만의 정체성을 발견하고자 영화나 CF, 게임, 애니메이션 등의 대중문화에서 주체적으로 합성 소스를 발굴하기 시작했다.

[사진19] 영화 〈취화선〉 포스터의 2차 가공 이미지 (일명 '아헿헿짤')

이 짤의 저작권을 구하려 영화의 저작권사인 CJ ENM에 문의해보았다. 아헿헿 합성 소스가 원본에 긍정적인 형태의 사용이 아니라는 점에서 (저작권료와 무관하게) 사용을 허락하기가 어렵다는 답장이 돌아왔다. 해당 짤의 주된 사용처였던 디시인사이드에 대한 일반 대중의 부정적 이미지 때문이었을까? 다만 원저작자들이 영화에서 비롯한 인터넷 밈에 대해 이처럼 부정적인 시각을 견지한다면, 창작물에 대한 폭넓은 연구와 그 연구 성과의 공유가 제한되어 지적 문화가 널리 확산되지 못할 것이다.[16]

아헿헿은 개죽이 합성 소스와는 또 다른 합성 소스의 가능성을 보여주었다. 영화 〈취화선(2002)〉 포스터가 그 사례이다. 〈취화선〉 영화 포스터에 적힌 주인공 장승업(최민식)의 대사 "나 장승업이오"를 "나 아헿헿이오"로 패러디한 것이다. 포스터 속 배우 최민식의 넋 나간 듯한 표정은 아헿헿을 이미지화하기에 적합했다.

디시와 같은 부족화된 커뮤니티는 합성 소스가 된 사진을

---

16 앞서 개비스콘 짤방의 사용 허가를 받는 과정에서 제조업체 옥시레킷벤키저 사는 "개비스콘 이미지 관리 차원에서 정확한 정보와 함께 전달된다면 문제가 없다고 판단"된다는 이유로 이미지의 사용을 허락했으며 동시에 "'복통'이 아니라 '가슴쓰림'이 정확한 표현"이라며 이에 맞게 내용을 수정해달라 했다. 두 사례를 미루어보았을 때 인터넷 밈을 통제할 수 있는 권한을 지닌 것은 오직 지적재산권과 자본뿐이다.

퍼뜨리기에 최적화된 곳이다. 인류학자 이길호는 커뮤니티에서 짤방이 확산되는 과정을 증여 - 교환으로 분석했다. 한 갤러리에서 '떡밥'으로 일컬어지는 웃긴 콘텐츠인 합성 소스가 생기는 즉시 다른 갤러리에서 그것을 공유하고, 저마다의 방식으로 가공하는 것이다. 떡밥은 원래 갤러리마다의 개성이 담긴 것인데, 다른 갤러리의 개성과 합해지며 나름의 미학이 생긴다.

합성 소스와 그것을 가공한 밈이 주로 생성된 곳인 디시 합성-필수요소 갤러리의 경우 해당 사이트 내에서 합성되어야 하는 필수 요소를 지정했다. 싱하형이나 장승업, 개죽이나 유식이형과 같이 디시에서 은어로 통하는 요소를 필수 합성 소스로 지정해 유저의 밈 창작을 도모한 방식이었다. 이때 합성-필수요소 갤러리의 영향력은 지금까지도 여전하다. 예컨대 인간 성 기사 뿌뿌뿡이나 홍진호 등 그 당시에 선풍적인 인기를 끌던 e스포츠와 〈야인시대〉, 〈타짜(2006)〉등 대중 콘텐츠에서 주된 합성 소스가 발굴되었다. 또 박대기 기자와 장기하의 〈달이 차오른다, 가자〉 등 방송에서 발굴된 요소도 여기에 더해진다.

만화나 영화뿐만 아니라 음악방송과 뉴스 등 다소 진지해 보이는 포맷에서마저 인터넷 밈이 될 만한 합성 소스를 뽑아내는 그들의 발굴력은 그야말로 경이로우며, 이러한 발굴 정신은 지금까지도 수많은 익명 유저에게 이어져 내려오고 있다. 또한 이를 인터넷 밈으로 합성하는 기법도 대부분 여기에서 발전했다. 그 당시에 진행된 주류와 비주류를 넘나드는 합성은 지금 우리 시대의 밈이 탄생하는 자양분이 되었다.

깨어나 보았더니 이소룡이 싱하형이 된 건에 대하여
- 영상에서 파생한 합성 소스

이제 영상물에서 파생된 합성 소스를 다룰 차례다. 이는 영상을 캡처해 사진으로 가공된 합성 소스로, 영상이 원본인만큼 그 시초인 영화와 영화를 보는 경험을 분석해야 이 합성 소스의 스타일과 개성이 더 선명하게 드러날 것이다.

영사기는 1초에 24개의 프레임을 빠르게 재생한다. 누군가 이 프레임들을 한 장 한 장 본다면 앞뒤 이미지가 끊겨 있음을 알 수 있지만, 영사기로 재생하는 순간 잔상효과로 인해서 연속된 이미지로 착각하게 된다. 원리를 잠깐 설명해보자. 1/24초는 한 이미지를 제대로 보기에 너무도 짧은 시간이다. 눈앞의 이미지를 인식하기도 전에 다음 이미지가 오고, 또 다음 이미지가 오는 식으로 사진이 연달아 나타난다고 생각해보자. 직전 이미지의 잔상이 눈앞에 잠깐 맺히다가 사라지기를 반복할 것이다. 우리 뇌는 수많은 잔상을 서서히 머리로 연결하면서 이어진 것으로 생각한다. 그 잔상의 연속이 바로 영화다.

이 때문에 영화가 눈속임에 불과하다고 본 철학자도 있다. 프랑스 철학자 앙리 베르그송은 영화가 거짓된 운동faux movement이라고 비판한다. 베르그송에게 인간의 삶은 모든 순간이 이어져 있는 것이며, 지금의 나는 과거가 축적되어서 생긴 것이다. 그런데 영화는 매 순간순간을 쪼개버린 뒤 그것을 하나라고 믿도록 속이기에 거짓된 운동이다. 영상은 이처럼 눈앞에 생생히 보이는데도 그게 사실 환상에 불과하다는 이중성을 지닌다. 페미니즘 영화비평가인 로라 멀비는 영화를 1초에

24개의 죽음이라고까지 불렀다. 사실 영화 이미지의 프레임 하나하나는 무의미하다. 잔상효과가 한 대상을 움직이게 하는 착시를 만드는 순간에야 허구적인 운동과 의미가 생기기 때문이다.

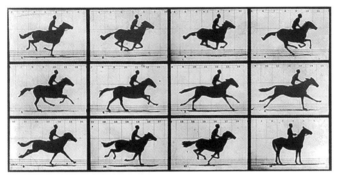

[사진20] 〈움직이는 말〉

영화의 기원으로 흔히 이야기되는 매체 중 에드워드 머이브릿지의 활동사진이 있다. 머이브릿지는 말 경주장 트랙에 수십 대의 카메라를 설치한 다음 촬영 버튼에 연결된 실을 바닥에 설치했다. 말이 지나갈 때 실이 끊기면서 버튼이 눌리도록 한 것으로, 말이 트랙을 달리는 순간 1초에 12장의 사진이 찍혔다. 머이브릿지는 이 사진 12장을 연달아 배치해서 말이 움직이는 듯한 효과를 자아낸다. 그러나 그의 활동사진은 여러 사진이 이어져 있다고 느끼게 할 뿐, 말이 살아있다고 느끼게 하지는 않는다. 24개의 이미지가 빠르게 재생되는 이미지에 익숙한 오늘날의 우리에게는 더욱 그러하다.

마찬가지로 영화의 원형을 제시한 사진가인 조르주 드므니

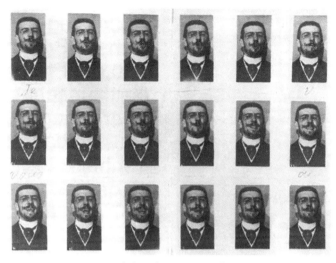

[사진21] 〈Je vous aime〉

는 1891년에 'Je vous aime'이라는 문장을 말하는 자신을 크로노포토그래피로 촬영한 작업물을 발표했다. 드므니의 작업은 영상에서 사진 합성 소스가 발굴되는 과정의 원형으로도 볼 수 있다. [사진21]에서 드므니의 얼굴은 영상이라고 보기에는 어색하고 뻣뻣하다. 1초에 24프레임으로 찍힌 영화라면 우리는 드므니의 모습을 연속된 것으로 인식하고 'Je vous aime'이라는 문장을 정확히 말하는 그를 보았을지도 모른다. 그러나 〈Je vous aime〉은 영상을 재생하는 과정이 아닌, 1초짜리 영상을 18개의 사진으로 분절한 작업이다.

이 작품에서 정지를 눌렀을 때, 'Je vous aime'이라고 말하는 그의 입술은 j, e, v, o, u, s, a, i, m, e 중 하나의 철자만 말하게 된다. 즉 'Je vous aime'이라는 문장은 완성되기도 전에 사라진다. 이 사진들은 하나하나 따로 볼 때는 'Je vous aime'

을 말하는 모습으로 보이지 않는다. 18개의 사진에서 표정이 각기 다르며, 문장은 철자 단위로 분할되어서 의미가 해체되어버리고 만다. 사진 속 남자는 그저 입을 뻥긋거리고 있을 뿐이지 그가 말을 하고 있는지 아닌지조차 정확하게 알 수 없다. 이 사진이 영상으로부터 잘린 것이라는 맥락을 모르는 이에게는 무슨 표정인지 가늠할 수 없는 묘한 짤로 보이기만 한다.

드므니의 사진 속 남성은 재생되지 않는 한 의미도, 청자도, 저자도 없는 스무 개의 이미지에 불과하다. 즉 원본과는 아무 관계가 없는 우스꽝스러운 스무 개의 사진 합성 소스로 분해되는 것이다. 프리드리히 키틀러는 이 사진을 "그들이 듣거나 읽거나 말하거나 쓴 모든 단어는 다시금 속기 타이피스트의 관점에서 각각의 철자들로 해체된"[17]다고 분석했다. 인쇄매체에서의 문장이 타자기에서는 20개의 알파벳 배열로 분할된다고 보았던 키틀러의 주장과 이어지는 맥락이다.

우리는 영화를 정지하는 순간, 지금 보는 이미지가 1초 동안 재생되는 무의미한 24개의 이미지 중 하나에 불과하다는 것을 알 수 있다. 또 그 이미지가 드므니의 우스꽝스러운 얼굴처럼 원본과 다른 맥락으로 보이는 이상한 이미지라는 것을 깨닫는다. 영상에서 파생하는 합성 소스는 이러한 논리로 탄생한다. 영상을 정지한 순간 포착된 우스꽝스러운 순간을, 우리가 일상에서 표현하기 어려운 감정을 드러내는 표정으로 가

---

17 프리드리히 키틀러, 2019, 《축음기, 영화, 타자기》, 유현주 · 김남시 옮김, 문학과지성사, p. 330.

져다 쓰는 것이다. 합성 소스를 발굴하는 이의 입장에서 영상은 1초에 24개의 합성 소스를 품은 합성 소스의 원천이라고 할 수 있다. 이러한 합성 소스는 그림 합성 소스처럼 그려진 것도 아니며, 개죽이 같은 사진 합성 소스처럼 누군가의 의도가 개입된 것도 아니다.

이전까지 관객은 영화관에서 영화가 재생되는 순간, 좌석에 갇혀서 영화가 끝날 때까지 보아야만 했다. 관객이 도중에 영화를 멈추거나 하는 일은 불가능한 셈이었다. 영상의 재생과 정지가 자유롭게 가능해진 관람 환경으로 인해서 우리는 영화를 다르게 경험할 수밖에 없다. 영화가 사진으로 전환될 수 있다는 것을 알게 되어서다. 더 나아가 파일화와 포토샵 및 어도비 프리미어 등 손쉽게 이미지를 합성할 수 있는 프로그램이 발전하고 여러 불법적인 루트를 통해서 퍼지며 누구든 영상을 멈추어서 얻어낸 사진을 조작할 수 있게 되었다. 이렇게 능동적인 수용 환경에서 관객은 그간 발견되지 않은 이미지를 발견하게 된다. 더 정확히는 이미지를 생산했다고 하는 편이 나을 것이다.

싱하형의 탄생도 이미지를 정지할 수 있는 현대적 관람 환경의 산물이라고 할 수 있다. 1970년대에 이소룡을 따라하는 이미테이션 배우가 등장하는 브루스플로이테이션 현상이 있긴 했으나 싱하형과 같은 존재가 탄생하지는 않았다. 이 합성 소스는 2000년대 중반에 싱하라는 디시 유저가 〈용쟁호투(1973)〉에서 이소룡이 숙적을 무찌른 뒤 울부짖는 장면을 캡처한 다음 해당 사진을 본인의 캐치프레이즈로 쓰면서 생

[사진22] 〈용쟁호투〉 캡처 화면

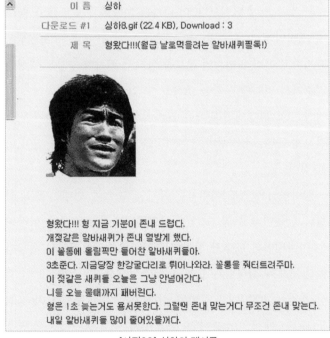

[사진23] 싱하의 게시글

긴 밈이다. 그는 사진 합성 소스와 함께 "형 왔다"라는 말로 시작해 "한강 굴다리 밑으로 10초 뒤에 집합해라", "9초도 11초도 아닌 정확히 10초에 오라", "꼬꼬마들은 일단 존내 맞는 거다," "그냥 존내 맞는 거다"라는 코멘트를 단다. 웃긴 사진과 찰진 욕이 조화를 이루며 이미지-매크로의 만화적인 효과가 생긴다. 이 사진 합성 소스는 네티즌 사이에서 싱하형 모음집.zip 등의 게시물로 밈화되어서 인기를 끌었다. 싱하는 [사진23]에서와 같은 형식을 지닌 글로 활동을 이어가면서 디시의 상징적인 존재가 되었다.

싱하형(유저 싱하가 자신을 형이라 자칭한 데서 생긴 별명이다. 통상 이 합성 소스의 이름으로 쓰인다)은 이소룡으로 불리지 않는다. 나아가 이소룡과 싱하형은 별개의 존재로 인식되는데, 이는 싱하형이 텅 빈 기표이기 때문에 생기는 현상이다. 이소룡이 나오는 영상을 정지했는데 이소룡으로 보이지 않는 제3의 이미지가 우연히 탄생했다. 1초에 18개의 얼굴로 분할된 조르주 드므니가 어떤 의중을 지니고 무엇을 말하는지 가늠하기가 어렵듯이 싱하형도 마찬가지다. 싱하형도 1초에 24개로 분할된 얼굴 중 하나에 불과한 것이다. 싱하형은 영상을 원본으로 하는 합성 소스가 우발적으로 탄생한다는 사실을 잘 드러내는 사례다. 싱하형은 어떤 의도나 목적 없이 탄생했으며 의미를 갖지도 않는다.

싱하형의 캐치프레이즈는 아이러니하다. 한강 굴다리 밑으로 정확히 10초에 오지 않으면 맞는다는 말을 생각해보자. 이 말은 성립하지 않는다. 누구든 특정한 장소에 10초에 정확히 도착하는 순간 11초가 되어버린다. 마찬가지로 굴다리에 일찍 오더라도 9초에 도착하게 되므로 싱하형에게 처맞게 된다. 결국 진퇴양난에 처하는 셈이다.

이 상황을 영상을 재생하거나 정지하는 관객의 입장으로 생각해볼 수 있을 것이다. 이소룡에게 어떠한 표정을 바라고 그 표정이 있다고 생각한 순간에 영상을 멈추려고 하지만 이는 사실상 불가능하다. 10초에 정확히 정지를 누르려 하는 순간 너무 일찍 누르거나 너무 늦게 누르고 만다. 우리는 우리가 원하는 이소룡의 표정이 아니라 그것의 근사치에 있는 표정만 우연히 포착할 수 있다. 이러한 우연이 사진 합성 소스의 우스꽝스러움[18]을 탄생하게끔 한다.

이를 철학적인 설명으로 바꾸어 생각해보자. 철학에서 "현재"는 역설적인 존재다. 과거, 현재, 미래라는 고전적 시간축은 지나간 현재이거나 다가올 현재밖에 없기에 영원한 현재만 존재한다고 보았다. 10초를 현재라 가정해보자. 정확히 10초에 도착했다는 것을 설명하려 한다면 지금이 11초임을 증명해야만 한다. 즉, 10초는 지금이 11초라는 사실에 의해서만 증명할 수 있는 시간이다. 싱하형이 도착하라는 10초는 애초에 고정된 무언가가 아닌 것이다. 싱하형의 10초에 비견할 수 있는

---

18 이 우스꽝스러움은 베르그송의 웃음론과도 이어져 있다. 베르그송은 웃음을 기계적이면서 우스꽝스러운 움직임을 보이는 타인에 대한 교정이라고 보았다. 이 싱하형의 표정이 기계 장치를 통해서 매개되었다는 사실은 의미심장하다. 그에게 영화는 우스꽝스러운 움직임의 연속으로 해석될 수도 있다.

기호의 우연성과 자의성은 합성 소스의 개성이다. 우리는 이 우연성과 자의성을 설명하고자 새로운 언어를 발명하게 된다.

짤방이 대부분 픽션 영화나 예능에서 발굴된 것은 의미심장하다. 픽션 영화는 보통 일상과는 거리가 먼 이야기를 담는다. 따라서 픽션 속의 인간은 기계적인 일상을 살아가는 우리보다 훨씬 더 풍부한 감정을 드러낸다. 이러한 픽션을 감상함으로써 우리 안의 감정의 스펙트럼이 다양해진다. 배우의 연기도 이 스펙트럼을 확장하는 데 기여하는데, 그들의 연극적인 연기에서 우리는 평소 느끼는 복잡한 감정과 그것을 드러내는 표정을 발견하게 된다. 이러한 표정을 발굴하여 합성 소스로 사용하는 것이다.

이에 따라 영화가 다양해질수록 우리에게는 다양한 비언어가 생기는 셈이다. 합성 소스는 아니지만, 영화 〈헤어질 결심 (2022)〉의 "마침내"라는 대사가 유행하게 된 것도 이러한 맥락이다. '마침내'는 '그간', '드디어' 등에 비해서 잘 쓰이지 않던 부사다. 탕웨이가 "마침내"라고 말하는 순간 '마침내'라는 부사가 평소보다 두 배 많이 쓰이게 되었다는 연구 결과[19]도 있다. 모두가 '마침내'라는 단어의 존재를 잊고 있다가 '마침내'라고 말할 상황에 마땅한 언어가 생기게 된 셈이다.

이러한 합성 소스를 부정적으로 가져다가 쓸 가능성도 배제할 수는 없다. 영상에서 유래한 짤방은 악플로 이어지기도

---

19 부사 '마침내', 존재감을 드러내다, 2022.08.11., 조선일보, https://www.chosun.com/MVROY5RNUVBLXG43WD2AOQMSSM/

한다. 악플이 그 이전까지 인터넷 문화에 없는 것은 아니었을 테지만, 악플이 하나의 문화이자 놀이로 자리 잡은 것은 합성 소스의 탄생과 맞물린다. 합성 소스가 상대가 지은 적 없는 표정을 발굴하고 비방하는 데 쓰이면서부터. 2004년 문희준에게 가해진 악플 테러는 짤방으로 대표되는 디시 문화의 악영향을 선명히 드러내는 사례다. 당시 아이돌인 H.O.T. 출신의 문희준이 록을 하고 싶다며 뉴메탈 장르의 신곡으로 컴백한 것에 불만을 지닌 악플러가 문희준에게 무차별 악플 테러를 가했다. 당시 문희준을 인터뷰한 인터넷 기사에 달린 악성 댓글은 30만 건이 넘어가 이례적인 사건으로 이야기되고 있다. 현재 이 원본 기사는 삭제된 상태이지만 한때 그 기사에 수많은 이가 성지 순례를 하기도 했다.

그때 문희준을 조롱하기 위해 쓰인 방식은 그를 합성 소스로 삼는 것이었다. 당시 그의 노래 〈I〉의 가사 "왜 날 Break"에서 'Break'만을 따다가 한국어로 쓴 '브렠'이 유명했다. 그를 무뇌충으로 부르며 그가 노래를 부를 때 두 눈을 부릅뜬 이미지를 캡처한 이미지-매크로 합성 소스가 제작되기도 했다. 또한 그가 인터뷰에서 한 말을 잘라내 "오이 세 개만 먹고 록을 한다"라고 짜깁기한다거나 그가 하지 않은 말을 문희준 어록이라는 말로 유포하는 방식 등은 〈취화선〉에서 아햏햏이 탄생하고, 〈용쟁호투〉에서 싱하형이 탄생하는 매커니즘에 기반해 있다. 합성 소스와 악플은 항상 짝패다. 싱하형이 씨벌교황[20]과 함께

---

20 씨벌교황은 1500페이지에 달하는 게시판을 욕설로 도배해 '씨팔만대장

악플 문화의 아이콘으로 거론되는 유저 중 하나이듯이 말이다. 합성 소스는 우리가 평소 드러낼 수 없는 일상적인 감정을 드러내는 창구이면서도 익명에 숨어서 일상 저편에 숨겨둔 증오를 발산하는 창구가 될 수 있다.

경'이라 불리는 〈딴지일보〉 테러 사건을 일으키는 등 다시 곳곳에 반말로 욕을 뿌리고 다녔다. 씨벌교황을 기점으로 해 디시에서는 서로 존댓말로 이야기하는 하오체 문화 대신 악플 문화가 들어섰다는 진단이 나오기 시작했고, 여러 언론에서도 씨벌교황을 악플 문화의 창시자로 이야기하고 있다. 씨벌교황의 악플 내용은 "한국에서 대학 다니는 거 아무짝에 소용없다. 난 독일 뮌헨 테크니컬 우니벨지테트에서 제발 와달라고 무릎 꿇고 비는 걸 마다하고 지금은 직업 전선에 뛰어들었다. 지금 26살이고 마누라는 하나 있다. 이 마누라를 만나기 전까지 사귄 여자는 60여 명이고 성관계 맺은 여자는 수백 명에 달한다. 에스페란토와 영어 복합 시험 엘레프, 엘테프에 합격했고 불어, 독어, 영어에 능하며 상해어, 대만어, 일어, 서어를 어느 정도는 구사할 줄 알고 이태리어, 영국 황실어, 라틴어를 공부 중이다. 난 토플이나 토익, 텝스 같은 허접한 건 아예 거들떠보지도 않는다" 등의 악플을 달았다. 즉, 엘리트를 사칭하는 것이었다. 이는 학벌주의에 의한 과잉 경쟁과 스펙에 대한 페티시즘 등이 만든 한국의 비정상적인 정상성과 과잉된 능력주의를 자학적으로 드러낸다. 악플에서나마 지위 상승 욕구를 극한으로 대리하는 이들의 목소리는 작은 차원에서는 악플에 불과하지만, 큰 차원에서는 정상적인 것에 대한 환상을 부풀리며 정상성의 기준을 올린다. 요즘은 이를 평균 올려치기라고 부르는 듯하다. 이는 이창동의 〈버닝(2018)〉의 대사를 빌려서 말하자면 "개츠비가 너무 많"은 시대정신을 드러내는 사칭 글의 기원이기도 하다.

행복한 움짤은 모두 모습이 비슷하고, 불행한 움짤은 제각각의 불행을 안고 있다
- 움직이는 합성 소스, 움짤

영상 합성 소스인 주로 GIF라는 형식으로 전송된다. GIF는 'Graphics Interchange Format'의 약자로, 그래픽을 압축해 만든 짧은 동영상을 손실 없이 전송하는 용도이다. 컬러 이미지를 저장할 때 메모리를 절약하고 컴퓨터 간의 파일 교환을 쉽게 하려는 의도로 제작된 형식이었으나, 사진을 담는 표준 형식인 JPG가 등장하면서 대중의 뇌리에서 잊히기 시작했다. GIF는 버려져 있다가 한참 뒤에야 인터넷 밈을 전송하는 수단으로 발굴되었다. 영상을 256비트로 변환해 저용량으로 담기에 적당한 포맷이었기 때문이다. 이마저도 누군가에 의해서 우연히 발굴되는 합성 소스의 성격과 비슷하다.

애니메이션 GIF는 짧은 클립을 폐쇄회로 안에서 연속 재생한다. 저장하기도 쉬울뿐더러 소리 없이 같은 제스처만 반복하기에 감정을 강조해 드러내는 데 적합하다. GIF는 SNS에서도, HTML로 구성된 웹브라우저의 댓글에서도 쓸 수 있는 이미지라는 점에서 범용성을 지닌다. 그리고 파일을 저장하지 않아도 곧장 SNS에서 댓글로 달 수 있는 기능이 마련되어 있다는 편리성을 띤다. 게다가 저용량이라 빠르고 멀리까지 퍼질 수 있는 폭발적인 전염성을 가져, 인터넷 밈이 되기에 최적의 조건을 지닌 파일 형식이라고 해도 과언은 아니다.

GIF 사용이 활성화된 것은 Giphy와 같은 GIF 데이터베이스를 통해서다. Giphy에는 영화나 드라마, 애니메이션에서 추출한 GIF가 상황에 따라 쓸 수 있도록 저장되어 있다. 기존 데이터베이스가 기원과 역사를 기준으로 콘텐츠를 분류한다면, GIF를 데이터베이스화하는 기준은 바로 그 GIF가 담는 감정이다. 슬픔이나 분노 등 상황과 감정에 따라서 움짤을 구분하기에 원본의 저자성과 맥락은 더는 중요하지 않다.

[사진24] 〈눈싸움〉 캡처 화면

움짤은 뤼미에르 형제가 찍은 초기 영화와도 비슷하다. 그 사례 중 하나로 1897년 프랑스 리옹의 어느 거리를 찍은 초기 영화가 있다. 도로를 중심에 두고 두 무리가 눈싸움을 하는 중이다. 그때 자전거 탄 사람 하나가 도로를 지나간다. 서로를 향해 공격하던 두 무리의 사람들이 일제히 자전거 주인에게 눈덩이를 던지기 시작하고, 자전거 주인은 황급히 도로를 벗어난다. 뤼미에르 형제의 〈눈싸움(1897)〉이다. 이 영화는 GIF로도 보이고, 조금 더 급진적으로 말하면 틱톡 숏폼과 닮아있다.

초기 영화는 자체적으로 완결성 있는 스토리나 영화 안의 세계관을 만드는 데는 무관심했다. 되려 〈보드빌〉 등의 개그

쇼라든지 충격적이거나 호기심을 자극하는 사건을 재현하거나 영화가 만드는 기술적 놀라움에 집중했다. 또한 대부분 촬영에 동원되는 기계 장치의 한계로 인해 카메라를 움직이기보다 고정해두고 상황을 있는 그대로 담는 방식으로 촬영되었다. 뤼미에르 형제 〈시오타 역으로 도착하는 열차(1895)〉나 〈공장을 퇴근하는 노동자(1895)〉, 토머스 에디슨의 키네토스코프 영상 등은 하나의 상황만을 찍었다. 당시 움직이는 이미지가 낯설었던 대중은 상황을 보는 행위 자체에 흥미를 느꼈다. 이는 그간 사람들이 접해왔던 문학이나 연극 같이 서사 중심의 콘텐츠와는 다른 체험을 제공했다. 이들이 느꼈던 볼거리attraction에의 매혹은 지금 인터넷 밈에 익숙한 사람에게도 적용된다. 서사의 맥락은 상관없이 볼거리로 느낄 법한 장면이라면 언제든 잘라내 합성 소스로 사용할 수 있는 것이다.[21]

움짤은 영상에서 연극적인 과장이 있는 어트랙션을 잘라내 무성영화로 전유하는 행위다. 영화 연구자 벨라 발라즈는 몸짓 등의 비언어를 전달하는 것이야말로 무성영화의 미학이라고 옹호했다. "인쇄술의 발견은 인간의 얼굴을 점차로 읽을 수 없

---

21 서사 영화는 프레임을 통해서 관객을 관음증자의 위치에 세우고 그 이야기를 지켜보도록 해서 이야기에 이입하게 만들었다. 앨프리드 히치콕의 〈이창(1954)〉에서 다리를 다친 한량이 계속 망원경으로 건너편 창문을 보듯이 말이다. 반면 어트랙션 시네마는 서사보다는 볼거리에 치중하여 보게끔 만든다. 마블 시네마틱 유니버스나 톰 크루즈의 스턴트를 볼 때 줄거리보다 CG와 액션에 집중하듯이 말이다. 이는 서사의 힘을 중화해 영화를 탈서사화할 수 있게끔 한다.

게 만들"[22]었으며, 문자 문화가 인간 본연의 몸짓과 신체적 표
현을 퇴화시켰다고 본다. 그에게 "인류의 원래 모국어는 바로
표현하려는 몸짓, 제스처"[23]이며, 무성영화의 발달이 원시적
시각 언어를 복원하고 인간 감각의 잠재된 힘을 발전시킬 것
이라 보았다. 영화가 문자적 인간을 가시적인 인간으로 되돌릴
수 있는 장치가 되리라고 기대했던 것이다.

　비슷한 맥락에서 이탈리아의 철학자 조르조 아감벤은 "영
화의 중심은 이미지가 아니라 몸짓에 있기 때문에 영화는 본
질적으로 윤리와 정치 분야에 속한다"[24]라고 주장한다. 언어
로 파악되지 않는 몸짓을 드러내는 영화의 몸짓이야말로 침묵
과 마찬가지로 "소통가능성의 소통"을 드러낸다는 말이다. 그
에게 몸짓과 침묵은 말해질 수 없는 것을 드러냄으로 소통의
한계를 확장한다. 이것은 그간 드러내지 못한 윤리적이고 정
치적인 목소리를 표현하는 수단이 될 수 있다. 발라즈와 아감
벤은 무성영화를 찬양하며 몸짓 언어와 같은 비언어적 소통을
신비로운 것으로 여긴다. 다만 둘의 입장은 인간의 비언어적
소통에 자막이나 음성 언어 등으로 맥락이 더해질 때 왜곡될
수도 있다는 사실을 외면한다는 한계가 있다.

　움짤은 기본적으로 무성영화이므로 텍스트가 거기에 더해
져야 한다. 앞서 설명했던 이미지 – 매크로 합성 소스와 마찬
가지이다. 이때 움짤은 원본의 맥락과는 다른 영화로 발명된

22　벨라 발라즈, 2003,《영화의 이론》, 이형식 옮김, 동문선, p. 42.

23　벨라 발라즈, 위와 같은 책, p. 45.

24　조르조 아감벤, 2009,《목적 없는 수단》, 김상운·양창렬 옮김, 난장, p. 67.

다. 앞서 언급한 〈Je vous aime〉을 다시 보자. 저 무성영화 속 드므니는 소리 없는 아우성을 지르는 중이다. 입술을 움직이더라도 음성이 발화되지 않기에 그렇게 보인다. 입술을 움직이더라도 음성이 발화되지 않는 것이다. 만약 제목이 없었다면 우리는 사진 속 남성이 하는 말이 무엇인지 알 수 없었을 것이다.

〈이누야샤〉 TVA 5기 24화에서 나온 합성 소스의 경우에도 그렇다. 원본은 애니메이션의 일부이지만, 움짤에는 소리가 포함되지 않기 때문에 자막이 음성의 빈자리를 보충하게 된다. 소비하는 유저는 자막이 있는 것만으로 피사체가 그 대사를 말하고 있으리라고 상상하게 된다.

제목이나 자막 등 텍스트가 맥락을 보충한다고 하지만, 동시에 왜곡할 수 있다는 위험성도 충분히 있다. 움짤은 내가 말하려고 하는 감정을 드러내기 위해 몸짓을 특정 언어로 왜곡

안녕히 계세요 여러분~ 전 이 세상의 모든 굴레와 속박을 벗어던지고 제 행복을 찾아 떠납니다~

[사진25] 〈이누야샤〉 TVA 5기 24화 캡처 화면

하는 경우가 잦다. 누군가가 바이든이라고 말해도 자신의 이해 관계나 신념에 따라서 날리면으로 왜곡할 수 있다. 물론 그 반대도 마찬가지이다. 자막 개그도 비슷한 맥락에서 볼 수 있다.

[사진26] 최강희 감독의 움짤

본문에 기재한 내용 외에도 "아 양말 벗겨졌다 내 발냄새나?", "야 심판 붕신짓한다 매일 이렇게 하냐?", "아침밥 김치찌개 아니야? 빨리 가자!", "아 시바견 무슨 색이야, 베이지색 아냐?" 등으로 해석의 여지가 분분하다. 감독 본인은 "아, 증말 미치겠다! 왜 그걸 안 차?"라고 했다고.

[사진26]의 예는 이러한 움짤의 난점을 잘 드러낸다. [사진26]에서 화내고 있는 최강희 감독의 모습을 담은 움짤은 자막을 어떻게 다느냐에 따라서 제각기의 이미지로 해석된다. "아 식빵 무지 달다! 이거 팬케이크 아냐?"라는 감탄사로도, "이게 왜 경고야. 파울이구먼"이라는 항의로도 보일 수 있다. 몸짓과 입 모양만으로는 피사체의 의도를 알 수 없다는 모호성이 상대를 난감하게 한다. 인간은 비언어적 소통이든 언어적 소통이든, 한 가지 소통 방식으로는 원활한 소통을 이루어낼 수 없다. 우리의 소통은 논리와 이성, 언어와 비언어 등 여러 형식을 넘나드는 복삽성에 기인해 있기 때문이다.

기호가 제대로 기능하려면 그 기호와 다른 기호가 함께 작동해야 한다. 프랑스 철학자 자크 데리다는 이를 에크리튀르라는 개념으로 설명한다. "텍스트 – 바깥은 없다"라는 말로 유명한 그는 텍스트가 언제나 또 다른 기호로 인해서 보충되어야 한다고 이야기한다. 그에 따르면 텍스트는 언제든 우연히 절단될 수 있으며 그 텍스트를 둘러싼 맥락에 따라서 의미가 구성된다. 즉 단어는 그 자체만으로는 무의미하기에 뜻이 고정되지 않고 언제든 또 다른 맥락으로 인용될 수 있다는 뜻이다. 그것을 보완하려 다른 언어를 더하는 대리보충supplement[25]이 계속 이루어지는 셈이다.

아즈마 히로키는 "에크리튀르는 상술한 것처럼 끊임없이 어떤 콘텍스트로부터 절단되어 표류하며 다른 콘텍스트와 접목된다. 그 결과 모든 기호는 원리적으로 항상 동시에 복수의 언어(랑그), 복수의 콘테스트, 복수의 독해 레벨에 속하게 된"[26]다고 이를 정리한다. 데리다가 "텍스트 – 바깥은 없다"라 말한 것도 이 맥락에서 이해할 수 있다. 본디 의미가 있는 텍스트는 없고, 텍스트가 여러 맥락에서 표류하고 미끄러지며 의미가 확정되지 않고 계속 미루어지는 차연differance이 생길 뿐이다. 우연히 포착되어 원래 맥락에서 절취되었기에 또 다른 보충텍스트를 필요로 하는 합성 소스 또한 에크리튀르로 볼 수 있다.

---

25 대리보충은 장 자크 루소가 《고백록》에서 쓴 개념으로 데리다는 이것의 모순성을 분석했다. 루소는 언어는 말해지기 위해 존재하며 말하기가 곧 우리가 지금 여기에 있음(현전)을 드러내는 자연스러운 언술 행위라고 보았다. 반면에 글쓰기는 말하자마자 사라지는 말하기의 한계를 보충하기 위한 말의 대리보충에 불과하다고 주장했다. 그는 자연을 그 자체로 충족되어야 할 것으로 파악한다. 데리다는 이 말 자체의 모순을 파고들면서 "대리보충은 대리보충한다"라고 주장한다. 현전이 대리보충이 있어야만 지탱되듯 대리보충 자체도 대리보충이 있어야 한다는 말이다. 이는 원래 그러한 것은 없다는 데리다의 사상을 압축한다.

26 아즈마 히로키, 2012, 《존재론적, 우편적》, 조영일 옮김, 도서출판b , p. 25.

합성 소스는 원본에서 탈맥락화되는 순간부터 다른 단어의 대리보충에 의해서 의미가 정해진다. 이때 사진 합성 소스는 다른 사진 합성 소스와의 합성으로 완성된다면, GIF 합성 소스는 BGM이나 대사 등의 삽입으로 완성된다. 즉, 또 다른 요소와 상호작용이 있어야만 인터넷 밈이 된다. 무성영화가 아니라 유성영화가 유행하는 시대에 사는 이상 우리는 청각과 시각, 텍스트 등을 하나로 통합해 생각할 수밖에 없다. 더빙 콘텐츠라든지, 영화 장면에 흐르는 음악을 바꾸는 등의 유머는 우리의 관습적인 인식을 뒤튼다.

움짤은 앞서 이야기한 네 합성 소스와 달리 개인이 주체가 되어 조작하는 경우가 거의 없으며 존재하는 그대로 사용하는 경우가 대다수다. 대신 더욱 풍부한 표정을 지니고 있으므로 자신의 감정을 극적으로 드러내는 데 쓰기 편하다. 움짤로 감정을 대신 드러내면서 우리는 우리의 감정을 정확히 표현할 수 있는 수단을 지닌다. 움짤은 작은 차원의 레디메이드이다. 소비자는 기성품을 자신의 주체로 여겨 이입하면서 합성 소스를 있는 그대로 사용한다.

3장

합성의 긴 터널을 빠져나오자, 인터넷 밈이었다

밈화의 탄생과 그 양상

합성 소스와 합성 프로그램만 있으면
어디든 갈 수 있어
– 예술 창작 행위이자 놀이, 밈화

지금까지는 인터넷 밈을 언어이자 이미지로 바라보며 그 성격을 설명하려고 했다. 3장에서는 합성 소스를 발굴하고 인터넷 밈을 만드는 행위인 밈화에 초점을 두어서 이를 일상적인 예술 창작 행위로 보고자 한다. 이에 앞서 인터넷 밈의 어원을 통해 밈과 예술 창작 행위 사이의 친연성을 살펴보고자 한다.

1장에서 이야기했던 미메시스mimesis에 주목해보자. 모방 혹은 재현으로 번역되는 이 개념은 예술의 본질을 설명할 때 가장 중요한 개념이기도 하다. 왜 이 단어가 중요할까? 예술이 단순히 현실을 본뜬 것(모방)에 불과한 것인가, 아니면 화가가 나름대로 현실을 다시 그려낸 것(재현)인가라는 큰 문제의식이 담겨 있어서다.

앞서 이야기했듯 플라톤은 미메시스를 부정적으로 보았다. 예술은 이데아를 본뜬 것에 불과하기에 당연히 이데아보다 저열하며 진리에 다가가지 못한다는 것이다. 반면 그의 제자인 아리스토텔레스는 《시학》에서 예술 작품을 제작하는 과정으로서 미메시스를 옹호하며, 거기서 생겨난 예술의 가치를 긍정적으로 보았다. 그는 미메시스를 인간의 타고난 본성 중 하나로 보았다. 인간이 미메시스로 지식을 습득할 뿐만 아니라 그것 자체에 기쁨을 느낀다는 것이다. 미메시스는 그에게 단순히 모방하는 것 이상이다. 그는 미메시스로 인간이 원본을 아름답게 그려내고, 그것을 더욱 낫게 개선하는 역할을 한다고 보았다. 아이러니하게 인터넷 밈이란 단어도 실체가 불분명한 도킨스의 밈 개념을 더욱 구체화하고 개선한 일종의 미메시스다.

그런 아리스토텔레스가 미메시스를 직업으로 삼는 예술가를 옹호하는 것은 당연하다. 그에게 예술가는 상상력으로 대상의 본질을 포착하고 거기서 생긴 내적 이미지를 형상화하는 사람이다. "시는 역사보다 철학적이다"라는 말은 그의 예술론을 잘 드러낸 유명한 주장이다. 역사는 사실을 나열하는 것에 불과하지만, 시는 시인이 사실을 상상력으로 재구성한 다음 그것에 보편적인 주제와 형식을 더하여 제 개성을 드러낸다는 것이다. 모방 혹은 복제 행위에서 창조적인 것이 생길 수 있다고 본 셈이다. 이렇듯 아리스토텔레스는 특정한 대상의 모방 혹은 복제를 보편적인 창조 행위로 재발견했다.

합성 소스를 발굴하는 행위, 그리고 합성 소스라는 원본을 복제하고 특정 맥락에 따라서 재구성하는 행위인 밈화도 예술을 창작하는 과정인 미메시스가 아닐까. 합성 소스를 상대방이 예기치 못한 맥락에 삽입한다든지 하는 위트도 사실은 가장 작은 단위에서 할 수 있는 미메시스다. 밈화를 하는 순간 우리가 느끼는 쾌감은 거기서 온다. 사소한 복제 행위만으로도 상대방이 생각지 못한 어떤 상황을 만들고 경탄을 느끼게 할 수 있다. 이렇게 인터넷 밈으로 상대방을 웃길 때 작게나마 예술가나 코미디언이 되는 듯한 창작의 기쁨을 느낄 수 있다.

디시인사이드 인터넷 밈이 청년 세대의 목소리를 드러내는 은어라면 현재 곳곳에 퍼진 인터넷 밈은 일상적 예술이라고 볼 수 있다. SNS의 도입으로 인터넷 밈의 성격 자체가 달라진 탓이다. 게시물이든, 카톡 대화창이든, 인터넷에 있는 어떤 것이든 간에 합성 소스가 될 수 있다. 특히 지금의 인터넷 밈은 우리가 한때 즐겼던 영화나 드라마, 예능에서 많이 발굴된다.

〈살인의 추억(2003)〉, 〈말죽거리 잔혹사(2004)〉, 〈달콤한 인생(2005)〉, 〈해바라기(2006)〉부터 〈아저씨(2010)〉, 〈부당거래(2010)〉, 〈범죄와의 전쟁: 나쁜 놈들 전성시대(2012)〉, 〈신세계(2013)〉, 〈베테랑(2015)〉, 〈범죄도시(2017)〉, 〈엑시트(2019)〉, 〈극한직업(2019)〉, 〈기생충(2019)〉, 〈헤어질 결심(2022)〉, 〈서울의 봄(2024)〉까지 인터넷 밈으로 밈화된 영화를 생각해보자. 한때 흥행한 영화로 잊힐 수 있는 영화가 계속 인터넷 밈으로 가공되며 생명력을 얻고 있다. 특히 〈타짜〉 같은 경우는 영화 전체가 밈화되어서 지금도 꾸준히 밈으로 제작되고 있다.

드라마의 경우 〈미안하다 사랑한다(2004)〉나 〈꽃보다 남자(2009)〉 등이 인터넷 밈으로 부활하고 있다. "시켜줘! 금잔디 명예소방관", "바람과 휜 천만 있으면 어디든 갈 수 있어" 같은 명대사(?)는 지금은 오글거려서 감당하기가 어렵다. 그러나 추억과 현재 사이의 거리감이 그 대사를 웃게 만든다. 이처럼 밈화는 잊혀 골동품이 되어야 하는 것들마저 장난감으로 부활시키는, 우리의 삶을 더욱 윤택하게 하는 미학적 행위이다.

인터넷 밈은 동시에 놀이이기도 하다. 이때 놀이를 하려면 놀이를 함께 할 수 있는 플레이어가 있어야 하며, 놀이가 진행되는 놀이터와 같은 놀이 공간이 있어야 한다. 나아가 그 놀이 공간에서만 통용되는, 플레이어 사이에 공유하는 규칙이 있어야 한다. 그 규칙을 모두 지키며 성과를 이루었을 경우에 주어지는 보상까지 있어야 기본적인 놀이가 완성된다. 이 모든 조건을 존중하는 선에서만 밈화가 이루어진다.

3장에서는 이렇게 합성 소스를 밈으로 가공하는 행위인 밈화를 다룰 예정이다. 재생과 정지를 비롯한 여러 기술적인 변형을 거쳐 탈맥락화되면서 원본과의 관계가 삭제된 이미지가 합성 소스라면, 밈화는 합성 소스를 한 차례 더 탈맥락화한다. 합성 소스를 다른 맥락에 배치하거나 다른 합성 소스와 결합하고, 합성 소스 원본에는 없는 음악 같은 장치를 삽입하는 등의 방식으로 저만의 작품을 창조한다. 즉 밈화는 맥락 없이 부유하는 이미지인 합성 소스를 복제하고, 그것을 독창적인 놀이도구로 가공하는 작업이다.

어서 와… 제3의 장소는 처음이지
- 제3의 장소로서의 인터넷 밈

밈화가 이루어지는 놀이 공간에 대해 이야기하려면 먼저 놀이에 대한 철학적 기반을 만든 철학자 요한 하위징아의 이야기를 살펴볼 필요가 있다. 하위징아는 놀이를 문화의 기원으로 보며 그간 철학이나 예술에서 잊힌 놀이의 역할을 재조명한다. 나아가 예술이나 철학 등의 기원도 결국 놀이라고 본다. 호모 사피엔스 대신 '놀이하는 인간'이라는 뜻의 호모 루덴스라는 신조어를 만든 것도 인간에게 놀이하는 본능이 있음을 역설하기 위해서다. 그는 둘 이상의 사람이 놀이를 진행하는 시공간을 설명하기 위해서 마법의 원이라는 상징을 쓴다. 이 공간은 현실과 철저히 분리되는 "금지되어 격리된 장소, 특정한 규칙이 지배하는 울타리 쳐진 신성한 장소"[1]이며, 종교적 의식이 진행되는 장소로 비유된다. 여기에 세속적 논리는 통하지 않는다. 이와 같은 놀이공간의 폐쇄성은 오프라인 공간과 구분되는 사이버스페이스의 특성과 유사하다.

하위징아에 따르면 놀이 공간은 창조적 행위의 원천이기도 하다. 예술과 마찬가지로 현실을 이미지로 가공하는 것이 인간의 놀이이기 때문이다. 놀이에 참여하는 동안 인간은 합리성과 생식 같은 영역에서 벗어나 창조적인 활력을 발산한다. 마법의 원은 잠깐의 만족을 주고 긴장을 이완시키면서, 일상으로 돌아갈 수 있는 활력을 제공하는 장소로 작동한다는 것

---

1   요한 하위징아, 2018,《호모 루덴스》, 이종인 옮김, 연암서가, p. 47.

이 하위징아의 결론이다. 그는 놀이터가 있어야만 일터가 합리적인 공간으로 기능한다고 이야기한다. 컴퓨터의 모니터나 스마트폰도 인터넷 밈을 보고 만드는 순간에 마법의 원으로 재구성된다.

미국의 사회학자 레이 올든버그는 하위징아의 마법의 원 개념을 친목과 놀이 등 비공식적 공공 생활이 이루어지는 지역공동체인 제3의 장소로 설명했다. 그는 일터와 가정으로부터 분리된 제3의 장소가 도시에 하나씩 있어야 한다고 주장했다. 만약 도시마다 제3의 장소가 없다면 가정(제1의 장소)과 일터 또는 학교(제2의 장소)에서 삶의 만족감을 채우려고 애쓰면서 거기에 의존하게 된다는 것이다. 올든버그는 제3의 장소를 지역공동체로 설명했지만 동호회 등도 여기에 속한다.

그가 이야기하는 제3의 장소는 중립지대이며, 그곳에는 계급의 구분을 없애는 수평화, 끊임없이 오가는 대화, 접근성과 편의, 그리고 단골과 따스함이 있다. 올든버그는 제3의 장소를 만드는 조건 중 하나가 계속해 그곳에 새 사람이 모이게끔 매혹하는 장난스러운 분위기임을 강조한다. 다만 이는 마법의 원 개념처럼 폐쇄된 공간을 가정하지 않는다. 단골 술집이 그리하듯 제3의 장소는 낯혀 있으면서도 열려 있는 공간이다. 올든버그는 외부인이 단골손님 무리가 하는 게임에 끼게 되는 것, 단골손님 무리와 어울리면서 유대감과 소속감을 갖게 되는 것, 또 다른 유저가 참여해서 이 게임이 계속 이어지리라고 기대하는 것이 제3의 장소 속 놀이문화를 유지한다고 본다.

MBTI는 제3의 장소가 가진 특성을 현대에 가장 잘 드러내

는 사례다. MBTI가 유행하기 전에 대중은 A, B, O, AB라는 4
개의 혈액형이 인간의 성격을 결정한다는 속설을 바탕으로 서
로의 성격을 파악했다. 다만 네 가지 범주는 인간 성격의 다
양한 스펙트럼을 파악하기에 모호했다. MBTI는 인간의 성격
을 16개로 나눈다. 과거였다면 또라이나 공감력 부족 등 비정
상적인 범주로 분류되었을 성격이, MBTI라는 테두리 안에서
는 나와 다른 MBTI라는 이유로 받아들여진다. 또 MBTI 검사
는 16개 성격 사이의 최고 혹은 최악의 조합을 설정해두었다.
일종의 설정놀이인 셈이다. 더군다나 심리검사 테스트로 성격
유형이 정해진다는 사실이 신뢰감을 더한다. 대신에 MBTI는
고정된 성격이 아니다. 자신의 본질적인 성격과 현재의 심리
적인 상황을 복합적으로 드러내는 프로필에 가깝다. 그러므로
언제든 MBTI를 다르게 이야기해도 된다는 자유로움도 있다.
만화 등을 통한 MBTI 밈의 재생산은 그 제3의 장소 안에서
만 가능하다. MBTI라는 제3의 장소에서 우리는 타인의 성격
을 쉬이 예측할 수 있다. MBTI뿐만 아니라 상대의 입맛을 알
수 있는 (왜 호불호가 갈리는지 모르겠지만) 하와이안 피자에 대
한 찬반, 민초 - 반민초 논쟁도 이에 속한다.

　　인터넷 밈 또한 제3의 장소다. 가장 작은 단위의 지역공동
체이자 동호회가 되는 셈이다. 인터넷 밈은 비 - 인간과 인간
이 연결된 행위자 - 연결망 저자라고 할 수 있는 익명의 저자
네트워크에 의해서 탄생했다. 모두가 창작에 참여하기에 독특
한 저자성을 갖는다. 이러한 점을 기반으로 보았을 때 특히 유
튜브에서 유행하는 인터넷 밈 창작자의 사례가 흥미롭다. 생

산자는 인터넷 밈을 만들고 소비자는 이에 대한 보답으로 좋아요를 누르는 상호교환, 즉 피드백 루프는 인터넷 밈이 계속해 생산되도록 한다. 만드는 이는 여기서 게임을 플레이하듯 보상 체계에 속하게 된다.

한병철은 오늘날 인간관계가 좋아요, 친구, 팔로워 등으로 인해서 수치로 환산되고 이것이 게임의 보상과 같은 메커니즘으로 움직인다고 논하며, 모든 것이 자본이라는 필연성 아래에 귀속되어버린 사회에서 게임이 사라졌다고 본다. 그러나 잉여력이 투입된 밈화는 관심경제와 그로 인한 수익에 연루되지 않는 고유성을 지니고 있다. 인터넷 밈은 저작권을 인정받지 못하기에 제아무리 조회 수가 높다고 한들 수익화를 이루어낼 수가 없다. 잉여력의 저항성은 이 맥락에서 생겨난다. 인터넷 밈은 창작자의 노동력이 투입된 흔적이 남아 있으며, 그 흔적이 뚜렷할수록 보상받는다. 다만 독자의 피드백이라는 심리적인 보상 외에는 그 어떤 금전적인 보상도 없다. 인터넷 밈은 엄청난 노동력이 필요한 작업인데 굳이 이렇게까지 하는 이유를 알 수 없게끔 한다. 인터넷 밈을 생산하는 유저에게 목적이 있다면 페티시즘에 가까운 유희 추구, 그리고 밈을 공유하는 이와의 커뮤니티 형성이다. 이들은 조회 수로 돈을 벌고자 하는 관종과 대척점에 있다.

인터넷 밈에서 중요한 것은 중복된 이미지를 배제한다는 것이다. 중복된 이미지를 전시하거나 게재할 경우 이미 타인이 만든 것이기에 독창적이지 않아서 재미가 없기 때문이다. 독창성이 드러나는 것은 결과물에서가 아니다. 그 결과에 다

다르기까지 이미지에 남은 노력과 상상력의 흔적에서다. 우리는 흔히 무언가를 만들 때 만드는 과정과 결과의 불일치를 마주한다. 또한 그에 따른 보상이 제작하는 시간에 대한 보답이 될 수 없다는 것을 체감한다. 그러나 인터넷 밈은 그것을 제작하는 데 시간을 쓴 만큼 노력을 보상받는 몇 안 되는 세계를 우리에게 제시한다.

하위징아가 이야기한 놀이문화가 모두의 주체적 참여를 요구하는 것이라면, (지금의 SNS 유머 페이지처럼) 상대가 이미 만든 밈 이미지나 합성 소스를 그대로 베껴 쓰는 것은 놀이문화의 규칙을 어기는 일이나 마찬가지다. 밈화는 상대방과 내가 평등해지기보다는 경쟁적으로 상대방과 달라지려는 노력 아래서 성립한다. 이는 대체로 잉여력을 지닌 밈 제작자들의 행위에서 드러난다. 이들은 밈이라는 분야에서 "자신의 전문적인 혹은 잡다한 지식이나 기술을 이용하여 타인들이 보기에 무의미한 시간 낭비로 비춰질 수 있는 어떤 특정한 사안에 개입하는"[2] 전문가들이다. 이들은 프로로 공인되지 않은 아마추어임에도 불구하고 꽤나 높은 완성도를 지니는 쓸고퀄(쓸데없이 고퀄리티) 영상을 생산한다.

이러한 영상에 대한 고평가는 정말로 높은 퀄리티라서가 아닌, 제약 안에서 독창적인 재미를 만들었다는 점에 근거한다. 더 과장되고 초과된 스타일일수록 그 노고가 보이기 때문이다. 밈 제작자는 공공재인 합성 소스를 밈화하는 놀이문화

---

2   김상민 외 8인, 2013, 《속물과 잉여》, 커뮤니케이션북스, p. 78.

로 공공적인 예술을 생산하고, 예술가로 승인되기에 이른다. 밈 제작자와 밈 소비자들은 대안적 공간에서는 아티스트와 창작자로 존재하므로 삶을 미학화할 수 있는 토대를 지닌다.

인터넷 밈 소비자는 〈무한도전〉, 〈야인시대〉, 〈타짜〉 등에서 합성 소스로 쓰이는 대사를 모두 외우는 등 소극적으로나마 놀이에 참여한다. 몸소 합성 소스를 밈화하고 생산하는 제작자는 소극적 소비자의 수에 비해 극히 적다. 그 제작자들은 합성 소스를 저마다의 스타일로 승화한다. 어느덧 소비자들은 내용이 아니라 합성 소스 발굴 가능성의 유무를 중심으로 콘텐츠를 보는 캠프[3]적인 소비자가 된다. 팬덤이라는 공동체에서 밈 제작자와 소비자는 상호작용하는 것이다.

댓글 문화도 제3의 장소로 이어진 놀이문화를 만든다. 노잼이거나 사회적인 규범을 넘은 댓글은 아래로 사라지고, 다수의 추천 버튼이 눌린 웃긴 댓글만 남아서 좋아요로 경쟁하게 된다. 2016년 즈음 유행한 제목학원 밈이 대표적인 사례다. 게시자가 게시물에 사진 한 장을 첨부하고 그것의 제목을

---

3   캠프는 수전 손택이 처음 이야기한 개념으로 부자연스럽고 인위적이며, 과장된 것을 선호하는 1960년대 미국의 젊은이 사이에 유행한 취향을 규명하려 쓴 에세이 〈캠프에 관한 단상〉에서 유래했다. 캠프는 "인위적이고 과장된 것 혹은 제 상태가 아닌 것을 선호하는 태도"에 가깝다. 캠프를 공유하는 이들에게는 인위성의 정도, 스타일화의 정도가 작품의 아름다움을 판단하는 척도가 되며 이들은 스타일을 내용보다 중요한 것으로 여긴다. 또한 작품을 커다란 연극으로 보고 작품에 있는 모든 요소를 저마다 역을 수행하는 배우처럼 대하며, 각 요소의 이중적인 의미를 발견해 저마다의 방식으로 전유한다.(수전 손택, 2002, 《해석에 반대한다》, 이후, pp. 408-437.)

지어보라는 규칙을 제시한다. 유저들은 저마다 댓글로 제목을 짓고, 그중 베스트 댓글이 그 짤의 제목으로 업로드되는 방식이다. 이는 유튜브에서도 마찬가지다. 영상 밈 이미지가 업로드된 채널은 유저끼리 그 영상에 대한 반응을 밈화하면서 노는 놀이터이기도 하다. 대표적으로 sake L의 노동요 밈 영상이나 비의 〈깡〉 영상에 달린 댓글들은 댓글 놀이로 불리는 또 다른 놀이이다. 이는 드립에 기반하나 베댓에 오르기 위한 명예로운 투쟁으로 이어진다. 또한 다른 이들이 밈에 참여하게끔 유도하는 베댓 놀이가 이어진다. 우리는 이때 제3의 장소에 잠시나마 머무를 수 있게 된다.

물론 제3의 장소로서 인터넷 밈에 한계점이 없는 것은 아니다. 하위징아는 "놀이가 벌어지는 현실은 인간 생활의 영역을 넘어서기 때문에 합리성에서 그 기반을 찾으려는 것은 무리"[4]라고 이야기한다. 다만 이는 마법의 원에 속해 있는 사람의 입장에서 이야기한 것이다. 오컬트에서 마법의 원은 사탄을 소환하는 공간이기도 하다. 거기에 있는 이들은 본인이 외부에 끼칠 영향을 모를 수도 있다. 현실로 되돌아오자. 우리가 즐긴 놀이가 사실은 혐오나 차별 등 사회에 악영향을 끼치는 패악질에 불과할 수 있다. 순간적으로 생겨났다가 사라지는 인터넷 밈은 현실적으로 깊게 생각해야 하는 사안도 증발시키는 힘을 지니고 있다. 사회적 책임을 물어야 하는 이는 사건에서 파생된 밈 너머로 숨기 마련이고, 사건 자체는 인터넷

---

4 요한 하위징아, 2018, 《호모 루덴스》, 이종인 옮김, 연암서가, p. 35.

밈으로 인해 대중의 시선에서 사라진다. 그 밈의 소비가 문제적이라고 지적하는 사람은 "선비"라고 조롱당한다. 여론은 그 대상을 망각해버린다. 신선놀음에 도낏자루 썩는 줄 모른다는 속담이 괜히 생긴 것이 아니다. 인터넷 밈을 둘러싼 맥락을 비판적으로 검토하지 않고 인터넷 밈 자체만 탐닉할 때 우리는 거기에 뒤엉킨 사회적인 문제를 외면하게 될 수 있다. 그것을 깨달은 순간의 죄의식은 이루 말할 수 없을 정도로 강력하다. 어떻게 아냐고? 나도 알고 싶지 않았다.

말씀 중에 죄송합니다. 오타쿠요? 월클 아닙니다
- 인터넷 밈과 오타쿠

앞서 1장에서 했던 이야기를 다시 정리해보자. 매체의 변화에 따라서 작품과 감상자의 관계가 달라졌다. 작품을 그대로 감상했던 수동적 감상자는 복제 기술의 탄생으로 작품을 손에다 쥐고 씹고 뜯고 맛보는 능동적 감상자가 된 것이다. 이 능동적 감상자는 저자의 의도에 갇히기보다 개인적인 감상을 토대로 저만의 해석을 시도하기 마련이다. 하나의 작품은 무한한 해석의 여지를 남기기 마련이니까. 작품의 의미를 생산하는 쪽은 저자보다는 독자에 가까워졌다.

이러한 상황을 롤랑 바르트가 말한 '저자의 죽음' 개념으로 살펴보았다. 저자와 출처가 확인되지 않는 텍스트도 있을뿐더러, 여러 익명 저자의 네트워크에서 인터넷 밈이 생기므로 단일 저자가 환상이라는 이야기도 나누었다. 이제 하나의 작품은 단일한 저자의 작품도, 감상자의 것도 아닌 진공상태라 볼 수 있다. 저작권의 손길이 뻗치지 않는 한 우리 모두 가져다 쓸 수 있는 공공재가 된 셈이다.

영상물이 비디오로 유통되던 시대까지만 하더라도 영상의 원본에 손을 대는 것이 까다로웠다. 이제는 영화가 디지털 파일로 전환되면서 모두가 원본에 손을 댈 수 있게 되었다. 소비자는 이미지를 캡처하거나 조작할 수 있는 전지전능함을 지닌다. 이미지 원본의 복제와 훼손이 자유로워진 셈이다. 이에 따라서 원하는 부분만 잘라내거나 합성으로 재가공할 수 있으며, 혹은 아예 그것을 바탕으로 한 2차 창작이 탄생할 수도 있다.

오히려 지금은 작품에 대한 2차 창작과 유튜브식 해설이 너무 당연하다.

　복제와 훼손은 원본을 존중하는 감상자에게는 금기시된 것이다. 원본을 존중하냐 아니냐에 따라서 소비자를 두 갈래로 나눌 수 있다. 바로 마니아와 오타쿠다. 마니아와 오타쿠는 언뜻 보면 잘 구분되지 않는다. 둘 다 음악, 아니메 등의 취향에 미쳐 있는 인간으로 보인다. 오타쿠를 순화한 덕후[5]라는 말은 마니아와 동의어로 쓰이기도 한다. 그러나 마니아와 오타쿠는 전혀 다른 차원의 소비자다. 마니아는 원본을 존중하며 그것의 아우라에 매료되는 반면에 오타쿠는 원본을 훼손하고 복제하며 연구하는 데 쾌감을 느낀다. 인터넷 밈을 생산하는 이는 마니아나 덕후보다 오타쿠에 더욱 가깝다.

　오타쿠는 1970 - 80년대 일본에서 탄생했으며 "특정 대상에 대한 지나친 관심, 수집, 그리고 연구를 넘어서 대상에 대한 열중과 몰입을 통해서 얻은 지식을 활용하여 비판의 단계에 이를 만큼 그 대상에 대한 깊이 있는 이해를 지니는"[6] 존재

5　덕후는 소비자 중에서도 팬덤의 일원에 가깝다. 이는 덕후가 대중화될 때 여러 아이돌 팬덤이 덕후라고 자칭하며 덕후의 파생어늘이 팬덤 내 소비 행위를 지칭하는 기존의 용어를 대체하기 시작했던 과거에서부터 알 수 있다. 덕질(덕후가 특정 콘텐츠나 대상을 소비하는 행위), -덕(특정 대상을 덕질하는 덕후를 지칭하는 말), 찍덕(덕질하는 대상의 사진을 직접 촬영해서 퍼뜨리는 덕후), 덕력(자본과 체력, 열정 등 덕질할 때 동원되는 힘을 아우르는 단어) 등이 그 사례다. 또 덕후는 본인의 덕질을 타인과 공유하는데, 인터넷 밈 생산자는 오로지 작품으로 승부한다.
6　송영민 · 강준수, 2016, 〈오타쿠 문화에 대한 고찰〉, 《일본근대학연구》, 54, p. 335.

다. 이 고전적 정의에 따르면 오타쿠는 어느 정도 전문가적 소
양을 지녀야 하며 창작자로도 활동하는 프로슈머이어야 한다.
한편 아즈마 히로키는 오타쿠를 "만화, 애니메이션, 게임, PC,
SF, 특수촬영물" 등에 관련된 서브컬처를 탐닉하는 소비자'로
보았다. 이들은 PC통신에서부터 지금의 SNS까지 온갖 곳에
서 활동하며 소수적 장르에 대한 애호를 공유하는 작은 오타
쿠계 문화인 서브컬처를 만들어갔다. 이들은 주류 문화와 서
브컬처 사이에서 기어이 후자에 파묻히기를 선택한다.[8]

　아즈마는 서브컬처와 포스트모던 사회 구조 사이의 관련성
을 파고들고자 한다. 그는 오타쿠의 핵심적 태도 중 하나가 허
구를 중시하는 태도라 보았다. 원작과 2차 창작[9]을 같은 층위
로 소비하는 이들의 태도가, 바로 장 보드리야르가 이야기한
2차적 복제인 시뮬라크르[10]와 이어져 있다고 본 것이다. 또

7　아즈마 히로키, 2007, 《동물화하는 포스트모던》, 이은미 옮김, 문학동네,
　　p. 17.
8　아즈마가 꼭 오타쿠를 옹호한 것은 아니다. 그는 포스트모던의 인간인 오
　　타쿠가 산다는 것에 대한 의미를 질문하며 타인과 이야기를 나누는 근대
　　의 인간과 다르다 보았다. 포스트모던의 인간은 의미에 대한 갈망을 사교
　　로 충족하지 못하는 나머지 동물적인 욕구로 그 갈망을 대리만족하고 있
　　다고 본 것이다. (아즈마 히로키, 위와 같은 책, p. 165.)
9　아즈마에게 2차 창작은 "원작 만화, 애니메이션, 게임을 주로 성적性的으
　　로 다시 읽어 제작되고 매매되는 동인지나 동인 게임, 동인 피규어"등을 지
　　칭하는 말이다. (아즈마 히로키, 위와 같은 책, p. 55.) 한편 정신분석학자 사
　　이토 다마키는 오타쿠가 현실과 허구를 이분법적으로 보는 이가 아니며 허
　　구적 대상에서 성적 매력을 느낄 수 있는 존재라고 정의하기도 했다.
10　시뮬라크르는 원본이 된 복제를 말한다. 즉 원본과의 연관성이 사라져 독
　　자성을 지니는 대상을 뜻한다. 쥐와 미키마우스의 관계 정도라 생각하면
　　편하다.

사회적 가치규범을 거부하고 허구를 더 중시하는 그들의 삶이 공산주의 등 사회를 아우르는 커다란 이야기의 부재(장 프랑수아 리오타르)에서 나온 것이라 분석한다.

그는 이러한 오타쿠의 소비양상을 분석하고자 데이터베이스라는 개념을 제시했다. 이는 선배 비평가인 오쓰카 에이지의 이야기 소비론 개념을 비판하면서 그가 새로 만든 개념이다. 이야기 소비는 단어가 낯설 뿐이지 굿즈를 구매한 이력이 있는 사람이면 모두가 체감했을 법하다. 이는 우리가 굿즈를 구매할 때 그 굿즈의 원본인 작품을 염두에 둔다는 이야기다. 즉 우리는 해당 굿즈가 작품 속 세계관에서 어떤 의의를 지니는지에 따라서 소비한다.

영화로 설명해보자면 2017년 이후 유행하기 시작한 아트하우스 영화 포스터 굿즈가 그 사례다. 보통 영화 마케팅에서는 한 영화를 여러 장면으로 쪼개 여러 포스터로 제작한다. 가장 유명한 사례로 〈타오르는 여인의 초상(2019)〉은 포스터 종류만 해도 10종 가까이 된다. 한 영화의 마니아라면 어떤 영화의 포스터를 다 모아야 그 영화를 온전히 간직할 수 있다는 생각에 사로잡힌다.

한편 마블 시네마틱 유니버스를 보는 경우도 이야기 소비의 한 사례이다. 우리는 표면적인 이야기 너머에 세계관이 있다는 가정 아래서 영화를 보기 마련이다. 마찬가지로 영화를 덕질할 때는 영화사史가 그 세계관이 된다. 시네필은 영화를 전통적인 영화사 안에서 파악하고 소비한다. 아즈마는 이를 "이야기가 나를 만든다"라고 정리한다. 즉, 심층에 있는 세계관에 따라서

소비자(나)가 감상하는 표층이 결정된다는 이야기다. 그는《동
물화하는 포스트모던(2007)》에서 이런 이야기 소비를 트리형
이라는 도식으로 설명한다.

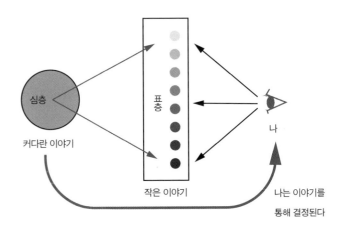

[그림1] 트리 모델

또 아즈마는 이야기 소비 이후에 탄생한 데이터베이스 소비
를 이야기한다. 이는 오타쿠가 작품을 소비하는 양상으로, 작
품 안의 거대한 세계관(이야기)이나 작품의 설정 놀이(비 - 이야
기)를 소비하는 것과는 다르다. 데이터베이스 소비는 어떤 것
을 소비하되 그 너머의 세계관을 가정하지 않는다. 이야기 소
비가 표층을 소비할 때 그 너머의 세계관, 즉 심층의 영향을 받
는 것이라면 오타쿠의 데이터베이스 소비는 심층(세계관)이 표
층을 결정하지 않는다. 소비자는 자신이 읽는 바에 따라서 표

층을 재구성할 수 있게 된다. 쉬운 말로, 콘텐츠를 하나의 완성된 세계관으로 보는 것이 아니라 보는 이가 재조립할 수 있는 설정 모음집으로 본다는 이야기다. 아즈마는 같은 책에서 이러한 소비를 "내가 이야기를 읽어낸다"로 정리한다.

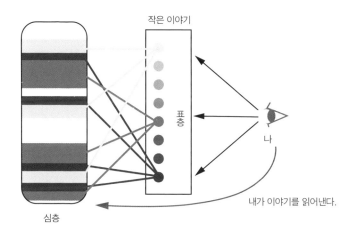

작은 이야기

표층

나

내가 이야기를 읽어낸다.

심층

[그림2] 데이터베이스 모델

　아이돌 팬픽을 상상하면 편하다. 아이돌 팬픽은 저자가 아이돌 그룹의 콘셉트에 더해진 설정(데이터베이스)을 재해석한 것이다. 팬픽 속 아이돌은 그로 인해서 여러 방식의 이미지로 그려질 수 있다. 아이돌의 콘셉트는 얼마든 2차 창작의 데이터베이스로 기능한다. 아즈마는 오타쿠가 작품보다는 캐릭터 각각의 매력 등 표면적인 요소를 토대로 이야기를 재창작하는 소비자라고 보았다. 오타쿠는 특히 모에 요소[11]를 발굴하면

서 대상을 원본과 다르게 소비한다. 〈무한도전〉과 〈야인시대〉,
〈타짜〉로 제작된 인터넷 밈의 경우도 이러한 소비가 두드러지
는 케이스다.

〈무한도전〉 같은 리얼 버라이어티 TV쇼는 그 자체가 데이
터베이스다. 그 주의 특집을 정해서 기획에 따르는 내용으로
구성된 〈무한도전〉은 매 화마다 콩트부터 스포츠, 토크쇼와
패러디, 콘서트 등 온갖 장르가 비벼(?)져 있다. 자막과 같은
여러 장치로 만화와 B급 영화, 애니메이션 등의 장르까지 흡
수한다. 급작스러운 콩트의 삽입, 멤버별 캐릭터나 별명, 모에
요소의 개입은 연극 같다는 느낌도 준다. 또한 해골 이미지처
럼 상황과 불화하는 만화적 자막을 넣거나 인물의 언행을 제
작진이 의도적으로 평가하며, 감정을 극단적으로 과장해 표현
하는 등의 특수효과를 삽입해 웃음을 자아낸다. 이 같은 (〈몬
티 파이튼〉의 영향을 받은) 만화적인 컷은 관객이 콘텐츠를 장면
단위로 나누어서 소비하게 만든다.

이제 방영된 모든 콘텐츠가 VOD로 파일화되는 세상이다.
게다가 2010년대 후반부터는 VOD뿐만 아니라 각 방송사가
방영본 전체 혹은 하이라이트를 짜집기한 영상을 유튜브나

---

11 모에는 일본의 애니메이션에서 쓰이는 코드로, 각 캐릭터의 매력을 기호
로 외면화하며 그 캐릭터의 매력을 지시하는 것을 일컫는다. 이 코드는 다
카하시 루미코의 러브 코미디 만화 〈시끌별 녀석들〉을 시작으로 대중화된
다. 번개를 쏘는 초능력을 지니는 외계인 라무는 "-닷쨔!"라는 매력적인
말투를 통해서 대중을 사로잡았다. 이를 기점으로 애니메이션에는 팬층을
확보하고자 캐릭터마다 그 캐릭터에 이입하게끔 하는 특이한 매력 요소
가 하나씩 삽입되기 시작했다.

OTT 등 인터넷에 올리는 홍보 전략을 취하고 있다. 또한 오타쿠인 시청자들이 저만의 기준으로 방송 일부를 따서 하이라이트를 만들기도 한다. 해외에서는 〈심슨 가족〉이 이와 비슷한 케이스다. 이러한 배경에서 〈무한도전〉은 얼마든 가져다가 2차 창작의 소재로 삼을 수 있는 것이 되었다.

[사진27] 〈무한도전〉 '외박 특집 오마이텐트' 에피소드 중 최규재 씨와 함께 "무야~호~"라는 자막이 나오는 장면 (일명 '무야호 짤')

기쁜 마음으로 무(한도전) 야호!를 외칠 수가 없어서 무야호 짤방도 삭제되었다. 앞서 말한 '형이 왜 거기서 나와 짤'과 동일한 이유이다. 다시 한번 독자에게 사과의 말씀을 드리면서도, 늦었다고 생각할 때는 이미 너무 늦었다라는 박명수 옹의 말처럼 이 사과가 너무 늦은 것이 아닌가 싶다.

[사진27]은 최근에 발굴된 무야호 합성 소스이다. 2010년도에 방영된 원본이 2019년 '오분 순삭'이라는 유튜브 채널에 업로드되었고, 이후 SNS의 유머 페이지가 재업로드하면서 유행하기 시작했다. 잇따라 홍철 없는 홍철팀 등의 합성 소스가 차례로 나타났다. 이처럼 하나의 합성 소스가 발굴되려면 그에 마땅한 자료가 있어야 한다.

〈무한도전〉의 데이터베이스화를 선명히 드러내는 사례는 무도미나티로 불리는 합성 소스 발굴이다. 무도미나티는 〈무한도전〉과 일루미나티의 합성어로, 〈무한도전〉이 일루미나티 음모론처럼 모든 것을 예언하고 있는 듯하다고 생긴 인터넷 밈이다. 어떤 뉴스가 생길 때마다 〈무한도전〉에서 그것과 비슷한 상황이나 장면을 캡처한 다음에 〈무한도전〉이 그것을 예언했다는 식으로 장난스레 발굴하는 것이다. 이는 〈무한도전〉이 10년 가까이 방영되어서 자료가 방대한 데다가 〈무한도전〉을 무한정 반복 시청하여 그곳에서 비슷한 이미지를 끄집어낼 수 있는 오타쿠가 있기에 가능한 것이다.

〈야인시대〉나 〈타짜〉의 경우도 마찬가지다. 〈타짜〉의 경우 영화 전체가 합성 소스로 불릴 수 있을 정도이지만, 비교적으로 덜 주목받았던 캐릭터인 곽철용이 2019년에 급작스레 떠오르면서 밈이 생겨났다. 〈야인시대〉에서도 심영이 "내가 고자라니"라고 외치는 장면만 주된 합성 소스로 쓰이는 편이었다. 그러다 2013년에 한 유저가 업로드한 김두한식 협상법[12]이라는 영상이 2016년에 급작스레 화제가 되면서부터 사딸라는 "내가 고자라니"에 이어 합성 소스가 되었다. 저자도, 의미도 잊힌 과거의 작품은 이처럼 부활한다. 이미지의 데이터베이스화는 유행이 지나간 콘텐츠를 반복 시청하면서 웃긴 장면을 발견할 수 있고 그것을 타인과 공유할 수 있는 놀이터를 오타쿠에게 마련해준 것이다.

---

12 김준수, 2013.12.25.,김두한식 협상, 유튜브. https://www.youtube.com/watch?v=eSh-l1QQVw0

고도로 발달한 인터넷 밈은
서부극과 구분되지 않는다
- 장르 영화로서의 인터넷 밈

영화 감독 조르주 멜리에스 이후의 픽션 영화는 눈앞에 있는 대상을 찍고 그것을 픽션에 배치하는 방식을 통해 그 대상이 있는 스크린 속의 세계를 픽션의 세계로 믿게끔 했다. 멜리에스부터가 마술사 출신으로 이 작업에 열중했다. 이와 달리 뉴미디어는 스크린을 캔버스로 대한다. 레프 마노비치는 뉴미디어의 영화를 영화와 붓을 더한 키노 브러시라는 개념으로 설명한다. 영화는 스케치북이며, 그곳에 붓으로 대상을 그릴 수 있다는 것이다. 즉 감독은 대상을 그려내면서 조작할 수 있다. 마노비치에게 디지털 영화는 "라이브 액션 소재+그리기+이미지 프로세싱+합성+2차원 컴퓨터 애니메이션+3차원 컴퓨터 애니메이션"[13]이다. 2D와 3D가 전부 하나의 스크린 위에 합해지는 것이다. 그만큼 키노 브러시는 아름다움과 매끈함을 표현하려 한다.

　나아가 마노비치는 이러한 스크린을 액체적인 것으로 파악했다. 필름 사진을 생각해보자. 네거티브 필름을 인화하는 과정에서 피사체는 사진에 소삭불가능한 물질로 새겨진다. 그러나 뉴미디어 시대에 이르러 모든 것은 스크린 안에서 매끈하게 이어질 수 있다. 예컨대 제임스 카메론의 영화 〈아바타(2009)〉에

13　레프 마노비치, 2014,《뉴미디어의 언어》, 서정신 옮김, 커뮤니케이션북스, p. 410.

서 인터넷 밈이 될 만한 여지는 한치도 생기지 않는다. 모든 것이 자연스러워 우스꽝스럽게 보이지 않아서다.

스크린이 달라지면 거기에 그려지는 미장센 또한 달라지기 마련이다. 마노비치는 뉴미디어에서의 합성으로 인해서 공간에 기반한 몽타주 기법이 생긴다고 보았다. 기존의 영화가 장면과 장면을 앞뒤로 연결하는 시간적 몽타주에 기반했다면, 뉴미디어는 한 공간에 여러 이미지가 공존하는 것을 기반으로 한다. 합성된 여러 이미지 사이에 균열이 생기지 않으려면 고도의 기술력과 연출력이 있어야 한다.

공간적인 몽타주의 사례로는 마블 시네마틱 유니버스의 〈어벤져스: 엔드게임(2019)〉 속 전투 장면을 생각하면 편하다. 양옆으로 쭉 펼쳐진 스크린에 히어로가 떼거지로 나와서 대규모 전투를 벌이는 이 시퀀스는 영화라기보다는 회화를 보는 듯하다. 때마침 붉게 타오르는 노을은 기나긴 전투에 비장미를 더한다. 반면 톰 후퍼의 〈캣츠(2019)〉는 배우의 육체 위에 합성한 고양이 CG의 기괴함으로 인해 거부감을 불러일으킨다. 제대로 그려지지 않은 고양이뿐만 아니다. 배경과 인물의 불일치는 그 너머에 존재감을 두드러지게 한다. 이와 같이 배경과 인물, CG 사이에 불일치가 생긴 사례는 공간적인 몽타주를 실패한 것이다.

인터넷 밈은 전문적인 합성에 기반한 뉴미디어의 미학을 거부한다. 우리가 할 수 있는 합성은 고도의 기술력과 전문성, 그에 따르는 자본을 요하는 뉴미디어의 미학 이전의 것이다. 2D 스크린에다 둘 혹은 그 이상의 피사체를 충돌하게끔

해 충격을 만드는 식이다. 우리가 미술 시간에 배운 콜라주와 데칼코마니 등의 기법을 생각해보자. 별다른 기술력을 동원하지 않고도 잡지에서 오려낸 사진만으로 할 수 있던 장난이었다. 밈은 모두가 할 수 있는 일상적인 예술 행위에 기반해 있다.

인터넷 밈의 개성은 모든 피사체가 다른 콘텐츠로부터 인용되었다는 흔적이 남아 있다는 것이다. 해피캣 밈을 사례로 들자. 해피캣은 영상에서 누끼를 딴 고양이다. 해피캣 밈에 등장하는 다른 고양이도 마찬가지다. 해피캣 밈 속 고양이들은 제각기 다른 콘텐츠에서 유래된 것인데도 인터넷 밈의 차원에서는 똑같은 세계에 속하게 된다. 즉 해피캣과 바나나캣 등은 서열 문화에서 벗어나 있다. 영화든, 광고든, 웃긴 영상이든 간에 원본으로부터 분리되어 인터넷 밈의 배경이 되는 레이어에 있는 한 그 이미지는 동등한 합성 소스다. 인터넷 밈은 스크린에 있는 모든 것이 매끈히 봉합되는 뉴미디어의 미학에 따르는 MCU에 저항하여 대안적인 유니버스를 만든다. 특정 규칙과 세계관을 공유하는 한, 어떤 피사체든지 같은 스크린에 공존하고 동등한 위상으로 있을 수 있다.

밈화는 상대방을 먼저 웃기려고 경쟁하는 '드립'이라는 놀이에 기반한다. 드립은 즉흥적으로 악보에 음을 더한다든지, 각본에 없는 연기를 더하는 애드리브ad lib에서 유래했다. 보통 애드리브는 성공하기가 힘들다. 농담에서도 마찬가지다. 즉석에서 개그를 했는데 실패한 개그를 디시에서는 개같은 애드립, 즉 개드립이라 불렀다. 여기서 다시 개가 탈락되어서 지금의 드립이 되었다. 드립은 흔히 이야기하는 아재 개그와 정반대편에 있는 개그다. 아재 개그의 핵심은 넌센스가 아니라 서스펜스다. 질문이나 힌트를 건네 상대방에게 당혹스러움을 안기고 난 다음에, 당혹감에서 생긴 서스펜스를 비논리적으로 해소해 상대의 긴장을 완화한다. 그 낙차에 웃음이 터지는 셈이다. 아재 개그는 어느 정도 뜸을 들이면서 긴장감을 주어야 성공한다.

반면 드립은 누가 먼저 침묵의 틈새를 파고드느냐를 노리는 개그다. 게릴라처럼 빠른 침투와 즉흥성을 기반으로 하는 드립은 디시 등 남초 커뮤니티의 놀이수단이었다. 드립에 기반한 인터넷 밈도 그곳에서 유래한다. 드립은 디시나 일간베스트(일베) 등 온라인 커뮤니티에서 볼 때는 자연스러운 것이었으나 그 바깥에서는 아니었다. 보통 드립이 성공하고 베스트에 오르려면 상대가 곧장 웃을 수 있는 소재를 써야만 했다. 음담패설이나 소수자 비하, 외모 비하 등 맥락을 이해할 필요 없이 상대를 깎아내리면서 직관적으로 웃음을 유도하는 농담이 속출했다. 일베와 디시 문화를 연구하는 여러 사회과학자는 일베에 퍼진 극우 사상의 기원으로 드립을 지목하기도 했다.

드립은 말 그대로 즉흥성에 기대고 있다. 즉흥적으로 내뱉은 드립에는 책임이 수반되지 않는다. 보통 웃기는 데 혈안이 되어 있어 자신의 말이 불러일으킬 수 있는 파국을 미처 생각하지 못하고 내뱉기 때문이다. 명예훼손죄나 모욕죄로 고소당할 위기에 봉착하면 상대방을 선비로 몰아세우고 자신

이 한 말을 농담이라 치부하기 마련이다. 즉 "즉시성의 시대
에 '합리적 선택'은 결과는 회피하면서 만족을 추구하는 것"[14]
이다. 그러나 드립을 태생부터 문제적 수사라며 죄악시하고
금지한다면 우리는 인터넷 밈을 마음 편히 쓰지 못한다. 오히
려 드립과 그에 기반하는 인터넷 밈이 공공적인 놀이 문화가
될 수 있도록 중화하는 작업이 중요하다. 드립을 시작으로 생
긴 합성 소스의 쓰임이 규칙을 생성하고, 그 규칙에 더 많은
사람이 참여하게 되면서 우리는 원본에 깃든 부정적인 뉘앙
스를 중화할 수 있다. 비주류 문화가 주류 문화로 편입되듯이
말이다.[15]

　합성 소스가 우연히 드러날 수 있는 표정을 발명했다면 밈
화는 그 표정을 공통의 언어로 고정하는 과정이다. 밈화의 스
타일은 다양하다. 아햏햏을 밈화해 만든 햏자처럼 밈을 통해
서 정체성을 드러내는 프로필화, 아햏햏에서 파생된 글자 '햏'
으로 글자 '행'을 대체해 신조어를 생성해내는 은어화, 아햏햏

14　지그문트 바우만, 2023, 《액체 현대》, 이일수 옮김, 필로소픽, p. 258.
15　프랑스의 사회학자 가브리엘 타르드는 대중의 상호 모방을 통해 사회의
　　발전을 설명하려고 했다. 그는 모방 과정을 조종받은 꿈이며 활동하고 있
　　는 꿈인 최면 상태로 서술한다. 여기까지는 인간을 문화 요소의 전달자로
　　본 도킨스의 관점과 유사하다. (그는 사회적 사실을 분석하면 그것의 실
　　체가 욕망과 믿음뿐이라고 이야기하기도 했다.) 그의 관점에서 눈여겨볼
　　만한 것은 주류 문화와 대립하며 새 문화를 보편적인 주류 문화로 재창조
　　하는 인간의 주체성을 긍정한다는 점이다. 그에 따르면 개인이 지니는 하
　　나의 감정, 하나의 원칙, 하나의 의도는 타인과의 교류를 거치는 과정에서
　　점차 확산되고 보편화된다. 그 생각은 보편화되는 과정을 거치면서 공고
　　해지고 모인 사람들 각각의 자아와 대립해 성장한다.

148

을 근거로 뚫흙송 등의 또 다른 합성 소스를 흡수해 뚫흙행자로 만드는 전용, 예기치 못한 합성 소스를 합하면서 생긴 충돌에서 비롯된 유희를 즐기는 몽타주, 아행행과 같은 합성 소스를 수단으로 일상을 풍자하는 풍자화, 합성 소스로 하나의 장르적 체계를 구성하는 장르화 등으로 대강 나눌 수 있다.

이 중 눈여겨볼 만한 것은 몽타주와 장르화다. 심영물 등 영상 인터넷 밈은 물론 음악을 가공한 인터넷 밈에서도 주로 쓰이는 기술 '조교'에서 몽타주가 잘 드러난다. 조교는 원래 일본에서 음_音MAD[16]로 불리는 합성 기법을 디시 등 커뮤니티에서 수입한 것이다. 특정 사람이 한 말을 음절 단위로 분해하고 합성해 그것으로 인물이 말하거나 쓰지 않은 가상의 문장을 만드는 방식이다. 나아가 그 음절에서 음의 높낮이를 조정해서 악기로 사용하기도 한다.

심영물 생산자가 가상의 문장을 적는 방식은 이 음MAD에서 유래했다. 그들은 〈야인시대〉를 포함해 해당 배우가 연기한 작품을 전부 본 다음 배우의 모든 대사를 발췌한다. 그 대사에서 음절 단위로 하나씩 따다가 음정의 톤이 최대한 이어지는 것들을 모아 붙여서 하나의 문장으로 만든다. 당연히 부자연스러움이 존재하지만, 그것을 보완하는 수단으로 자막을 쓴다. 들리는 것이 불명확하더라도 명시된 대사로 이해하게

---

16 애니메이션 〈데스노트〉의 야가미 라이토의 웃음소리와 대사를 음악으로 가공하는 바카야로이드 등이 대표적인 사례로 한국에 퍼졌다. 음MAD는 버추얼 아이돌 하츠네 미쿠의 인기로 일본에서 유행하기 시작한 보컬로이드와 함께 일본 서브컬처 2차 창작에서 중요한 위상을 차지하고 있다.

끔 시청자를 안내하는 것이다. 영상 또한 조교의 흔적을 남기되, 영상 속 인물이 말을 하고 있는 듯한 착시를 만든다. 사례로 캐릭터가 "이 책은 망했습니다"라고 말한다고 가정해보자. 그러면 "이"를 말할 때의 제스처, "책"을 말할 때의 제스처를 하나씩 따다가 모두 몽타주한다. 캐릭터가 실제로 말하는 듯한 착시효과는 물론 수많은 이미지가 충돌하는 재미까지 잡는 것이다. 조교의 편집 기법은 할리우드 영화에서의 자연스러운 편집을 일부러 배반해 합성물에서의 독자적인 영화 문법을 생산해낸다.

한편 장르화는 장르영화의 작법과도 비슷하다. 장르화는 합성 소스가 무작위로 나열되거나 연결되게끔 하지 않는다. 합성 소스로 쓰이는 피사체의 제스처에 따라서 피사체의 서사와 역할을 재구성하는 방식이다. 〈야인시대〉에서 비롯하는 심영물이 장르화의 가장 모범적인 사례라 할 수 있다. 심영물은 드라마 혹은 시리즈물에서 인물이 하나씩 소개되듯이, 합성 소스를 추가하면서 〈야인시대〉 속 인물과 그 설정을 하나씩 더한다. 원래 심영물은 심영이 외치는 "내가 고자라니!"라는 대사를 중심으로 했다. 고자가 된 심영, 그 심영을 고자로 만든 김두한을 중심으로 합성이 진행되었다. 처음에는 상황극 수준에 그쳤던 심영물은 2017년에 김두한의 사딸라 합성 소스가 발굴되면서 픽션으로 진화했다. 사딸라 합성 소스의 유행은 심영물 팬덤이 대거 유입하는 통로가 되었다. 여기에다가 VOD 시절에는 저화질이었던 원본이 고화질로 복원되었고 손닉Sonnyc, 차커Chaco, 코코펀, 수월 등의 신입 창작자들이 유입되면서 심영물은 본격적으로 장르화되기 시작했다. 이에 따라서 과거에는 주목받지 못했던 여러 캐릭터의 모에한 포인트가 저마다의 서사와 규칙을 지니고 발굴된다.

우선 조병옥은 탈모라는 설정으로 인해서 해당 키워드에 반응하는 인물로, 이정재는 국밥을 먹는 장면으로 인해서 주로 무언가를 먹는 인물로 등장한다. 시라소니는 만사에 권태로워하는 인물로 그려진다. 또한 이승만은 폭발적으로 화내는 인물이면서도 "차들어 커피야"라는 캐치프레이즈처럼 느끼한 말투를 지니고 있다. 또한 김두한의 유년 시절에 등장한 김좌진도 합류한다. 심영물 속 김좌진은 김두한이 쓰러질 때 "두한아 일어나라! 상대는 애비를 죽인 공산당이야!"라고 외친다. 이는 김두한이 죽었다가 되살아나야 할 시점에 쓰인다. 2018년에 우연히 발굴된 내레이션은 신적인 존재로 모든 인물을 전지전능한 위치에서 심판하는 데우스 엑스 마키나가 된다. 이를테면 이 내레이션이 "김두한은 1972년 11월 21일에 오랜 지병인…"을 낭독하는 순간 김두한이 죽는 규칙을 생산해 냈다. 이는 심영물에서 오렌지병이라는 이름으로 밈화되었다. 한편으로 극장이 불타는 장면에 입혀진 폭팔음은 그 후 어느 장면에 합성되든 심영이 폭★8해서 죽는 결말을 만들었다. 이처럼 심영물 속 인물은 각자 개성과 주어진 설정에 따라 움직인다. 이는 심영물을 여러 장르적 규칙을 공유하는 군상극에 가까운 장르물로 만드는 데 일조했다. 인터넷 밈은 가장 작은 단위의 장르물이 되는 것이다.

[사진28] 〈야인시대〉 64회 중 배우 김영인이
"내가 고자라니"라고 외치는 장면(을 닮은 나무[17])

SBS 양반: 잘 알아두세요. 아… 선생님께서는 앞으로 야인시대의 사진을 싼값에 쓸 수가 없습니다. 다시 말해서 저희가 정한 사용료를 내지 않는 한 쓸 수 없다는 것이오. 저작권이 가장 중요한 곳을 지나갔다 이 말입니다.

출판사: 뭐요? 이보시오. 이보시오, SBS 양반! 아유우우… 이렇게 많이 낼 수가 없소… 전화, 전화 좀 갖다주시오!

SBS 양반: 이보세요! 여긴 지금 방송국입니다. 나름의 규율이 있어요.

출판사: 그보다도 조금 전에 뭐라고 했다. 날 보고 통상 가격의 10배가 넘는 비용을 내라구? 차라리 쓰지 말라는 그 말인가? 내가 불가라니. 내가 불가라니…

(SBS에서 통상적으로 출판물에 적용되는 이미지 저작권 사용료의 십수 배의 금액을 요구하여 해당 이미지와 유사한 이미지로 대체하여 게시하는 것에 대해 독자에게 양해를 구한다.)

17 내가 나무라니!라는 이름의 사진이다. 2010년 즈음에 심영을 연기한 김영인 배우가 심영물에 대한 염려를 말했을 때 디시의 합성-필수요소 갤러리에서 심영을 대체할 사진으로 등장해 한때 인터넷 커뮤니티에서 유행했다. 이 나무는 알고리즘으로 인해서 야인시대의 2차 창작물 제작이 차단당했을 때, 유튜버 대재규가 업로드한 '검열을 피하는 야인시대 식구들'이라는 영상에서 심영의 자리를 대신하기도 하였다. (https://youtu.be/zbtRh4CXLLA?si=bnIao0zDCvKjUy3I 참고.)

여러 심영물 창작자는 저마다의 장르영화를 만들고 있다. 코코편의 경우는 심영물의 클립을 짜깁기해서 장편영화 플롯을 단편 길이로 압축하는 독특한 작업을 시도했고, 수월은 힙합 경연 예능인 〈쇼미더머니〉의 포맷을 모방해서 심영과 김두한 등 캐릭터가 랩을 하는 영상을 제작했다. 나아가 그는 일상생활을 촬영한 다음에 심영물의 목소리를 입히는 혁신적인 작업을 하기도 했다. 한편 유튜버 자제는 장편 심영물이라고 불리는 무려 48분에 달하는 〈야인들의 마피아게임 3〉를 창작한다. 차커의 경우는 윌 스미스가 아카데미 시상식에서 한 돌발행동 등 화제가 되었던 사건을 곧장 심영물로 가공하는 풍자 만화가의 입지에 섰다. 심영물은 합성 소스로 사용되는 피사체가 창작자로 인해서 계속 발굴되고, 끊임없이 장르의 외연을 확장해나가는 방식으로 창작되는 고유한 예술이다.

OO 예고편 유출.txt 밈도 마찬가지다. 천만 영화의 클리셰를 비튼 이 밈은 특정 상황이 발생할 때마다 그것을 천만 영화의 판에 박힌 플롯으로 재구성한다. 먼저 천만 영화에 주로 캐스팅되는 배우를 합성 소스로 삼는다. 그 배우가 천만 영화에 쓰일 법한 대사를 외치면서 플롯을 재구성하는 식이다. 이 책의 출간 과정을 담은 영화가 개봉한다고 가정해보자. 주연은 배우 황정민일 것이다. 황정민은 이 책의 저자로 평범한 가장이다. 그는 꼭 "딸, 내가 책 내서 맛있는 거 많이 사줄게" 하고 사라진다. (사실 그럴 일이 있을까?) 황정민 곁에는 그를 언제나 신뢰하는 아내가 있다. 배우는 아마 라미란일 것이다. 그녀는 "그까짓 돈 벌어보았자 얼마나 벌겠어. 언넝 와서 밥이나 먹어"라고 타박하듯 말한다. 그리고 딸은 아역 배우 중 하나로 천진난만한 표정을 한 채 이야기한다. "아빠 언제 돌아와?" 황정민의 곁에는 순박한 베프가 있다. 아마 배우는 박철민일 것이다. 그는 구수한 사투리로 "어휴, 그 새끼 돌아올 거라니까. 내가 알아"라고 말한다. 그러던 와중 어떤 연구원 하나가 이 책의 저자가 사라진 것에는 음모가 있다고 이야기한다. 언제나 마지막은 이경영이 등장하는데, 그는 "진행시켜!"라고 소리칠 것이다. 이처럼 천만 영화에 반복되는 클리셰를 가지고 사람들은 저마다 창작 행위를 한다. 클리셰와 장르의 규칙이 너무도 견고하기에, 또 놀림감이 될 만큼 익숙해졌기에 이를 가지고 놀 수 있는 것이다.

어떻게 밈화를 혼성모방으로 고정하셨죠?
- 밈화의 기법 1: 혼성모방

앞서 우리는 2장에서 〈용쟁호투〉와 싱하형이 전혀 관련 없는 이미지가 되는 사례를 보았다. 합성 소스를 밈화한 악플러 싱하형은 이소룡이 생전에 절대 하지 않을 법한 언행을 일삼고 다녔다. 싱하형은 단순히 〈용쟁호투〉의 이소룡을 웃기게 뒤튼 이미지가 아닌 것이다. 그렇다면 인터넷 밈은 합성 소스와 무슨 관계일까? 밈화는 원본과 합성 소스, 인터넷 밈 사이의 관계를 어떻게 재구성할까?

흔히들 인터넷 밈을 원본의 패러디라고 오해한다. 밈화는 패러디가 아니라 혼성모방과 전용에 가깝다. 혼성모방은 영국의 철학자 프레드릭 제임슨이 포스트모더니즘 미학으로 지목한 창작 방식이다. 이는 패스티시pastiche로, "문화라는 데이터베이스"에서 대중이 알 법한 콘텐츠를 이것저것 가져다 짜깁기하는 것을 이야기한다. 어릴 적 미술 시간에 잡지에서 스타의 사진을 잘라내 딱풀로 붙인 콜라주를 생각하면 편하다. 제임슨은 패러디와 혼성모방을 구분하고, 지금 우리 시대에 혼성모방이 유행할 수밖에 없는 이유를 설명한다. 그는 우선 혼성모방과 패러디 사이의 공통점을 이야기한다. "(전통적인) 패러디와 마찬가지로 혼성모방은 특이하고 하나밖에 없는 독특한 문체에 대한 모방"[18]이다. 여기까지만 봤을 때 패러디와 혼성

---

18 프레드릭 제임슨, 2022,《포스트모더니즘, 혹은 후기자본주의 문화 논리》, 임경규 옮김, 문학과지성사, p. 64.

모방은 비슷해 보인다. 원본의 스타일을 그대로 따라가기 때문이다. 그러나 이 둘의 결정적인 차이가 있다. 패러디에는 이전에 제작된 작품이 이후 제작된 작품에 영향을 끼친다고 보는 역사성이 있다는 것이다.

패러디는 보통 문학이든 영화든 그 장르에서 유명하거나 커다란 의의를 남긴 작품을 원본으로 삼기 마련이다. 그래야 거기에 자기만의 독창적인 해석을 추가할 수 있어서다. 제임슨은 패러디를, 독특한 문체를 모방하면서 "의도적인 기행에 대한 체계적 모방을 통해 다시 규범으로서 지위"[19]를 되찾는 시도로 보았다. 우리가 일상에서 가장 흔히 접하는 패러디는 성대모사이다. 김경호와 권혁수의 목소리, 임재범과 정성호의 목소리는 비슷하지 않다. 그러나 권혁수와 정성호는 그들의 창법을 잘 따라 한다. 그들은 창법을 따라 하기 직전에 본인이 그 창법의 어느 포인트를 따라 할 것인지 미리 시청자에게 알려준다. 그런 뒤에 해당 포인트에 자신의 해석을 덧입혀 따라 한다. 이는 패러디를 하는 과정과 비슷하다. 김경호와 임재범의 목소리를 잘 아는 시청자라면 더욱 빵 터질 수밖에 없다. 권혁수는 김경호의 강한 바이브레이션을 따라하면서, 사랑했지만을 "사랑했지마이야아아~"로 바꾸어서 부른다. "마이야~"라는 웃긴 의성어가 더해져서 우리는 김경호만큼이나 권혁수의 성대모사를 강력한 것으로 받아들인다. SNL의 정성호는 임재범과 비슷한 분장까지 더해 패러디의 설득력을 높인다.

---

19 프레드릭 제임슨, 앞과 같은 책, p. 63.

이처럼 성대모사를 하기 위해선 김경호나 임재범 같은 유명한 가수(원본)가 있어야 하고, 그에 대한 본인의 체계적인 해석이 더해져야 한다. 다만 권혁수와 정성호가 김경호나 임재범을 이을 가수가 될 것은 아니다. 성대모사는 가수의 스타일만 흉내 내는 수준에 그친다.

문학이나 영화에서 패러디는 원본에 뒤이어 쓰이는 작품이기에 원본의 문학사적인 의의를 계승할 수밖에 없다. 그것이 바로 역사성이다. 즉 패러디는 원본의 그늘막에 있을 수밖에 없다. 이는 원본에 대한 존경을 담아서 원본의 스타일을 따라 하는 기법인 오마주도 마찬가지다. 오마주를 통해서 원본의 위대함은 더 강조된다.

영화에서의 패러디를 한번 살펴보자. 드류 고다르의 〈캐빈 인 더 우즈(2012)〉와 에드가 라이트의 〈새벽의 황당한 저주 (원제: 살아 있는 시체들의 밤)(2004)〉는 각각 호러와 좀비 장르에서 유행하는 클리셰를 코미디로 뒤튼 영화다. 특히 〈캐빈 인 더 우즈〉의 엔딩은 인상적이다. 1990년대 유행한 할리우드 재난 블록버스터의 엔딩은 주인공의 숭고한 희생으로 지구를 위협하는 재난이 해결되고, 모두가 평화로운 일상으로 되돌아오는 장면으로 끝맺는다. 〈캐빈 인 더 우즈〉는 내가 죽고 난 뒤에는 지구든 뭐든 상관없으니 다 함께 죽기를 택한다. 할리우드 블록버스터 특유의 휴머니즘을 거부한 것이다. 패러디는 원본에 딴지를 걸고, 원본의 허점을 풍자하는 깨진 거울로 작동한다.

그러나 혼성모방은 조금 다르다. "패러디처럼 이면에 숨겨진 동기를 가진 것도 아니고, 풍자적 충동을 지닌 것도 아니며, 웃음조차 결여된 단순한 흉내 내기인 것"이다. 원본의 스타일을 빌리는 것 그 이상 그 이하의 목적도 아니다. 제임슨은 혼성모방에는 "잠시 빌려온 비정상적인 말과 더불어, 건강한 언어적 규범성이 여전히 존재하리라는 확신"[20]마저 없기에, 내용 없는 패러디라고 보았다.

  권혁수와 곽범, 황제성을 중심으로 한 '경영자들' 채널의 사례를 들 수 있다. 세 코미디언이 따라 하는 사람은 영화배우 이경영이다. 그러나 이들은 이경영의 말투를 똑같이 따라 하려는 노력조차 하지 않는다. 단지 한국 영화에서 이경영 배우가 연기한 악덕 대기업 회장의 이미지만 빌린다. 거기서 권경영, 곽경영, 황경영이라는 부캐가 생겨난다. 셋은 아무말대잔치를 나누며 이경영의 유행어 "조아써!"와 유명한 대사 "진행시켜!"를 맥락 없이 막 던질 뿐이다. 이 셋의 방송은 성대모사이기는 해도 배우 이경영과 연관성이 흐릿하다. 하물며 이경영은 영화에서 "진행시켜!"라는 대사를 한 적이 없다. 이 대사는 천만 영화 밈에서 생겨난 것이다.

  혼성모방은 시각적인 요소를 빌려 쓴 뒤 나중에 의미를 더하는 밈화를 가장 잘 부연하는 개념 중 하나다. 혼성모방의 논리는 시각적인 요소의 우연한 연결이 밈화로 인해서 하나의 픽션이 되는 논리이기도 하다. 후술하겠지만 〈야인시대〉에서 김영철이 연기한 김두한은 주로 〈태조 왕건〉의 궁예와 합성된

---

20 프레드릭 제임슨, 앞과 같은 책, p. 64.

다. 이는 김두한이라는 이미지를 맥락 없이 혼성모방한 것에 가깝다. 두 이미지의 공통점을 기반으로 하는 패스티시는 두 세계가 이어져 있는 듯한 서사적인 허용으로 이루어진다. 궁예와 김두한이 만나는 것은 실제로 불가능하나, 같은 배우가 연기한 캐릭터이기에 둘은 하나의 세계에서 만날 수 있다. 혼성모방은 여러 분절된 것을 하나로 보이게끔 하는 착각을 일으킨다.

이러한 혼성모방은 왜 생겨난 것일까? 모더니즘은 "새롭게 하라!"라는 에즈라 파운드의 선언으로 함축된다. 당시의 예술가는 이전의 예술이 만든 전형적인 아름다움의 기준을 깨고, 새로운 아름다움의 기준을 만드는 것을 예술의 길로 삼았다. 마르크스의 영향을 받아서 사회경제적 문제의식을 던지는 작품도 있었고, 프로이트의 영향을 따라서 인간의 무의식을 파고드는 경향도 있었다. 뒤샹의 〈샘〉은 레디메이드라는 실험적인 기법을 도입한 작품으로, 변기에다가 서명을 하여 가격을 부풀리는 실험이었다. 한편 초현실주의는 생각나는 대로 마구 문장을 쓰거나 그림을 그려서 자신의 무의식 속 세계를 드러냈다. 제임슨은 모더니즘의 시대만 하더라도 예술가가 자기만의 것을 발견해야 한다는 생각을 지녔다고 보았다. 모더니즘 예술은 지금의 오디션 프로그램처럼 매주 새로운 것을 발명해야 하는 강박으로 이어졌다. 이렇게 고유한 문체를 지녀야 한다는 강박이 혼성모방을 만들었다는 것이다.

그에 따르면 우리의 규범적 언어는 파편화되어버렸다. 다시 말해 문체를 발명하려는 시도가 많아지자 사회적인 삶 자체를 일컫는 언어가 파편화된 결과로 나타난다. 제각기 다른 것을 이야기해야 하는 탓에 역사성이나 과거 등 다 함께 이야기해야 하는 거대 담론이 사라져버리고 만 것이다. 이때 규범적인 언어는 "중립적이고 사물화된 매체언어media speech"[21]로, 방송 등 공적 매체에서 쓰일 법한 언어다. 이 책은 1980년대에 나온 책이지만 놀라울 만큼 지금에도 통한다. 우리 시대가 KBS와 MBC 등의 공영 방송이 더는 중심이 되지 않는 시대이어서다. 〈무한도전〉 정도가 전국민이 다 함께 볼 수 있는 프로그램이었으나 그마저도 사라졌다. 우리는 파편화된 채널로 가득한 유튜브를 여행하는 히치하이커가 된 셈이다. 제임슨은 언어의 개인화와 무한한 분열 및 증식을 가속화한 결과물 중 하나가 혼성모방이라고 본다.

나아가 제임슨은 내용이나 본질이 아니라 포장지에 중독되는 후기-자본주의 사회의 징후로 혼성모방을 이야기한다. 그에 따르면 혼성모방에는 "의사疑似-사건(의사는 '실제처럼 보이는 듯한'이라는 뜻이다)과 스펙터클"[22]을 향한 중독이 깃들어 있다. 먼저 의사-사건을 설명하기 위해서 우리가 SNS에서 항상 접하는 이슈를 생각해보자. 굳이 몰라도 일상을 살아가는 데 별다른 지장이 없는데도 우리는 거기에 매혹당한다. 사건처럼 보이는 것이 가득해 무엇이 중요한 것인지 알 수 없다. 영화 〈곡성(2016)〉의 대사를 빌려서 외치자면 "뭣이 중헌디!"다. 종

21　프레드릭 제임슨, 앞과 같은 책, p. 63.
22　프레드릭 제임슨, 앞과 같은 책, pp. 65-66.

종 뉴스를 향해 음모론이라는 반응이 나오곤 한다. 정부가 어떤 사건을 가리려고 이 사건을 터뜨렸다느니 하는 댓글이 그러하다. 너무도 많은 의사-사건으로 인해서 우리는 필연적으로 혼란을 경험할 수밖에 없다. 음모론을 동원하거나 자본의 거대한 흐름 아래서 그것을 파악해야만 겨우 그 혼란을 덜어낼 수 있다.

또 하나는 스펙터클이다. 프랑스의 철학자 기 드보르가 고안한 개념인 스펙터클은 직역하면 구경거리라는 뜻으로 번역된다. 그는 스펙터클이 단순히 자본으로 제작된 이미지를 뜻하지 않는다고 본다. 드보르에게 이 단어는 자본과 이미지가 결탁된 소비주의 사회 속 삶의 양식을 뜻한다. 돈으로 제작된 이미지는 우리 삶을 달라지게끔 만든다. 광고는 우리에게 소비를 부추기며 자본이 우리의 삶에서 가장 중요한 가치로 자리하도록 이끈다. 영화나 드라마는 중산층의 삶을 정상적인 것으로 그려내고, 우리 모두가 스타를 꿈꾸게 만든다. 보통의 인생은 가난한 시절마저도 스펙터클로 파는 그들의 화려한 스타성 뒤편으로 사라진다.

돈으로 가득한 것을 볼수록 대부분 사람은 상대적인 박탈감을 느끼기 마련이다. 히치콕의 명언대로, 영화가 지루한 컷을 잘라낸 인생이라면 SNS는 그 영화가 무한히 상영되는 극장이라 볼 수 있을 것이다. 수많은 사람이 자기 삶 가운데 타인에게 자랑하거나 드러내고 싶은 단면만을 잘라다 SNS에 업로드하기 때문이다. 그러므로 우리는 서로가 서로에게 할리우드 영화인 시대를 살아가고 있는 셈이다. 오마카세와 플렉스

등을 볼 때 우리는 그 이미지에 열광하면서 박탈감을 느낄 수밖에 없다. 드보르는 1960년대에 벌써 할리우드를 비판하면서 그곳에는 스타의 노동이 드러나지 않으며, 오히려 그 노동에 환상을 더하고 있기에 우리는 우리 노동이 초라하게 보일 수밖에 없다고 한다. 우리는 이러한 환경에서 유행을 따라가느라 내가 진정으로 바라는 욕망이 무엇인지 모르게 된다. 스펙터클은 자본주의의 환상(추구미)을 따라가느라 내팽개친 우리 모두의 일상적인 삶을 아우르는 단어다.

인터넷 밈은 아방가르드를 찢어
- 밈화의 기법 2: 전용

다음으로 앞서 언급한 밈화의 기법에서 전용détournement을 살펴보자. 전용은 스펙터클 개념을 만든 기 드보르가 만든 개념으로, 무언가를 가져다가 돈벌이로 쓴다는 '전유'에 저항하려는 전술로 제작되었다. 자본주의와 그로 인한 스펙터클은 회복 recuperation을 통해 정치적 언어를 안전한 언어로 둔갑해 주류 사회에 퍼뜨린다. 언어를 제멋대로 쓰고 상품화하는 회복의 사례 중 하나로 박완서의 소설 〈도둑 맞은 가난(1975)〉이 있다. 이 소설은 아버지의 명령으로 가난을 체험하려고 하는 부잣집 대학생과 사랑에 빠진 여공의 이야기다. 주인공은 가난으로 가족을 상실했고, 공장에서 만나서 동거까지 시작한 대학생만이 그녀가 유일하게 기댈 곳이었다. 그가 부잣집 도련님이라는 자신의 정체를 고백하자 주인공은 절망한다. 부자가 가난까지 탐내리라고 상상치 못했을뿐더러, 학력과 경력으로도 모자라 인생 경력으로 삼기 위해서 가난까지 도둑질했음에 분노한 것이다. 비슷한 사례로 한때 한국을 휩쓸었던 '힐링'이라는 단어도 치료라는 뜻으로 시작되었지만, 이제는 더욱 질 좋은 소비를 뜻한다. 우리가 쓰는 언어는 언제든 돈벌이 수단으로 전락할 수 있다. 드보르는 회복에 저항하려면 똑같이 언어를 점령해야 한다고 본다. 그 전술이 바로 전용이다.

회복은 우리의 일상생활에 가득하다. 드보르는 모든 것을 자본의 문제로 환산하는 자본주의에 저항하려면 물리적 혁명과 함께 정신적 혁명을 동반해야 한다고 보았다. 자본주에 익숙한 우리 일상까지 달라져야 혁명이 완성된다는 것이다. 쳇바퀴처럼 돌아가는 일상을 벗어나려면 돌발적 상황을 만들어야 한다. 드보르의 상황 개념은 장 폴 사르트르의 상황극 개념에서 비롯했다. 사르트르는 인간이 자신에게 주어진 상황에서 자유로우며 그 안에서 스스로를 선택하는 존재일 때, 연극은 상황 안에서 선택되는 인간의 자유를 보여주어야 한다고 말했다. 상황은 곧 한 인간의 자유와 실존을 드러내는 장치이기 때문이다. 드보르는 사르트르의 상황극을 한층 더 급진적으로 발전시킨다. 평온한 삶에 돌발적인 상황을 일으키면서 파장을 일으키는 작업을 지속해 일상을 뒤바꾸는 작업이다. 예기치 못한 상황이야말로 우리를 멈추어 서게 하는 법이니까.

드보르는 돌발 상황을 꾸준히 잘 만드는 것을 나름의 혁명으로 보았다. 그리고 돌발 상황이 그저 웃긴 상황에 그치지 않도록, 그 상황이 자본주의에 물든 일상을 반성하는 거울이 될 수 있도록 하는 방법을 고민했다. 그는 1957년에 아스거 욘과 라울 바네겜, 르네 비에네 등 여러 동료 예술가와 상황주의 인터내셔널이라는 아방가르드 예술가 집단을 결성하면서 그 고민을 행동과 예술 작품 창작으로 실천해나갔다. 상황주의 인터내셔널 그룹은 그룹의 이름을 내건 잡지로 본인의 사상과 혁명 전술을 퍼뜨렸으나 1970년대에 해체한다.

전용은 특정 단어의 뜻을 맥락에 어긋나게 사용해 돌발적인 상황을 만드는 주체적인 행위다. 우리는 상품을 소비할 때 그 상품을 구매한 뒤 정해진 용도에 따라서 쓰고 버리는 경우가 다수다. 예술을 감상할 때도 마찬가지다. 소극적으로 소비하는 문화에서 우리는 해당 상품의 쓰임새에 얽매여 있을 수밖에 없다. 전용은 이러한 소비문화에 저항하는 행위다. 드보르는 전용 개념을 여러 차원으로 구분한다. 하나는 작은mineur 전용이다. 중립적인 언어, 하찮은 사진, 발췌된 신문 기사 등 그 자체로 중요하지 않은 것을 재료로 삼아 그것을 둘러싼 맥락을 정반대로 뒤트는 것이다.[23] 짤방을 단체 카톡방에 보낼 때 우리는 작은 전용을 하는 셈이다. 이와 달리 작품의 내용만 정반대로 바꾸는 자의적인abusif 전용도 있다. 한편 그는 극단적인 전용이라는 개념을 제시하기도 했다. 한 대상을 지칭하는 단어의 뜻을 아예 다르게 써서 기능을 재인식하고 그 대상을 이전과는 다르게 기억하도록 만들어야 한다고 보았다. 원본의 맥락을 잘라내고 전용하는 일로 대상을 둘러싼 뉘앙스가 달라진다고 믿었기 때문이다.

그는 전용을 주로 예술 작품에 적용했다. 전용된 예술 작품은 자의적이든 작은 전용이든 하나 이상의 전용을 통해서 제작된다. 드보르는 전용할 대상의 속성을 규정하는 직접적인 요소가 아니라, 원본으로부터 가장 멀리 떨어진 생동감 있는 요소를 전용해야만 한다고 보았다. 말이 어렵지, 그 이미지의 뉘앙스만 빌리자는 말이다. 이에 더해 상황주의자는 "그 무엇도 생산하지 말자"라는 과격한 주장을 하기도 한다. 영화가 스펙터클의 생산 수단이라고 주장한 만큼 영화 자체

23 Debord, G., 2006, *Œuvres*, Gallimard. pp. 223-224.

에 회의적이어서다. 한편 영화가 글보다 더욱 효과적으로 메시지를 전할 수 있는 도구라 생각했는지 그는 영화를 여섯 편 제작한다. 그의 영화는 본인의 신념에 충실해 보인다. 빈 화면에 내레이션만 흘러나오게 하거나 뉴스 등에서 빌린 기록 화면만 쓴다거나 하는 방식으로 화면에 그 무엇도 촬영하지 않는다.

전용은 어떻게 예술 작품에 반영될까? 한국과 홍콩의 합작 영화 〈정도(1972)〉(를 전용한 〈당수태권도(1972)〉)[24]를 상황주의자 비에네가 전용한 영화 〈변증법은 벽돌을 깰 수 있는가?(1972)〉로 살펴보자. 이 영화는 작은 전용을 기반으로 제작되었다. 이 영화의 원작 영화 속 공간은 한국이다. (심지어 마지막 전투는 종묘에서 벌어진다.) 태권도를 수련하는 한국의 무도인과 일본의 한량이 싸우는 이야기다. 이 영화의 장르와 플

---

[24] 이 영화는 한국과 홍콩 합작 영화로 보이나, 한국과 홍콩에서 각각 〈정도〉, 〈당수태권도〉라는 다른 제목으로 개봉하였다. 1972년은 박정희 독재 정권 치하로, 검열이 일상화된 시기였다. 〈정도〉에는 유일수가 쓴 오리지널 대본과 심의 대본이 따로 있다. 유운성 평론가는 두 판본을 대조해 홍콩의 〈당수태권도〉가 두 가지 대본을 뒤섞어 만든 작품이라는 것을 밝힌다. 즉 〈당수태권도〉는 〈정도〉의 전용이라고도 볼 수 있다. 상황주의자는 이 〈당수태권도〉를 프랑스로 밀반입해서 사운드트랙을 변경하고, 자막을 단 뒤에 나중에 더빙까지 했다. 〈당수태권도〉와 〈변증법은 벽돌을 깰 수 있는가?〉는 구성도 다르다. 르네 비에네가 자의적으로 원작을 재구성해서다. 유운성 평론가는 이 영화가 전용의 방법론을 그대로 드러내는 영화이지만, 동시에 전용한 것을 다시금 전용하는 사례이기도 하다고 보았다. 《옵.신 8호(2018)》에 수록된 유운성 평론가의 비평문 〈전용의 계보: 당수태권도는 변증법의 정도(正道)일 수 있는가?〉에 더욱 상세한 내용이 실려 있다.

롯은 전형적인 무협에 가깝다. 상황주의자는 이러한 무협 영화에 무단으로 사운드트랙을 다르게 넣고 프랑스어 더빙을 덧입혀 원본 내용과는 전혀 상관없는 공산주의 선전 자막을 달았다. 이로 인해서 이 영화의 한국 제작사인 한진흥업이 검찰에 고발당하는 해프닝이 생기기도 했다. 책임을 물을 만한 사람이 없어서 원작자에게 책임을 물은 것이다.

영화에서 검술을 연마한 일본 악한은 정부 관료로 전용되어서 웃음을 자아낸다. 노동자의 집(이라고 전용된 한옥)에 난입하더니 "따라 해봐. 노동은 자유롭게 하는 것이다"라고 겁박한다. 잇따라 관료는 여기저기를 돌아다니며 노조 결성을 방해하고 미디어 선전을 감행한다. 이에 저항하는 한국인은 원래 태권도를 수련하는 인물이지만, 변증법적 유물론을 수련하는 노동자로 전용된다. 노동자가 관료에게 핍박당하는 순간에 이소룡을 닮은 주인공이 등장한다. 주인공이 나무토막을 던지며 등장하는 순간 "급진적 주체성은 실천적 힘으로 작동합니다"라는 내레이션이 삽입된다. 하물며 주인공의 로맨스, 두 어린아이의 대화도 느닷없이 정치적 노선에 관한 토론으로 전용된다. 레닌주의, 트로츠키 등등 공산주의에 대한 배경지식이 없어도 약을 빤 듯한 자막에 웃음이 절로 튀어나온다. 왜인지 〈SNL〉을 보는 듯한 느낌도 준다.

나는 이 영화가 최초의 인터넷 밈이라고 생각한다. 아무런 정치적 의미가 없는 중립 언어로 된 기존 영화 합성 소스에 나름의 규칙을 더하고, 그 안에서 독창적인 픽션을 창조해서다. 로맨스와 결투 등은 뉘앙스만 차용될 뿐이지 그 안에서 그대로 작동하지 않는다. 전용은 밈화의 선조 격인 셈이다. 이는 앞서 말했듯 유머와 놀이문화에 기반한다.

놀이문화는 참여하는 이를 생산자이자 주체가 되게끔 한다. 전용이 그러하듯이 말이다. 전용의 생산자들은 예술 작품을 전략적으로 해체하는 것을 놀이화한다. 또한 전용은 놀이문화가 그러하듯이 순간적이다. 드보르는 "예술 작품에서 미학적 성공의 정도는 지속과 분리할 수 없으며, 심지어 영원하다고 주장하기까지 하는 어떤 아름다움에 따라 측정되는데, 상황주의의 목표는 단호히 마련된 극히 짧은 순간들의 변주로 격정적이면서 충만한 삶에 즉각 참여하는 것이다. 이런 순간들의 성공은 오직 그것들의 일시적인 효과로만 있을 수 있다"[25]라고 이야기한다.

지금도 드보르의 전용은 현대 예술에서 널리 쓰이고 있다. 바바라 크루거나 히토 슈타이얼 등은 이 전용 개념을 본인만의 방식으로 계승하며 파란을 일으켰다. 알고리즘이 우리가 한 검색어를 토대로 우리 취향에 맞는 또 다른 검색어를 추천하는 시대이기 때문이다. 비슷한 검색어만 접하다 보면 우리 사고는 점차 폐쇄적으로 굳어질 수밖에 없다. 전용은 소소한 장난으로 보일지라도 우리를 확증 편향에서 구하고 우리가 접하는 정보 자체의 질과 방향성을 다르게 할 수 있는 힘을 내포한다. 또한 광고나 산업 전체의 이미지에 대한 비판적인 반성

25 서동진·김성희·서현석, 2017,《옵.신 7호 : Other Scenes》, 스펙터프레스, p. 151.

을 가능하게 해준다.

그러나 전용에도 한계가 있다. 미술 비평가 로절린드 크라우스는 아방가르드에서 통용되었던 전용이 그것의 적인 스펙터클에 복속되었다고 보았다. 그는 아카데미 밖에서 이루어지는 미적 자율성에 대한 공격과 자본주의에 대한 비판이 다시 상품으로 흡수되는 양상을 지적했다.

> 모든 이론은 그것이 문화산업에 대한 비판으로 발표되더라도 바로 그 산업에 대한 관측 형태로 귀결될 것이다. 이런 식으로 전용의 궁극적인 주인은 자본주의 자체의 목적에 봉사하는 모든 것을 전유하고 다시 프로그램화하는 자본주의 자체인 것으로 판명된다.[26]

크라우스는 "모든 아방가르드적 저항을 그 자체의 경로로 흡수하여 그것을 그 자체의 계좌로 돌리는 자본주의가 전용의 주인"[27]이라고까지 이야기한다. 역사적 아방가르드와 펑크 등 하위문화의 유산은 더 이상 자본주의에 별다른 타격을 끼치지 못한다. 체 게바라 프린팅 티셔츠가 체 게바라보다 더 인기가 많은 법이니까. 이 같은 아방가르드의 한계는 자본주의에 저항하는 것마저도 자본주의의 논리에 따라서 움직이게끔 되는 자본주의의 불가항력을 드러내고야 만다. 자본주의는 저

---

26 로절린드 크라우스, 2017, 《북해에서의 항해》, 김지훈 옮김, 현실문화A, pp. 44-45.

27 로절린드 크라우스, 위와 같은 책, p. 46.

항마저도 상품화한다. 아이러니하게 드보르가 죽은 해에 죽은 또 다른 혁명가가 있다. 바로 밴드 너바나의 보컬 커트 코베인 이다. 코베인은 누구보다 MTV를 혐오하면서도 MTV 스타로 불리며 살았다. 그가 사회가 싫다고 발버둥칠수록 그의 이미 지는 더욱 매력적으로 소비되었다.

드보르가 이야기한 전용은 어느새부터 안 멋진 것이 되 었다. 이는 말장난에 불과한 것으로 전락해버렸다. 이를테면 2023년 10월에 개봉한 미야자키 하야오의 애니메이션 영화 〈그대들은 어떻게 살 것인가〉는 "그대들"이라는 도입과 "것인 가"라는 뉘앙스만 빌린 인터넷 밈으로 가공되었다. "너거들 우 예 살끼고?"처럼 사투리로 변환되기도 하고, "그대들 어떻게 오므라이스를 해먹을 것인가?" 같은 일상적인 상황을 토로하 는 놀이로도 이어진다. 이처럼 전용은 유명무실해졌다. 그럼 에도 비판적인 기능을 완전 상실한 것은 아니다. 합성 소스가 원본에서 우연히 발견되듯이, 전용은 아주 우연히 비판적인 기능을 할 수 있다. 이를테면 우리가 카톡에서 나누었던 대화 를 캡처한 것도 인터넷 밈이 되어서 누군가에게 삶을 되돌아 볼 기회를 줄 수 있다.

전용을 사용한 인터넷 밈은 우리가 일상에서 마주하는 여 러 부조리를 드러내고 고발하는 수단이 된다. 비판적 사유를 좌파라고 낙인찍고 억압하려는 한국 사회에서 인터넷 밈의 역 할은 중요하다. 비판적 사유를 심되, 그것을 밈이라는 형식에 감출 수 있어서다. 인터넷 밈이 마땅히 이루어져야 할 비판을 유머로 무마하듯이, 그 반대로 유머를 통해 비판적인 인식을 드러내는 것도 가능하다. 이를테면 꾸준히 유행하는 대학원생 밈이 그러하다. 일례로 대학원생이 "사람 살려!"라고 외쳤는데 아무도 살려주지 않았다느니, 〈심슨 가족〉의 에피소드 가운데 "대학원생 놀리지 말거라! 잘못된 선택을 했을 뿐이야!"라는 짤방을 올린다든지 하는 방식이다. 대학원생 밈만큼이나 대학원생이 처한 극한 상황을 대변하는 밈은 없다.

또한 유행하는 마르크스주의 밈도 마찬가지다. 소소하고도 확실한 행복의 줄임말 소확행이 사실 "소비에트의 확장주의적 행보"의 줄임말이라고 우긴다든가, 갑자기 분위기 싸해짐의 줄임말인 갑분싸가 사실 "갑자기 분위기 사회주의"라고 주장할 때 우리는 지독한 레드컴플렉스에서 잠시나마 해방된다. 소비에트나 공산주의 등등 과거에는 공포의 대상이었던 것이 사실은 유머로 소비해도 될 만한 것이라는 생각을 그제야 할 수 있다. 전용은 여전히 상황을 만들 수 있으며, 간헐적으로나마 우리는 인터넷 밈으로 스스로를 되돌아볼 수 있다.

한편 앤절라 네이글은 정치적 측면에서 상황주의자의 전용 개념이 갖는 위험성을 경고한다. "금지를 금지하라!"라는 말로 대표되는 68혁명 시기의 상황주의자 등이 만들었던 위반적 문화가 남긴 잔재를 우파가 전유했다고 보기 때문이다. 그녀는 "인터넷 세계가 대항문화의 스타일과 감성을 갖고 있음에도 불구하고 비인간성이 나타나게 된 것이 아니라, 오히려 인터넷 세계가 대항문화의 스타일과 감성을 갖고 있기 때문에 비인간성이 나타나는 것"이며, "이러한 문화가 결국 대안 우파와 완전히 결합했다는 사실은 전혀 이상하지 않"²⁸다고 이야기하면서 반-문화적인 상상력을 비판한다. 그녀는 한술 더 떠서 "역사적으로 사회주의 좌파가 위반적 스타일과 맺은 관계가 얼마나 피상적이고도 우연적인 것이었는지"²⁹를 논하며 아방가르드의 위반적 스타일 자체를 비판하기도 한다. 위반할 대상이 없는데도 위반하고 파괴할 만한 대상을 물색하다가 결국 약자를 대상으로 삼는다는 식이다.

　네이글이 드는 사례 중 하나가 데이빗 핀처의 영화 〈파이트 클럽(1999)〉이다. 이 영화의 주인공은 금욕과 절제를 실천하며 육체를 단련하는 문제적인 캐릭터 타일러 더든(브래드 피트)과 권태에 사로잡힌 자동차 리콜 심사관 잭(에드워드 노튼)이다. 잭은 이케아를 소비하는 수동적인 소비자의 삶을 최고의 삶이라 생각하면서도 그 생활이 지겹고 권태롭다. 그는 가짜 환자를 자처해 고환암 환자 모임 등을 서성이며 본인의 권태를 이기려 한다. 그러던 중 잭은 금욕과 절제로 소비주의에서 벗어나고 싸움을 통해 자신이 얼마나 강한지를 확인하자는 더든의 철학에 매료된다. 둘은 파이트 클럽을 결성하고 싸움을 통해 야생성을 회복하고자 한다. 파이트 클럽은 금세 입소문을 탔으며, 잭과 비슷한 대도시의 권태로운 인간들이 한데 모여 스트레스를 푸는 곳이 된다. 파이트 클럽이 종교적인 인기를 끌게 되자 더든은 오랜 세월 구상한 계획을 실현하기로

28　앤절라 네이글, 2022,《인싸를 죽여라》, 김내훈 옮김, 오월의봄, pp. 200-201.

29　앤절라 네이글, 위와 같은 책, p. 63.

한다. 바로 도시를 무너뜨릴 테러를 감행하는 것이다.

　이 영화는 소비주의를 비판하는 영화로 제작되었다. 모든 것이 돈으로 환산되는 소비주의에서 인간의 본능은 소외당할 수밖에 없으며, 인간은 자본주의 시스템을 벗어나기를 계속 갈망한다는 것이다. 그러나 이 영화는 엉뚱한 방향으로 소비된다. 영화 속에서 마초 더든은 잭이 고백하기를 주저하는 여성 말라 싱어(헬레나 본햄 카터)에게 적극적으로 구애하고, 그녀의 마음을 얻는 데 성공한다. 인셀(비자발적 비혼주의자)이라고 불리는 일부 남성, 대안 우파는 더든에게서 여성을 주체적으로 유혹하고 통제할 수 있는 알파 메일(외모와 능력, 재력을 지니고 있어 여성과 연애하는 데에 보통 사람보다 더욱 유리한 조건을 지니는 남성)의 이데아를 마주한다. 그들은 더든을 아이돌로 삼고 한번도 강자의 위치에 선 적 없는 자신의 사회적인 결핍을 그에게 투사한다. 더든이 되어 권력을 느끼고자 하는 것인데, 이를 위해 본인이 소외된 노동 환경과 같은 여러 사회적 조건에 의문을 품기보다는 곧장 여성을 통제하려고 든다. 이는 가장 해로운 자위 행위이기도 하다.

　〈파이트 클럽〉의 위반적 사유는 이처럼 의도한 바와 다르게 소비된다. 감독 본인도 더든을 우상화하는 이들에 대한 안타까움과 분노를 표출했을 정도다. 그러나 이러한 소비를 위반적 사유 탓이라고 비판하는 것은 허수아비 때리기이지 않을까? 위반적인 사유가 문제가 아니다. 그 사유를 잘못 소비하는 일부 집단의 결여된 상상력이 문제다. 자본주의가 모든 것을 이해관계의 영역으로 전유하듯이, 그들도 본인의 정치적인 이해관계 아래에서 모든 것을 전유한다. 광고나 예능에서 인터 넷 밈이 쓰이는 순간 재미가 사라지듯 우파(혹은 좌파)의 전유 는 재미없다. 댓글에서 본인에게만 웃기는 고인 모독 인터넷 밈을 올리고 낄낄대는 꼴을 보고 있으면 눈꼴시다. 그들은 모 든 이가 참여할 수 있는 놀이문화를 만들지도 못할뿐더러 낯 선 둘 이상의 조합을 상상하는 힘조차 없다. 상상력이 없는 이 들은 지루하기 짝이 없는 외로운 세계에 평생 살아가게 될 것 이다.

오늘 인터넷 밈이 죽었다.
아니, 어쩌면 어제인지 모르겠다
- 죽은 밈: 인터넷 밈이 소멸될 때

인터넷 밈이 마법의 원으로 비유된다면, 그 마법의 원을 푸는 주술도 있을 것이다. 한 인터넷 밈이 영원히 유행하진 않는다는 것을 모두가 안다. 매일매일 수많은 인터넷 밈이 생겨나다가 사라지기를 반복한다. 인터넷 밈은 왜 죽고 사라져 버릴까?

인터넷 밈의 유행이 끝나는 데는 여러 이유가 있다. 첫 번째는 밈 자체가 노후되어 더는 뉴비(새로운 소비자)가 유입되지 않을 때다. 두 번째는 저작권법으로 인해서 2차 창작물을 제작할 권리가 차단당하거나 합성 소스의 원본이 된 사람이 자신을 밈화한 인터넷 밈의 존재를 알게 되는 등, 외부적 요인으로 합성 소스 사용에 문제가 생길 때다. 세 번째는 밈에 도덕적으로 결함이 생길 때다. 마지막은 '뇌절(원래 〈나루토〉 속 캐릭터 카카시의 기술)'로 인해서 그 밈을 생산하는 유저의 창조성이 소진되고 매너리즘에 빠지거나, 전에 본 듯한 중복된 이미지만 계속 되는 탓에 대중에게 더는 흥미롭게 느껴지지 않을 때다.

여기까지는 유행하는 모든 것의 생로병사와 같다. 인터넷 밈은 흔히 말하듯 그저 유행하는 콘텐츠에 불과할까? 아니다. 언어학 연구자인 박광길은 "인터넷 밈이 유행어와 은어의 성질을 동시에 지녀서 밈이 주류문화에 퍼지는 순간 죽은 밈으로 불리기 시작한다"고 지적했다. 그는 "해당 밈이 너무 많이

전파되어 재미를 잃고 식상해지는 경우"에 밈의 죽음이 발생
한다고 본다. "인터넷 밈은 비주류 문화에서 출발하였기 때문
에 (유저들은 밈이) 너무 많이 전파되는 것을 부정적으로"[30] 여
긴다는 것이다. 눈여겨 볼만한 주장이다. 여기서 한 발자국 더
나아가보자.

인터넷 밈은 앞서 이야기했듯이 언어이면서도 놀이문화
다. 죽은 밈은 단순히 인터넷 밈이 주류문화로 편입되어서 생
긴 것이 아니다. 인터넷 밈이 가능한 공간인 마법의 원, 즉 놀
이문화가 외부에서부터 와르르 무너져서 생기는 것이다. 한참
인터넷 밈에 골몰하던 이가 인터넷 밈이 폐쇄적인 놀이에 불
과하다는 것을 자각하게 될 때도 마찬가지다.

인터넷 밈에 관한 정설이 하나 있다. 바로 광고나 정부 기관
등에서 인터넷 밈을 쓰는 순간이 바로 그 밈의 사망선고라는
것이다. 이는 흔히들 인터넷 밈의 생애 주기라는 단어로 설명
한다. 최근 인터넷 밈은 틱톡과 숏폼, 커뮤니티에서 업로드된
게시물이 X(트위터)에서 빠르게 전파되고, 인스타나 페이스북
등 SNS에 퍼지다가 공중파나 유튜브 채널에서 재탕된 후 마
지막으로 정부 기관에서 쓰이며 소멸한다는 식이다.

거시적으로 틀린 말은 아니다. 우리가 눈여겨보아야 할 것
은 인터넷 밈이 기출변형이 되며[31] 유행하는 과정에서 무엇이

---

30 박광길, 2020, 〈인터넷 밈의 언어적 성격 고찰〉, 《인문과학연구》, 66, pp.
　　 19-20.
31 확산과 함께 인터넷 밈에 변주가 생기는 과정을 콘텐츠나 밈 마케팅에서
　　 는 기출변형이라고 부른다. 인터넷 밈이 된 콘텐츠가 특정 시기에 이르러

끼어드느냐. 그것은 바로 실용적인 목적이다. 인터넷 밈에 쓸모가 생기는 순간, 놀이문화가 형성되지 않는다. 죽은 밈은 이처럼 인터넷 밈의 개성을 이해하지도 않은 채 광고 등 돈벌이로 쓰거나 정치적으로 이용하기 시작할 때 생긴다. 누군가 그 인터넷 밈의 의미를 함부로 정하고 그 규칙을 존중하지 않는 순간에 죽은 밈이 되는 것이다.

앞에서 이야기했듯이 인터넷 밈은 제3의 장소다. 정치공학과 자본에 기반하는 기성세대의 세속화된 논리에 저항해 형성된 대안적 공간이다. 죽은 밈은 외부의 판단으로 인터넷 밈 유저 사이에 통용되는 놀이 규칙을 무너뜨리려는 것에 반항하는 성격을 지닌다. 애들 놀이에 불과한 것을 굳이 광고 같은 돈벌이에다가 써먹으려는 이를 우스꽝스럽게 만든다. (충주시의 김선태 주무관과 같은 예외적인 경우를 제외하면) 정부 기관이나 광고, 마케팅에 어떤 인터넷 밈이 쓰인 순간, 해당 인터넷 밈을 쓰는 사람은 놀 줄 모르는 이에 불과해진다. 죽은 밈은 모든 것을 돈벌이 수단으로 쓰는 세상에 대한 놀이문화의 저항을 드러나는 사례다.

그러나 인터넷 밈이 죽은 밈이 되지 않으려면 단지 광고 매체나 정부 기관에 이용되지 않는 것만으로는 부족하다. 먼저 커뮤니티 안의 생산자가 계속 창조적으로 무언가를 생산해야

2차 변형되어 다른 의미로 퍼지기 시작한다는 뜻이다. 인터넷 밈부터가 2차적인 변형이므로 이 도식에 딱히 동의하지는 않는다. 또 인터넷 밈이 유행하며 개인이 인터넷 밈을 쓰는 매 순간순간이 새로운 의미가 창출되는 변형에 가깝다.

한다. 그 인터넷 밈이 유지되지 않더라도 새로 파생되는 밈으로 이주하는 경우의 수도 가능하다. 이러한 생산물이 퍼져나가면서 새로운 팬이 유입되어야 한다. 또한 성소수자 비하 등 윤리적 문제가 생기지 않도록 자정작용이 이루어져야 하며, 광고라든지 프로파간다에 쓰일 수 없을 정도의 무법적인 이미지이어야 한다. 거기에 새 합성 소스를 발굴해 세계관을 확장해야 한다. 이 까다로운 조건을 모두 거치지 않는 이상 인터넷 밈은 유지되지 않는다.

인터넷 밈과 합성 소스, 그리고 원본 사이의 관계도 중요하다. 한때 심영물은 빌리 헤링턴(미국의 게이 포르노 배우로 일본에서 합성 소스로 발굴되어서 마니악한 인기를 누렸다) 합성 소스와 함께 밈화되었다. 이를 흔히 붕탁물(남성적인 게이가 등장하는 인터넷 밈 이미지)이라고 불렀다. 심영은 헤링턴에게 강간당하는 존재로 등장했다. 붕탁물은 성소수자 혐오 문화를 재생산했으며 게이를 남성을 강간하는 존재로 희화화했다는 한계가 있다. 심영물이 만약 계속 붕탁물로 남았더라면 이 밈은 얼마 지나지 않아서 수명을 다했을 것이다.

심영물이 붕탁물이 되는 것을 막은 사람은 심영을 연기한 배우 김영인이었다. 2010년 3월, 김영인 배우는 TV리포트와 인터뷰를 진행한다. 그는 심영물 때문에 본인이 고자로 오해받을까 두렵다고 말했다. 이 인터뷰가 퍼진 직후에 디시에서 심영물은 아예 금기시되었다. 붕탁물을 중심으로 하는 심영물 제작자는 심영물의 제작을 그만두거나 대체할 수 있는 합성 소스를 발견하려 했다. 이윽고 디시에서 김영인 배우를 인터뷰했으며, 그는 "내가 고자라니"를 밈으로 쓰는 것은 괜찮지만 악의적이거나 이상한 영상을 만들지 말라는 당부 영상을 올렸다. 이와 함께 심영물 제작이 재개되기 시작했으나, 심영을 소재로 하는 붕탁물은 더 이상 제작되지 않았다.

심영물은 죽은 밈이 될 조건에 처했지만 이와 같은 내부 자정 작용 덕분에 예외적으로 계속 생산되었다. 원작자가 그 존재를 인지하거나 도덕적인 문제가 생겨난 인터넷 밈은 보통 작동을 멈추기에 이르지만, 심영물은 원작자의 허락 아래서 다시금 생산되기 시작한 것이다. 합성 소스에 등장한 김영인의 개입으로 인한 붕탁물의 생산 중단은 심영물에서 성소수자를 희롱하는 윤리적 위험 요소가 사라지게끔 했다. 심영물은 이외에도 여러 정치적인 밈으로 합성되지 않은 아주 희귀한 사례다.

인터넷 밈은 앞서 말했듯이 저마다의 장르가 형성된 다음에야 유행한다. 억지 밈은 그 조건을 충족하지 않고 인터넷 밈을 만들려는 시도로부터 온다. 이는 발터 벤야민이 이야기하는 저항과도 이어진다. 벤야민은 유저가 정신분산적인 지각 방식에 익숙하기 때문에 특정 작품이 띠는 노골적인 상업성을 알아차릴 수 있다고 본다. CM송을 의도적으로 후크송으로 만든다든지, 개그나 예능 프로그램에서 어떠한 스타가 같은 말을 되풀이한다든지, 예능에 계속 똑같은 자막이 달린다든지 하는 순간에 밈 유저들은 그것을 소비하지 않기에 이른다. 거기서 정신분산적인 수용이 불가능하기 때문이다. 같은 말을 되풀이하면서부터 의도가 더해지고, 그것을 재생산하면서 오는 재미가 사라지게 된다.

　싱하형 이후의 합성 소스는 기존의 콘텐츠에서 발굴되는 것이지 누군가에 의해서 만들어지는 것이 아니다. 〈무한도전〉에서 밈으로 만들고자 한 "히트다 히트"나 〈개그콘서트〉에서 밀던 "~~하고 있는데~" 등의 대사는 유행어 차원에서 그치고 만다. 억지 밈은 밈을 통해서 형성된 공동체가 자본이나 정치 등의 인위적인 요소로 구성될 수 없다는 것을 드러낸다. 인터넷 밈은 자본을 재생산하는 수단으로 쓰이는 순간 어떠한 브랜드나 상품의 상징으로 전락하기 때문이다. 또한 인터넷 밈은 담론으로 포섭된 순간부터 기성세대의 몰이해로 인해 의미가 달라지기에, 밈 유저는 이에 반발심을 지닌 채로 해당 밈을 죽은 밈으로 만들거나 다른 밈을 쓰기 시작하는 것이다.

4장

당신이 인터넷 밈을 들여다본다면,
인터넷 밈 또한 당신을 들여다볼 것이다

한국 인터넷 밈과 정치적 밈

사이버스페이스를 다니고
나의 성공시대 시작되었다
– 사이버스페이스와 인터넷 밈 문화

한때 인터넷 접속은 폐인을 양산한다는 이유로 위험시되었다. 인터넷에 과몰입한 청년이 전례가 없는 엽기적인 살인을 저질렀다는 것이 그 근거였다. 가장 유명한 사례로는 1999년 미국에서 발생한 컬럼바인 총기 난사 사건이 있다. 전문가들은 이 사건의 주요 원인 중 하나로 인터넷에 유통되는 폭력적인 비디오게임을 지목했다. 이는 한국을 비롯한 전 세계에 큰 파장을 미쳤다. 대중은 너무 흉악해 불가해하기까지 한 살인 사건이 생길 때마다 게임이나 인터넷에 유통되는 포르노 등에서 범행 동기를 발견하려고 했다. 이는 인터넷 폐인에 대한 부정적인 편견을 눈덩이처럼 불리는 데 일조했다. 인터넷 폐인 사이에서 탄생한 문화인 인터넷 밈도 억압의 대상이 되었다.

2000년대 초에 인터넷 밈이 생겨날 당시 언론에서는 밈이 기존 언어문화를 파괴한다는 우려와 동시에 인터넷 밈이 잉여나 폐인 등으로 불리는 청년 세대의 감수성을 반영한 문화라는 논평이 보도되었다.[1] 기성세대가 두려워하는 것은 새로

---

1 "'아햏햏하다'. 대체 무슨 뜻일까. 글자의 생김새도 이상할뿐더러 발음도 쉽지 않다. 그런데 이 알 수 없는 글자가 네티즌 사이에 급속하게 퍼지고 있다. (…) 사이버 세계가 열리면서 이와 같은 파격으로 인한 갈등과 논란은 단지 '아햏햏'에서 그치지 않을 전망이다. '아햏햏'이라는 새로운 문화 현상이 우리 앞에 내던진 화두는 이 시대가 슬기롭게 풀어야 할 과제인지도 모를 일이다." ([팝업] 아햏햏, 2002.08.08., 경향신문, https://www.

유행하는 매체라기보다 그 매체에서 생긴 신세대 문화인 법이다.

　오프라인이 당연시되었던 시점에서 인터넷 문화를 즐기는 이는 비주류에 가까웠다. 그때의 인터넷은 유선으로 연결되어 있어서 컴퓨터 앞에 앉아야만 들어갈 수 있는 비일상적 공간이었고, 인터넷에 접속하는 순간 외부와의 연결이 차단되었다.[2] 인터넷에서는 접속해 있는 유저끼리 모이는 작은 규모의 하위문화가 형성되었다. 이들은 밈 허브를 생성했고 외부로부터 억압받을수록 더욱 견고히 뭉쳤다.

　인터넷과 오프라인을 이분법적으로 구분하는 사이버스페이스는 지금처럼 스마트폰으로 인해서 인터넷이 일상화되기

khan.co.kr/article/200208081556411)라는 기사를 비롯해, "음과 뜻 심지어 출처조차 불분명한 아햏햏이란 말은 활자보다는 영상 이미지를 통해 메시지를 전달받는 데 익숙한 디지털 영상 세대가 우연히 발명한 '이미지 언어 1호'일지도 모른다는 추측을 가능하게 한다. (…) 하지만 이건 단순한 추측일 뿐이지, 정확한 진단은 아니다."(2002년 인터넷을 강타한 '아햏햏' 문화, 2002.12.27., 오마이뉴스, https://entertain.naver.com/read?oid=047&aid=0000019961) 등 아햏햏에 대한 기사는 의미도 출처도 알 수 없는, 인터넷 문화에 대한 미지와 공포를 반영하고 있다.

2　무선인터넷이 일상화된 지금과 달리 2000년대 초반에 인터넷에 접속하려면 랜LAN선이 있어야 했다. 그때 막 유행하기 시작했던 PC방이라든지, 가정용 데스크탑이 있는 방, 사무실 정도가 인터넷에 접속하기에 적합한 장소다. 또한 모니터는 사적인 매체. 일상에서 이를 경험한 적이 있을 것이다. 인터넷에 접속해도 모니터 앞에 있는 사람만 모니터를 볼 수 있다. 타인의 시선이 끼어들기 어렵기에 인터넷에 접속하지 않은 입장에서는 인터넷에 접속한 이가 거기에서 어떤 짓을 하고 있는지를 파악하기 힘들다. 꼭 이상한 음모를 꾸미고 있는 듯하다. 컴퓨터에 접속해 있는 이에 대한 의심과 불안, 무지가 생긴다.

이전의 인터넷 하위문화 아래서 탄생했다. 윌리엄 깁슨의 사이버펑크 소설 《뉴로맨서(1984)》에서 처음 생겨난 개념 '사이버스페이스'는 현실 공간과 구분되는 인터넷 공간을 말한다. 이 소설은 무법자가 활개치는 온라인에서 벌어지는 암투를 다룬다. 소설 속에서 사이버스페이스는 현실과 다른 허상의 세계이기에 불법을 저질러도 되는 공간이다. 또한 해커라는 일부 집단만 출입할 수 있기에 사이버스페이스에 접속한 이들은 그 자체만으로 연대감을 지니게 된다.

사이버스페이스는 유토피아이자 디스토피아다. 다국적 인종이 한 공간에 있을 수 있고, 오프라인의 영향에서 자유롭기에 새로운 저항을 도모할 수 있다. 사이버펑크 장르에서 그려내는 사이버스페이스는 겉보기에는 도발적이다. 편하고 쿨하고 섹시한 무법자가 활개치는 데다가, 개인이 거대 테크놀로지 기업을 해킹하고 저항하는 상상은 그야말로 짜릿하다.

2000년대 초반부터 사이버스페이스는 대중문화 전반에서 흔해졌다. 물론 이때까지는 여전히 TV나 라디오 등 대중매체를 접하는 시간이 인터넷을 접하는 시간보다 압도적으로 길었으므로 인터넷은 아직 대중문화의 반열에 오르지 못했다. 대신에 인터넷은 새로운 문화를 유통하며 낯선 타자와의 만남을 가능하게 만드는 유토피아적인 공간이 되었다. 〈접속(1997)〉처럼 PC통신을 소재로 다루는 영화는 온라인에서의 만남을 설렘이 가득한 분위기로 그린다.

한편 문학에서 인터넷 하위문화는 소수자들을 위한 대안적인 공동체로 그려진다. 일례로 김영하의 단편 〈피뢰침(1999)〉에서 화자는 번개가 몸을 관통했는데도 살아남은 자다. 그는 신문에서 우연히 자신과 똑같은 경험을 한 사람이 모인다는 인터넷 동호회 광고를 보고서는 그 동호회에 가입한다. 그는 동호회 정기 모임에서 다시 벼락을 맞으러 전격 체험을 떠난다. 윤대녕의 단편 〈은어낚시통신(1994)〉에서는 화자가 존재의 시원을 보고자 매년 여름 은어낚시를 하러 떠나는 모임을 발견한다. 윤대녕이 현실과 신비로운 인터넷 모임 은어낚시통신을 '이쪽'과 '저쪽'이라는 표현으로 구분하고 있는 것은 의미심장하다.

두 단편은 인물이 모임이나 통신 등 하위문화에 속하게 되면서 그 자신을 발견한다는 이야기를 공유한다. 이처럼 여러 비밀스러운 모임이 인터넷으로 매개되는 것은 당시 인터넷이 지니고 있던 문화적인 입지와 연결되어 있다. 사이버스페이스는 소수자들을 위한 대안 공동체로 작동했던 것이다.

이렇듯 인터넷은 소수자 정체성을 발견할 수 있는 곳이되, 동시에 개인의 정체성을 은폐하기도 한다. 아즈마 히로키는 사이버스페이스 개념에 내재된 보수성을 지적한다. 〈뉴로맨서〉 등 사이버펑크 상브가 탄생한 시기는 히피나 반-문화 운동 등 획일적인 소비주의 문화에 저항하던 문화가 차츰 사라지던 시기다. 히피는 소비주의에 찌든 사회에 저항하는 투사가 아니라 지저분한 동네 주민에 불과해졌다. 저항적인 상상력이 살아남을 공간은 온라인뿐이었다. 문제는 온라인이 스티브 잡스와 빌 게이츠, 마크 저커버그 등 사업가가 만든 곳이란 사실이다.[3] 뒤집어 생각하면 사이버스페이스는 동물원이 되는 셈이다. 동물원 우리 안에서만 야생과 그나마 비슷한 환경이 유지되듯이 기업의 서버가 있어야 저항적 공간이 계속해 살아남을 수 있다. 사이버스페이스는 하위문화를 드러내면서도 개인들을 하위문화의 범주 안에 가두는 데 가장 효율적인 공간이었다.

이러한 사이버스페이스의 한계를 잘 지적한 단편 소설이 하나 있다. 박민규의 단편 〈고마워, 과연 너구리야(2004)〉다. 이 소설의 화자는 회사에서 여러 차례 승진에 실패하고, 실적 부진으로 끝내 퇴사하고 만 손 팀장의 신체가 나날이 너구리로 변해가고 있다는 사실을 마주한다. 이를 두고 인사팀장은 "너구리 광견병"이라고 진단한다. 너구리 광견병은 그 당시에 유행하던 폐인에 대한 기성 사회의 해석을 가장 잘 드러내는 사례다. 모니터 앞에 앉아서 종일 너구리 게임만 하다가, 게임 속의 너구리가 그러하듯 무언가를 계속 먹으며 몸집이 불어

3 사이버스페이스가 탄생하던 시기는 캘리포니아 실리콘 밸리를 중심으로 IT 기업이 성장하던 시기다. 마이크로소프트의 창업이 1975년, 히피 출신의 스티브 잡스가 한 애플의 창립이 1976년인 것을 생각하면 편하다. 너드이기도 했던 IT산업의 여러 선도자는, 당대 최고의 기술 매체인 컴퓨터의 힘을 빌려 본인의 창조적인 생각을 구체화하여 유토피아를 재구성하고자 하는 낙관주의를 퍼뜨리고자 했다. "Think Creative"라는 잡스의 말은 의미심장하다. 더 창조적으로 생각하여 상대방을 이겨야 하는 신자유주의 경쟁 체제를 상징하는 말이 되어서다. 또한 이 Creative는 반문화와 아방가르드 정신을 회복하는 표현이기도 하다. 기업에서의 Creative는 적당히 고정관념에 저항하는 것인데, 이때의 저항은 더욱 큰 돈을 끌어모으는 수단이 되는 정도로만 허락되기 때문이다. 이러한 캘리포니아 이데올로기는 자본주의에 대한 반항마저도 매력으로 상품화한다.

나는 사람의 모습은 면식수행(온종일 컴퓨터 앞에 앉아서 라면만 먹는 행위)을 하는 당시 인터넷 폐인의 형상에 가깝다.

사회의 낙오자는 특정 스테이지를 넘지 못하면 너구리가 된다. 너구리로 변한 이들은 지하에 숨어 살아야 하는 데다가 심지어 자본주의의 적으로 지목되기에 이른다. 사회가 만든 정상성이라는 환상에 도달하지 못한 청년 세대의 좌절감이 너구리라는 환상적인 상상력으로 드러나는 것이다. 이때 온라인 공간은 정상적인 삶의 판타지를 가시화하면서도 거기에 다다를 수 없다는 것을 알려주는 공간이다. 너구리는 곳간의 농산물을 다 갉아먹는 방식으로 자본주의에 저항하려 하지만 그마저도 한정된 공간 안에서만 가능하다. 사이버스페이스에서는 자본주의 체제를 전복하는 상상력이 가능하지만, 그 밖에서는 불가능하다는 체념이 깃들어 있는 것이다.

한편 영화에서도 인터넷 공간은 저항적 상상력의 공간으로 그려졌다. Y2K의 공포를 코앞에 두고 개봉한 워쇼스키들의 〈매트릭스(1999)〉는 인터넷과 오프라인, 가상과 현실 둘 중 오프라인이 진짜라는 플라톤의 이분법적 구도를 반복한다. 대신에 워쇼스키들은 매트릭스 안에서 구원자가 되는 네오(키아누 리브스)를 통해서 온라인을 구원하는 이가 곧 호러가 된 현실을 구원한다는 상상력으로 사이버스페이스의 저항성을 그려냈다.

다만 숭배의 시선만 있던 것은 아니었다. 〈링(1998)〉이나 〈주온(2002)〉 등 여러 호러 영화에서, TV 브라운관이나 영화 속 세계는 현실 세계와는 다르게 그려진다. TV 속 가상 세계는 원혼이 살고 있으며, 얼마든지 현실을 위협할 수 있는 존재가 물리적으로 나올 수 있는 호러의 장소로 그려졌던 것이다. 또한 장선우 감독의 〈성냥팔이 소녀의 재림(2002)〉에서 사이버스페이스는 모든 것이 환상에 불과하다는 불교적 허무주의가 실현된 장소로 그려진다. 이 영화에서 사이버스페이스는 배달부가 "짜장면으로 맞아볼래?"라고 겁박하며 철가방에서 총을 꺼내도, 총이 날아가다 고등어가 되어도 전혀 이상하지 않다. 게임 플레이어와 게임, 현실 사이의 장벽을 무너뜨리는 과감한 전개도 납득된다. 아무런 대사 없이 "TTL"이라고 말하며 끝나는 CF로 유령같은 이미지가 강했던 주연 임은경의 존재감도 이 영화에 환상성을 한층 더했다. 지금껏 본 다양한 사례에서 드러나듯 2000년대의 사이버스페이스에는 매혹과 공포, 허무주의가 공존했다.

다만 오프라인이 온라인보다 더 본질적이라는 시선에 갇힌 사이버스페이스의 상상력은 오늘날에 그대로 적용하기에는 시대착오적인 지점이 있다. 그러나 최근의 작품에서도 사이버스페이스에 대한 묘사는 크게 다르지 않다. 픽사 애니메이션 영화 〈소울(2020)〉은 아날로그와 디지털의 계속되는 갈등을 그려낸다. 이 영화는 뉴욕에서 학교 음악 선생으로 일하는 무명 재즈 드러머 조(제이미 폭스)가 평생을 꿈꾸었던 재즈 밴드와의 합주를 하러 가던 중 하수구에 떨어져 죽는 것으로 시작한다. 그는 우연히 저승으로 불리는 그레이트 비욘드Great Beyond로 간다. 이 공간은 서양의 저승이라기에는 흥미롭다. 죽은 이가 어린아이의 영혼으로 환생해서 세계로 나가기 전에 세상살

이에 필요한 것을 배우는 공간이어서다. 이 공간은 철저히 비트와 영상 등 추상적인 요소로만 구성된 데다가, 어떤 물리적 제약도 없는 공간으로 묘사된다. 그레이트 비욘드의 관리자 제리와 테리는 2D 그래픽으로 그려졌으며 어디든 갈 수 있다.

조는 거기에서는 그 어떠한 실물도 만져지지 않는다는 것을 놀라워 한다. 마치 구세대가 신세대의 문화를 접하듯이 조는 경탄과 경악 사이를 오간다. 그레이트 비욘드는 온라인 공간을 연상시키며, 이러한 온라인 공간을 거쳐서 세상을 배운다는 설정은 팬데믹 시대의 줌Zoom 수업을 연상시킨다. 그레이트 비욘드는 오프라인으로 나오기 직전의 아이를 교육하는 곳에 불과하다. 이 영화는 진정한 세계가 오프라인이라고 가정하는 듯하다.

이 영화의 주인공인 22호는 여기서 지상으로 나가지 않으려 한다. 그의 멘토는 철학자나 영웅 등 구시대의 위인이다. 그는 자신을 세상에 내보내려는 모든 이와 말다툼을 한다. 무작정 우기기만 하는 그의 말싸움은 온라인상의 키보드배틀을 연상하게끔 한다. 〈소울〉의 22호는 인셀과 두머, 염세주의 등 해외에서 문제시된 여러 캐릭터를 한데 모아둔 듯한 캐릭터. 이런 캐릭터는 비슷한 시기에 등장한 영화 〈조조 래빗(2019)〉, 〈에브리씽 에브리웨어 올 앳 원스(2022)〉 등에도 반복해 등장한다. 온라인 생활에 푹 빠져서 일상을 증오한다는 데서 그러하다.

22호가 세상에 나오도록 하려면 결국 일상을 경험하게끔 만들어야 한다는 영화의 태도는 고리타분하다. 조가 22호에게 보여주려는 일상은 햇살에 비치는 낙엽이라든지 이발소라든지 디테일이 가득하다. 반면 그레이트 비욘드는 유치원 같이 단순하고 아기자기해 보이지만 실상 그 안은 삭막하다. 플라톤이 현실과 가상을 가르듯 사이버스페이스에서의 삶이 가상이며 잠깐의 일탈에 불과하다고 본 것이다.

이렇게 온라인은 허상에 불과하며 오프라인이 온라인보다 더 본질적이라는 시선에 갇힌 사이버스페이스의 상상력은 오늘날 시대착오적이다. 무선인터넷이 활성화되고, 인스타그램 등 SNS가 우리의 일상 곳곳에 침투해 있어서다. 오프라인과 온라인의 경계가 흐려졌을 뿐만 아니라 온라인의 정체성이 오프라인의 나를 결정하기도 하는 시대다. 아이러니하게도 사이버스페이스를 향한 상상력은 지금 더욱 강력해지기 시작했다. 언제든 SNS에 접속할 수 있는 환경이 마련된 지금, 구세대에게 디지털 네이티브 세대는 눈앞의 현실이 아니라 사이버스페이스라는 가상에 더욱 매료되어 있는 존재로 보이기 때문이다. 게다가 오프라인에서의 관계가 차단되었던 팬데믹이라는 특수 상황이 더해져, 오프라인에서 이루어지는 일상에 대한 갈망이 더욱 심해진 상황도 여기에 영향을 준다. 이처럼 사이버스페이스에 갇힌 상상력은 미디어에 여전히 남아 있다.

부끄러움 많은 엽기를 보냈습니다
– 엽기 문화와 관종의 탄생

인터넷 7대 금서로 불리는 〈투명드래곤〉은 인터넷 밈이 막 생겨난 2002년 즈음 쓰인 소설(?)이다. 만화로 그려져 인터넷 밈으로 가공된 것은 한참 뒤의 일이다. "63빌딩보다 더 큰", "100층 빌딩보다 큰", "초초초초 졸라 짱센" 〈투명드래곤〉은 누가 봐도 유치하다. 마춤뻡은 정확하지 않고 이야기에 개연성이나 논리랄 것은 쥐뿔만큼도 없다. 그 당시 유행하는 온갖 콘텐츠가 짜깁기되어서 혼란스럽기도 하다. 스타크래프트의 저글링과 오버로드, 《반지의 제왕》과 메이플스토리의 발록이 등장하고, 투명드래곤보다 439081498041309812340983124980149802341098923908천만 배 더욱 강한 악당 콜밥이 그 당시 유행어 "즐"을 외친다. 본인이 삭제했는지 원본은 남아 있지도 않다. 이 작품에 영향을 준 레퍼런스도 발견되지 않는다. 정체 모를 무언가가 흘러넘칠 뿐이다. 〈투명드래곤〉은 흔히들 엽기 혹은 병맛이라는 단어로 부르는 세대적 감수성이 잘 드러난 사례다.

엽기가 무엇일까? 사실 엽기는 〈엽기적인 그녀(2001)〉 등 영화 제목으로 쓰일 정도로 히트진 유행어. 그러나 사전에 검색해 보아도 '비정상적이고 괴이한 일이나 사물에 흥미를 느끼고 찾아다님' 정도로만 나온다. 이 뜻은 폭력성으로 악명이 높던 플래시 애니메이션 〈해피 트리 프렌즈〉와 귀여운 토끼가 급발진하며 과격한 행동을 보이는 플래시 애니메이션인 〈엽기토끼〉, 오소리 수십 마리가 팔벌려뛰기 춤을 추는 모습이 담긴 플래시인 〈팥죽송〉 등을 아우르기에는 무언가가 모자란 느낌이 있다. 대체 왜 이런 행동을 하는 것인지 이해할 수가 없다. 또 이것을 인간 신체를 마구 가르는 고어나 보디 호러, 스플래터 같은 호러 장르의 일부로도 분류하기가 힘들다. 이 끔찍한 혼종은 어디서 탄생한 것일까?

엽기는 "무언가의 과잉 혹은 초과(excess)"[4]가 육체로 드러나면서 생긴다. 무의식 중에 억눌려 있던 것이 우리가 보는 문학과 영화에 다른 형상으로 되돌아오는 것이다. 문학평론가 황종연은 1990년대 당시의 한국 문학이 기성 문화에 저항하는 반-문화counter-culture라는 것을 강조한다. 그 근거로 주류문화의 주변부로 밀려났던 것들이 하나의 담론 내에서 동등한, 혹은 그보다 우월한 위치를 지니게 하는 카니발적 대화가 등장했음을 지적한다.[5] 이는 앞서 이야기한 사이버스페이스에서 억눌린 소수자 정체성이 드러나는 방식과 비슷하다. 그러나 엽기에선 그 정체성이 조금 더 과격한 이미지로 드러난다. 똥과 오줌 등의 불결하고도 상스러운 사물은 물론, 빌런처럼 법체계의 바깥에 있는 것을 아우르는 개념이기도 한 비체abject로 말이다.

황종연은 엽기의 유행을 탈승화dissublime로 정의한다. 기존 리얼리즘 소설이 "재래의 고전적인 미학에 따라 상정한 리얼리즘은 대상이 지향한다고 믿어지는 어떠한 목적, 이상, 질서의

---

4 주살된 달마 / 황호덕, 불교평론, 2008.12.07., https://www.budreview.com/news/articleView.html?idxno=591

5 황종연, 2001, 《비루한 것의 카니발》, 문학동네, pp. 14-15.

관점에서 그 대상의 세목을 차등화하고 서열화하는 가운데 그 대상의 완전한 모방"으로 생산된 것이었다면, 탈승화는 이와는 반대로 "하찮은 것, 사소한 것, 말초적인 것에 열광하는 퇴폐의 징후"[6]이다. 문학평론가 복도훈은 탈승화 개념을 "미적인 (불)쾌감을 무매개적으로 산출하는 도착적인 포르노그래피와 시뮬라크라, 키치적 복제품"[7]이라고 지적한다. 리얼리즘 등 기존의 예술사조에서는 작품 속의 모든 대상이 저자가 바라는 가치나 목적, 이상 등에 따라서 정제되고 배치된다. 그러나 엽기 장르에서는 정반대다. 리얼리즘의 문법에서 밀려났던 하찮고 사소하고 불쾌하고 말초적인 것이 여기저기에 막 쏟아진다.

엽기의 가장 대중적 사례로 애니메이션 〈네모바지 스폰지밥〉을 들 수 있다. 1기부터 3기까지의 제작을 맡은 해양학자 출신 애니메이션 감독 스티븐 힐렌버그는 아동 애니메이션에 그로테스크한 작화와 블랙코미디, 초현실적인 전개를 도입하며 엽기적 상상력을 펼친다. 〈네모바지 스폰지밥〉의 기괴한 상상력은 신체가 마구 산산조각이 날 수 있으며 신체가 절단되어도 아무 고통도 느끼지 못하는 스폰지밥의 독특한 육체성에 의해서 지탱된다. 스폰지밥의 신체는 인간의 육체와 달리 쪼개지고 갈라지면서 웃음을 자아낸다. 이 만화에서 어떤 메시지를 전하려는 의도적인 배치는 전혀 발견할 수 없다.

---

6   황종연, 2001, 〈탈승화의 리얼리즘〉, 《문학동네》, 8(3), pp. 2-3.
7   복도훈, 2005, 〈포스트모던 문명의 불만, 괴물들의 이상한 가역반응 – 백민석의 『목화밭 엽기전』 『러셔』 『죽은 올빼미 농장』을 중심으로〉, 《문학동네》, 12(1), p. 3.

문학평론가 황호덕은 엽기적인 문학에 "육체flesh를 하나의 물질로 생각하는 경향이 짙게 배어 있다. 신체는 무엇보다 살과 피와 뼈로 되어 있는 '몸뚱이'가 되었다"[8]고 보았다. 그는 프로이트가 말한 억압된 것의 회귀라는 개념에 기반해 엽기를 파괴된 육체의 형상이 드러나는 현상으로 보았다.

따라서 엽기를 현실에서 즐기는 것은 불가능하다. 〈해피 트리 프렌즈〉나 〈스폰지밥〉에서의 신체 훼손은 자연스러우며 아무렇지 않게 소비된다. 하지만 현실 속 고양이나 여러 동물을 둘러싼 잔혹 범죄에 우리는 분노한다. 엽기가 온라인이나 작품의 테두리 안에 가두어져야만 하는 이유다. 엽기는 "끔찍하거나 끔찍하게 웃기거나"[9] 둘 중 하나로 귀결된다. 이를 현실에서 재현하는 순간 인륜을 저버리는 끔찍한 범죄가 되어버린다.

2000년대에는 엽기에 완전 부정적이거나, 엽기를 청소년 문화로 인정하되 그것을 교정해야 한다는 시선이 뒤에 깔려 있었다.[10] 엽기 관련 기사에서 쓰인 "엽기 문화의 확산은 비정상의 사회, 건강한 꿈과 희망을 지니기 어려운 사회에 대한 혐오감의 뒤틀린 표현으로 분석된"[11]다는 식의 표현에서 알 수 있다. 그러나 인터넷 엽기 문화는 시간이 흘러서 하위문화의

---

8   주살된 달마 / 황호덕, 불교평론 2008.12.07., https://www.budreview.com/news/articleView.html?idxno=591

9   위와 같은 링크.

10   "잔혹 음란 사이트 차단 명랑 엽기는 권장해야", 2001.04.09., 국민일보, https://n.news.naver.com/mnews/article/005/0000050230?sid=103

11   엽기 신드롬 비정상…이대론 안된다, 2000.10.19., 국민일보, https://n.news.naver.com/mnews/article/005/0000026856?sid=111

기능을 상실하고 서서히 대중문화로 흡수되기 시작했다. "엽기마저 대중문화의 콘텐츠로 수용되고 평가하는 포스트모더니즘적 대중적 기호"[12]에 따라 인터넷 속 엽기를 공중파로 흡수해 자본의 재생산 수단으로 삼는 TV예능을 지적한 당시 논평이 이때의 정서를 드러낸다. 그럼에도 대중문화에 흡수된 것은 반쪽짜리 엽기에 불과하다. 방송 심의에 통과되는 한에서만 '끔찍하게 웃긴 것'이다.

나머지 반쪽인 '끔찍한 것'은 지금의 인터넷 방송에 드러난다. 엽기는 관심경제와 맞물리기 시작했다. 과거에는 기껏해야 추천이나 좋아요 수에 연연하는 어그로에 불과했던 것이 이제는 돈과 직결된다. 관심경제는 대중의 관심을 끄는 것이 곧장 자본으로 이어지는 경제시스템을 이야기한다. 대중의 관심은 조회 수라는 수치로 환원되고 이에 따라 수입이 발생한다. 조회 수 자체에서 오는 수입은 물론 광고 등 부가 수익까지 생기기에, 사람들은 어떤 수를 써서든 조회 수를 올리고자 한다. 과거에는 아무리 관심을 받는다고 한들 그저 기분이 좋은 일 정도로 그쳤고, 악플과 조리돌림은 신고할 대상에 불과했다. 오늘날 무플보다 악플이 더 낫다는 말의 유행은 모두가 관심경제에 익숙해졌다는 증거이다. 악플이 달리더라도 조회 수를 높여준다면 그만이기 때문이다.

낚시성 기사와 어그로, 관종 등이 온라인 여기저기에 등장

---

12 '엽기'와 '변태'가 안방을 점령하고 있다, 2006.05.14., 마이데일리, https://entertain.naver.com/read?oid=117&aid=0000047333

한 것도 관심경제가 본격화되면서다. 관종은 관심종자의 줄임말로, 관종이 엽기적인 행동을 저지를수록 더욱 인기가 높아진다. 직접 엽기적인 행동을 실천하기보다는 누군가가 나 대신 우리의 짓눌려 있는 호기심과 본능적인 욕망을 충족시켜주길 바라기 때문이다. 후원금을 보내는 것 이상으로 책임을 지지 않아도 되는 셈이다. 문제가 생겼을 경우 관종이 그 책임을 물지만 사실 유명무실한 책임이다. 물의를 일으키면 그동안 번 돈으로 자숙했다가 복귀하면 그만이다.

엽기와 자본의 상생 관계는 이전에도 존재했다. 바로 17세기 즈음부터 서커스에서 펼쳐진 프릭freak 쇼다. 이 프릭 쇼는 장애인이나 원주민과 흑인 등 사회적인 소수자의 육체를 전시하는 쇼로, 그 당시에 발달한 우생학 및 박물학 등과 맞물려 유행했다. 타인종에 대한 혐오가 다양한 신체를 보고자 하는 과학적인 호기심과 뒤엉키며 폭발적인 시너지가 생긴 것이다. 남아프리카의 코이코이족 원주민이었던 사라 바트만의 경우 둔부가 발달했다는 이유만으로 영국의 대학 곳곳에서 나체로 전시되다가 말년에는 성착취를 당하고 비참한 죽음을 맞는다. 바트만은 죽어서마저 인류의 발전을 위한 관찰 사례라는 위대한 명분으로 포장한 프릭 쇼에 동원되었다. 뮤지컬 〈위대한 쇼맨〉의 모티프이기도 한 P.T. 바넘은 이를 대형 비즈니스로 탈바꿈하는 데 일조하기도 했다. 프릭 쇼는 복지법이 발달하면서 점차 사라졌다. 프릭 쇼에 동원된 인간을 보고 싶다면, 실제 쇼에 동원되었던 부랑자를 캐스팅한 토드 브라우닝의 영화 〈프릭 쇼(1932)〉를 보는 것을 권한다.

지금 프릭 쇼를 공적으로 보는 것은 불가능하다. 프릭 쇼는 대중문화에서 사라진 대신 방송통신위원회의 심의가 닿지 않는 유튜브에서 부활했다. 과거에는 저만의 남다른 인생을 살아가는 사람들을 아싸라든가 아무리 심해도 비호감 정도로 불렀지만, 이제는 그들을 빌런으로 여긴다. 한때 다른 것을 틀린 것이라 부르지 말자는 유행이 무색할 정도로 말이다. 단소 살인마, 1호선 광인 등과 같은 '지하철 빌런'을 인터넷 밈으로 소비하며 조롱과 열광을 오가는 우리의 시선이 프릭 쇼를 즐겼던 관객의 시선에서 얼마나 벗어나 있을까. 한술 더 떠서 이제는 평균 연봉에 다다르지 못한 사람을 모두 게으르기 그지 없는 존재로 대하는 풍경을 SNS에서 흔히 볼 수 있게 되었다. 여전히 우리는 우리의 정상성을 고정하기 위해서 괴인을 발명한다.

인기깨나 있는 합성 소스에게 합성할 잉여가 꼭 필요하다는 것은 모두가 인정하는 진리다
- 잉여 세대론과 디시 문화의 탄생

학생 시절 엽기적인 감수성을 접하고 자라난 청년은 이제 잉여로 성장하게 된다. 잉여는 2000년대 중반에 등장한 단어이다. 원래는 디시인사이드 용어였으나 사회학적으로는 신자유주의에서 무기력한 청년이 탄생한 사회적인 배경을 설명하고자 고안된 개념이다.

경제학에서 잉여란 상품을 거래하고 남은 잔금, 즉 흑자를 말하며 긍정적인 의미로 쓰인 단어다. 이것이 화폐가 아니라 인간에게 쓰일 경우 부정적인 의미가 된다. 지그문트 바우만에 따르면 "잉여란 여분, 불필요함, 무용함을 의미하"며 "잉여로 규정된다는 것은 버려져도 무방하기에 버려졌다는 것을 의미한"다. 자본주의 사회의 낙오자인 그들은 "매력적이지 않아 아무도 사지 않는 상품, 조립라인에서 품질 검사관이 버리는 바람에 한번도 사용된 적 없는 기준 미달 제품이나 불량품"으로 비유된다. "잉여는 불합격품, 불량품 폐기물 찌꺼기와 그리고 쓰레기와 의미론상의 공간을 공유하고 있"[13]다.

그들은 노동 가능 인구의 기준을 충족하지 못하거나 도시에서 통용되는 일반적인 규범에 적응하지 못하는 아웃사이더다. 잉여는 지금껏 문학에서도 문제적 캐릭터로 그려졌다. 보

---

13 지그문트 바우만, 2008, 《쓰레기가 되는 삶들》, 정일준 옮김, 새물결, p. 32.

통 잉여는 권태나 무기력에 사로잡혀 있는 지식인 남성으로 나타난다. 한국의 사례로는 이상의 단편 〈날개(1936)〉, 손창섭의 단편 〈잉여인간(1958)〉, 김승옥의 단편 〈서울, 1964년 겨울(1965)〉 등에 등장한다. 그들은 대부분 고학력자이거나 청년, 아웃사이더의 정체성을 가지고 있으며 권태와 자기 연민에 찌들어 있다. 거리 곳곳을 방랑하며 사회 전반에 깔린 부조리의 정체를 파악하려 애쓰나 무엇도 바꾸지 못한다. 위로 거슬러 올라가면 갑자기 벌레가 되어버린 〈변신(1915)〉의 그레고리 잠자 등도 이 잉여의 계보에 속할 수 있다. 이때의 잉여는 사회의 무기력한 분위기를 한 인물에 함축한, 알레고리에 가까운 존재다. 다만 이 개념의 한계는 명확하다. 이를테면 〈날개〉에서 '나'가 도시를 배회할 동안 아내는 집에서 일했고, 주인공은 그런 아내에 위화감을 느꼈다. 잉여로 살 수 있는 만큼 여유가 있는 여성은 드물었다. 고전 문학 속 잉여는 주로 남성이었다.

 잉여가 문학 외의 영역에서 쓰이기 시작한 것은 여러 사회학자에게서 초기 디시에 대한 논평이 나온 뒤부터이다. 엽기의 명랑하고도 전복적인 주체와는 다른 무기력한 주체인 잉여가 등장하기 시작했나. "잉여는 제제에 반대하기 위한 의식적인 움직임이나 전략이라기보다는 흘러넘침, 과잉, 결여, 실수, 고장과 같은 것"[14]으로 여겨졌다. 이들이 잉여라는 이름으로 분석하는 대상은 바로 사회로부터 배제된 청년이었다. 그뿐만

---

14 최태섭, 2013, 《잉여사회》, 웅진지식하우스, p. 80.

아니라 아무도 보지 않을 인터넷 밈을 생산하며 비생산적인 활동에 몰두한 디시의 인터넷 폐인들이 잉여를 자처하기도 했다. 이들은 엽기처럼 기성세대에게 공포스러운 존재가 될 기회마저도 박탈당한 존재다.

한국은 정상성에 대한 환상이 강하다. 지금도 마찬가지다. IMF 이후 미디어에서 그리는 정상적 삶을 지탱하기 위해 청년 세대에게는 고도의 노력이 요구되었다. 취업에 성공해서 살아남으려면 삶을 스펙으로 가득 채워야만 했다. 그들은 연애와 결혼 등 이전에는 당연하게 여겨진 것을 얻을 수 없는 구조의 희생자들이었다. 한병철이 피로사회라는 개념으로 말했듯, 생존과 성장을 위한 끊임없는 움직임은 "ㅡ할 수 있다"라는 희망적인 사고가 되려 개인을 사지로 몰아세운다는 긍정성의 착취로 이어진다.

긍정성의 착취는 쉬운 말로 "노오력"하면 정상적인 인생, 즉 갓생을 살 수 있다는 강박이 오히려 개인을 속박한다는 말이다. "노오력"하는 과정에서 현실과 이상의 괴리가 생기지만 그들은 자신의 노력이 부족했다고 스스로를 세뇌하고 이에 더욱 집착한다. 나아가 "노오력"하라는 자기계발적인 담론을 학습하며 노력하지 않는 자를 폄훼하고 공격한다. 개인의 노력으로 정상성을 누릴 수 없는 불공정한 사회구조에 대한 불만, 정상성 자체에 대한 의문은 약자의 푸념에 불과하다는 이유로 은폐되며 모든 것이 개인의 탓으로 환원된다. 똑같은 구조에 속해 있지만 그나마 "노오력"하는 자신을 그들보다 정상인의 위치에 두려고 하는 아수라장이 펼쳐진다.

신자유주의로 인한 사회 변화는 청년의 안정된 일자리를 박탈하며 비정규직을 전전하는 워킹푸어로 만들기에 이르렀다. 정보와 지식을 생산하는 비물질노동(네그리)의 탄생과 24시간 내내 업무가 가능한 프리랜서의 보편화는 노동자의 일상적인 시공간까지 노동의 시공간으로 점거하기에 이르렀다. 청년들은 정규직의 비정규직화, 고용 불안 등으로 인해 기성세대가 누리던 정상적 삶의 양식을 물려받지 못했다. 정상적인 삶을 누리기는커녕 생계를 유지하기에 바빴다. 정상성에 다다르지 못한 청년은 자신에게서 루저의 정체성을 자각한다.

생존주의라는 사회 정서는 생존을 삶의 가장 중요한 문제로 삼으면서 누구든지 잉여로 전락할 수 있다는 불안을 가시화했다. 당시에 청년에게 남아 있는 문화적인 터전은 당시에 널리 보급되었던 컴퓨터와 그 안의 인터넷뿐이었다. 하위문화로도 여겨지지 않은 잉여 문화는 전에는 없던 근본 없는 것을 창조하기 시작했다. 그들의 유전자에 새겨진 B급 정서와 엽기의 감수성이 마지막 빛을 발한 것이다. 아햏햏 문화에 대한 최태섭의 평가는 이러한 맥락을 제대로 짚어주고 있다.

아햏햏은 이후 인터넷에서 명멸하게 될 잉여 문화들의 핵심적 성격들을 모두 갖추고 있었다. 기원도, 의미도, 원인도 딱히 찾아낼 수 없는 어떤 요소들이 갑자기 사람들의 인기를 얻고, 그것을 두고 벌어지는 합성과 이차 창작, 모방과 패러디들이 모여 세계관을 만들어내는 일종의 패턴이 성립된 것이다. 게다가 이렇게 생겨난 것들은 상품화되거

나 저작권을 주장하기에는 매우 애매한 것이었기 때문에 대체로 웹상의 공유재로 남았다.[15]

이길호도 디시의 잉여가 무언가로 규정되기를 거부하면서 제 정체성을 보존하려 한다는 것을 강조한다.[16] 잉여는 현실에서의 기반 없음을 토대로 삼아 합성 소스를 놀이도구로 가지고 노는 존재다.

인터넷 커뮤니티 유저 다수가 남자이기에 잉여 문화는 남초 문화의 성향이 강했다. 잉여 문화는 언뜻 보기에 버려진 자들이 연대하는 공간으로 보이지만 사실 그 안엔 악플이 가득했고 개념글에 오르려는 치열한 경쟁이 일어났다. 무한 경쟁을 피해 인터넷으로 달아난 잉여는 경쟁이 없는 세계를 상상하는 데까지 나아가지 못했다. 되려 현실에서 도태된 자신의 처지를 보상하고자 인터넷에서 더욱 치열한 경쟁에 임했다. 그들은 베댓이 되고자 더욱 자극적인 짤방과 혐오의 언어를 구사하기 시작했다. 만화《베르세르크》의 대사처럼 도망친 곳에 낙원은 없었던 것이다. 또한 대부분의 유저가 남성이기에 밈화로 놀이문화를 형성하더라도 젠더 편향적인 문화가 생산되었다. 일부 밈은 성소수자 혐오를 재생산하는 데 일조했고, 여러 고인에 대한 모독을 놀이로 소비하며 극우화되기 시작했다. 이처럼 인터넷 밈을 정치적으로 소비하면서 놀이문화로서

15 최태섭, 앞과 같은 책, p. 133.
16 이길호, 2012,《우리는 디시》, 이매진, p. 381.

의 인터넷 밈은 사라지고 정치적 밈이 그 자리를 대신하기 시작했다. 기존의 인터넷 밈 창작자는 유튜브나 타 커뮤니티로 망명을 떠났다.

잉여는 청년을 규정하고 통제하는 데 일조한 세대론과 이어져 탄생한 개념이기도 하다. 이 개념으로 청년 세대가 처한 현실적인 위기의 사회문화적인 배경의 윤곽을 그리고 세대론을 가장 중요한 정치 담론 중 하나로 두는 데 어느 정도 성공했다. 그러나 잉여 세대론은 곧장 주류 언론에 의해 정치공학의 수단으로 전락해버렸다. 청년이 경험하는 계급적, 정치적인 문제는 항상 세대론의 문제로 환원되었으며 언론은 청년을 진보나 보수 등 특정한 정치적인 진영 논리로 재단했다. 그들이 정치적 관심사 외에 다른 관심사를 지니더라도 탈-정치화되었다고 비판하며 가스라이팅을 시도하기도 했다. 청년 담론을 생산하는 언론은 청년을 하나의 코호트로 가정하고 도식화된 구조로 그들의 정체성을 설명하기에 그 안에 있는 복잡한 이해관계와 각 개인의 정체성은 무시된다. 애초에 해상도가 낮은 렌즈라는 한계가 있어서다. 자신이 지지하는 정당을 위해서 목소리를 내지 않은 청년을 비판하는 데 쓰인 20대 개새끼론은 세대론 생산의 폐해를 나타낸다. 지금도 MZ세대론은 그 꼴만 바뀌어 유행하며 청년의 주체성을 통제하는 이데올로기로 작동하고 있다.

정치가 왜 거기서 나와
– 정치적 밈의 탄생

인터넷 밈 가운데서도 가장 논쟁적인 지점이 정치적 밈political meme[17]이다. 정치적 밈은 말 그대로 정치를 인터넷 밈으로 밈화해서 쓰는 것을 지칭한다. 정치 활동의 수단으로 인터넷 밈이 쓰인 것은 오래전부터로 짐작된다. 그러나 정치적 밈이 정의된 것은 인터넷 밈이 2011년 아랍의 봄 등의 아랍권 민주화 운동의 촉매제로 기능했다는 진단이 나오면서부터다. 정치적 밈은 민중이 직접 정치에 참여하는 풀뿌리 운동의 기반으로 논의되었다. 비민주적인 환경을 민주적으로 전복할 가능성을 드러내는 사례라는 분석에서 알 수 있듯, 정치적 밈 논의는 원래 긍정적 의미로 시작되었던 것이다. 그러나 곧 미국 유머 사이트인 4chan을 중심으로 하는 대안 우파 세력이 인터넷 밈을 퍼뜨리며 트럼프의 당선을 견인하는 매개로 썼다는 진단이 속속들이 나오면서 쟁점화되었다. 이는 정치적인 양극화와 팬덤 정치, 음모론의 재생산 등 여러 문제로 이어졌다.

정치적 밈을 최초로 이야기한 것은 발터 벤야민이다. 그는 〈기술적 복제시대의 예술작품〉이라는 논문을 세 번이나 수정하는데, 여기서 눈여겨보아야 할 것은 3판이다. 벤야민은 3판에서 기술 발전을 무작정 옹호하지만 않는다. 오히려 발전된 기술에 비해서 그 사회가 성숙해지지 못할 때의 파국이 바로

---

17 Tuters, M., & Hagen, S., 2020. "(((They))) rule: Memetic antagonism and nebulous othering on 4chan," *New Media & Society*, 22(12), pp. 2218–2237.

파시즘이라 경고한다. 필리포 마리네티 등 이탈리아 미래파가 전쟁을 찬미하는 파시스트로 변질된 것을 보고, 예술의 파시즘화(정치의 미학화)를 비판하는 추기로 끝맺는다. 그는 "대량 복제에는 특히 대중의 복제[재생산]reproduktion von massen가 대응하고 있"[18]다고 이야기한다.

히틀러의 뉘른베르크 연설을 담은 레니 리펜슈탈의 선전 영화 〈의지의 승리(1935)〉를 사례로 들 수 있다. 그녀는 히틀러의 연설이 얼마나 강력하고 호소력이 있는지 드러내고자 그가 연설할 때마다 군대의 행렬이 기계적으로 움직이는 광경을 머리 위에서 부감 숏으로 찍는다. 벤야민은 이 영화가 찍히기 전까지 대중이 대중의 힘을 객관적으로 본 적이 없다고 이야기한다. 파시즘은 대중에게 그들의 힘을 한데 응축해 표현할 수 있는 기회를 제공하면서 이를 축복으로 포장하고, 그들에게 엄청난 권력이 잠재되어 있다고 일깨운다. 기계의 힘으로 대중이 스스로 강력한 집단의 일부라 착각하게 만드는 것이다. 그는 대중을 일깨우는 파시즘 선전에 대중 전반이 현혹될 것이라고 보았다. 이를 정치의 미학화라고 비판한다.

인터넷에서 여론이 형성되는 방식도 유사하다. 정치에 관련해서 큰 목소리를 내는 것은 주로 정치에 열렬히 미쳐 있는 사람, 즉 정치병에 걸렸다고 조롱당하는 소수의 열광적인 지지층이다. 사람 하나하나의 주장은 강하지 않다. 그러나 특정 유

---

18 발터 벤야민, 2017, 《기술적 복제시대의 예술작품》, 심철민 옮김, 도서출판b, p. 96.

저가 댓글을 도배할 때, 대중은 댓글 수를 보고 그 너머에 수많은 집단이 있을 거라는 환상을 지니게 된다. 한 명의 목소리가 열 명의 목소리로 부풀려지는 것이다.

그러므로 인터넷 여론이 특정 경향으로 대변되는 커뮤니티에서 형성된다는 것도 허구다. 이길호는 이러한 허구성을 뒷받침하기 위해 다시 갤러리 분류에 내재된 임의성을 지적한다. 카메라와 식물, 동물 등 범주가 다소 한정적 대상을 주제로 택하는 갤러리의 경우 어느 정도 해당 주제에 대한 중심화가 이루어질지라도, 코미디 같은 추상적인 대상은 그 범주가 모호하다. 이에 따라서 '코미디란 무엇인가?'라는 질문이 생기는 대신에 각자 임의로 코미디라고 생각한 것을 사진과 내용으로만 증명하게 된다.[19] 모두 다른 이야기를 하는 데도 이들이 군집으로 보이는 까닭은 그들이 같은 게시판이라는 프레임 안에 있어서다. 하나의 온라인 커뮤니티가 "우리"로 묶일 수 있으며 통일된 목소리를 낸다는 것은 허구적이다. 댓글 조작의 시대에는 더욱 그러하다.

정치적 밈을 연구하는 담론은 인터넷 밈이 가공되는 과정에서 생기는 원본의 탈맥락화에 초점을 둔다. 이 담론의 의의는 이미지 혹은 유행어에 포함된 정치적인 내용과 밈의 확산을 가능하게끔 만드는 정치적 조건들, 그리고 그것이 정치 세력을 만드는 힘을 파악하는 데 있다. 나아가 우리가 어떻게 주체적으로 생각하지 않고 타성적으로 남의 의견에 동조하는지

19 김상민 외 8인, 2013, 《속물과 잉여》, 지식공작소, pp. 265-273.

를 설명한다. 이는 이미지가 어떻게 개인의 창조성을 드러내는 도구가 되는지 폭로하는 전용과 반대된다.

슬라보예 지젝이 사회적인 차원에서 인터넷 밈을 한층 더 깊게 분석한 것은 정치적 밈의 전염성을 설명하기에 적합하다. 그는 밈을 상징적인 전통이라 이야기하고, "일종의 안정성과 질서를 재도입하려는 특수자의 보편성에 대한 온전한 종속을 재확립하려는 이차적 시도인데, 그것은 주체의 출현에 의해서 교란된다"[20]고 분석한다. 복잡하고 어려운 이야기다. 상징적 전통은 학벌처럼 우리 사회에 뿌리 깊게 자리한 관습을 생각하면 된다. 이 상징적 질서는 사회의 뿌리 깊은 관습을 다시금 개인의 무의식에 스며들게 한다. 그러나 지젝은 우리가 상징적인 전통을 무심결에 따라 하는 존재가 아니며, 도킨스의 주장과 달리 우리가 밈을 운반하는 개체에 불과하다고 보지 않는다. 그는 개체가 제 목적을 충족하기 위해 밈을 쓴다고 본다.

여기서부터 교란이 생긴다. "우리의 주체들이 우리의 소통 수단으로 오지각하는 밈들이 사실상 주도권을 쥐고 있는 것과 동일한 방식으로(그것들은 자기 자신들을 재생산하고 증식하기 위해 우리를 이용한다), 우리에게는 우리의 필요와 욕망을 충족시키는 수단처럼 보이는 생산력이 사실상 주도권을 쥐고 있는 것이다."[21] 멀리서 볼 때 우리는 밈을 전달하는 개체에 불과한

---

20   슬라보예 지젝, 2006, 《신체 없는 기관》, 김지훈 · 박제철 · 이성민 옮김, 도서출판 b, pp. 233-234.

21   슬라보예 지젝, 위와 같은 책, p. 235.

데도 우리 자신을 목적을 충족하기 위해서 움직이는 주체로 생각한다는 말이다. 자본주의 사회에서 우리는 우리가 생산하고 소비하는 주체로 자유롭다고 생각해도 오히려 그 생산에 얽매여 있다. 월급 전날에 이를 잘 느낄 수 있다. 지갑이 텅텅 비어 있을 때야 내가 사실 돈에 얽매여 있고, 월급이 절실하다는 것을 느끼게 된다. 이처럼 우리가 주체적으로 사유한다는 것은 환상이다. 그리고 우리 스스로 그것이 환상임을 알고 있는데도, 우리는 거기서 살아가며 밈을 전파한다.

지젝은 밈의 전승이 부모에게서 어깨 너머로 들은 말을 반복하는 아이의 중얼거림과 비슷하다고 본다. 상대방의 말을 이해했다고 한들 겨우 반쪽짜리에 불과할 것이다. 이를 지젝은 고유한 의미가 결여된 것들의 향유인 자크 라캉의 라랑그 lalangue 개념으로 설명한다. 라랑그를 가장 잘 드러내는 사례는 원숭이 엉덩이는 빨개, 어쩔tv 등 의미나 운율이 계속 생성되는 놀이다. 이는 같은 말만을 되풀이하는 정치적 밈의 전염성을 더욱 잘 지적한다. 일례로 SNS 속 사람들은 공산주의자와 페미니스트라는 단어 대신 초등학생 별명에 가까운 빨갱이나 꼴페미라는 비속어로 상대의 정치적 성향을 정의하고 공격하는 데 익숙하다. 이때 본인이 공격하는 상대방의 성향을 정확히 아는 사람은 드물다는 점에서, 의미없이 반복되는 라랑그와 유사하다. 그럼에도 지젝은 라랑그를 통해 밈에 각 개인의 정치적인 의견이 반영되고 이것이 하나의 움직임으로 이어질 수 있는 데서 희망을 본다. 이를테면 탄핵이라는 기호로 퍼졌던 촛불시위가 그 사례가 될 수 있다.

좀비처럼 퍼져나가는 정치적 밈은 아이러니하게도 정치적 양극화를 심하게 만든다. 정치적 밈 연구자들은 대안우파의 상징으로 쓰이는 정치적 밈으로 맷 퓨리의 〈Boy's Club〉에서 파생된 인터넷 밈인 개구리 페페, 슬픈 표정을 짓는 남성 워작Wojak 등을 지목한다. 페페와 워작 등의 밈 이미지는 원래 4chan에서 유저들의 루저 정체성을 드러내는 데 쓰인 이미지다. 이때의 유저들은 주로 잉여가 된 20대 남성 청년이었는데, 그들은 인터넷 밈을 경쟁적인 놀이 수단으로 삼는다. 누가 더욱 재밌는 이미지를 만드느냐에 따라서 더 주목 받으며 거기서 존재감을 인정받는다. 그러하기에 그들은 페페와 워작을 정체성을 드러낼 수 있는 최후의 보루로 여긴다. 2000년대 초반 인터넷 밈이 스스로 잉여와 루저로 정체화한 청년 세대의 정체성을 드러낸다는 진단은 한국에서도 나온 적 있다.

정치적 밈을 활성화하는 데는 또래 집단의 형성이 중요하다. 폐쇄적 또래 집단의 형성을 가속화하는 것은 데이터 알고리즘 매체 환경이다. 인터넷 밈은 일베, 오유, 디시 등 폐쇄적인 인터넷 커뮤니티를 중심으로 유포되었으나 이제는 웹 2.0 체제 아래서 SNS나 검색엔진 등에도 퍼져나가면서 편재하기 시작했다. 현대 인터넷 환경을 작동하게 하는 자동 알고리즘은 유저의 편향된 이미지 소비를, 구글과 페이스북은 유저의 생각을 유도한다.

구글의 경우 유저에 관한 데이터를 쿠키로 수집해 맞춤형 검색 결과와 광고를 제공한다. "우리는 구글이 판단하고 선택한 것들을 구글이 보여주는 순서대로 볼 수 있을 뿐"이다. 구글의 검색 알고리즘은 "우리의 인식과 경험을 특정한 합리성의 체계에 맞게 개편해낸"[22]다. 알고리즘은 정치적 밈이 소수 커뮤니티에서 유통되는 이미지에 그치지 않고 모든 인터넷 유저가 제멋대로 유포할 수 있는 것으로 만들어지는 데 공헌했다.

기존 SNS는 뉴스피드에서 친구가 좋아요를 누르거나 공유한 것을 보이게 하는 포맷을 지니고 있다. 의도치 않아도 상대방의 글을 보게 되기에 유저의 뉴스피드에 정보 공해가 발생할 수 있다. SNS의 네트워크가 무한에 가까이 확장되어 이미지나 음성, 텍스트의 형태를 지닌 무수한 정보가 거름망 없이 전해지는 것이다. 페이스북은 이를 방지하려는 목적으로 에지 랭크edge rank를 쓰기 시작한다. 이는 글마다 친밀도와 가중치, 시의성이라는 세 가지 척도를 측정해 척도가 높게 나오는 게시물을 유저의 뉴스피드에 제공하는 방식이다. 이에 따라서 "자신의 생각과 일치하는 정보는 받아들이지만 그렇지 않은 정보는 무시하는 경향"[23]인 확증편향이 생긴다. 구글과 SNS를 구성하는 데이터 알고리즘은 같은 정치적 의견과 관심사를 지닌 또래 집단을 계속 만나게 하여 그들을 결속하게끔 유도한다. 검색환경의 조작 아래에서 개인은 정치적인 부족화 단계에 이른다.

정치적 부족화는 정치적 밈의 핵심이기도 하다. 미디어 연

---

22 박승일, 2021,《기계, 권력, 사회》, 사월의책, p. 280.

23 박승일, 위와 같은 책, p. 289.

구자 마크 튜터스와 살 하겐은 정치적 밈으로 인해 부족화가 생기는 매커니즘을 설명한다. 처음에는 별명 짓기와 다를 바 없다. 서로의 추한 꼴을 놀리는 행위로 시작된다. 그러나 갈등이 심해지면 둘은 서로를 공격할 만한 당위를 발명해야만 한다. 상대방이 저지른 적도 없는 잘못을 만드는 가짜뉴스를 생산하거나 음모론을 동원해 상대방이 원래 악하다는 것을 증명하고자 한다. 나아가 이를 지지해줄 만한 사람을 모아서 결집해 일종의 부족을 만든다. 음모론을 생성하는 과정에서 인간은 세계를 왜곡하게끔 된다.

조너선 갓셜은 음모담[24]이 버티는 이유를 스토리텔링 차원으로 분석했다. "1)권력을 지닌 2)둘 이상의 사람들(음모집단)이 3)어떠한 뚜렷한 목적을 위해 4)비밀스러운 계획을 짜서 5)중요한 결과를 불러올 사건을 일으키는"[25] 플롯 구조를 지닌 음모담은 '보통 사람은 모르는 이 세계의 진실을 내가 알고 있다'라는 생각을 심는다. 음모담에 빠져든 개인은 이 세계를 지배하고 있는 악당과 싸우러 밖으로 나선다. 조지프 캠벨이 이야기한 영웅 서사의 첫 단계인 "모험에의 소명"에 들어서는 셈이다. 사회학자 전상진의 분석대로 음모담이 모호하고 파편화된 세계를 하나의 원리로 이해하고자 이야기를 지어내는 근대의 신정론이라고 볼 수 있다면, 사람들은 세계를 설명할 수

---

24 조너선 갓셜은 음모론을 체계적인 것으로 보지 않아야 한다고 보고 음모담conspiracy story라고 고쳐서 쓴다. (조너선 갓셜, 《이야기를 횡단하는 호모 픽투스의 모험》, 2023, 노승영 옮김, 위즈덤하우스, pp. 133-139.)

25 전상진, 2014, 《음모론의 시대》, 문학과지성사, p. 40.

있는 더욱 이상한 음모담에 빠져들 것이다. 거대 음모담은 역사를 재구성하면서까지 모호한 정적에게 느끼는 공포를 해소하고자 한다. 이렇게 탄생한 음모담에서 비롯한 정치적인 밈은 진보와 보수, 선과 악 등으로 나뉘는 고전적 이분법을 공고히 굳히고 이를 양극화하는 구조를 만든다. 또한 모든 가치를 정치적 의견으로 수렴하도록 아전인수한다.

음모담을 동원한 정치적인 밈은 실존적인 적대감을 기반으로 한다. 이는 가상의 적 하나를 만드는 방식으로 '우리'를 결집해 정치 세력으로 만드는 데 효과적이다. 패싸움이나 다를 바가 없다. 4chan의 정치게시판 유저가 인싸normie를 공격 대상으로 삼으며, 자신들을 트롤troll로 정체화한 양상을 예시로 들 수 있을 것이다. 인터넷에서 특정한 목적을 이루고자 자행되는 악행을 일컫는 트롤링trolling은 어디서든 일어날 수 있는 것이다.

정치적 밈은 밈적 대립memetic antagonism의 양상을 드러낸다. 이는 유저의 합리성에 기반한 것이 아니다. 되려 비합리성이 두드러진다. 유저가 속한 커뮤니티에서 통하는 논리에 기대어 상대를 밈 추상화meme abstraction하는 방식으로 진행되기 때문이다. 밈 추상화는 쉬운 말로 허수아비 때리기다. 커뮤니티 등에서 본 단편적인 정보에 근거해 모호한 적을 설정하고, 적의 정체가 무엇인지 제대로 알려고 하지 않은 채 그들을 무작정 반대하는 것이다. 정치적 밈은 확증편향, 즉 '우리 편'에만 편향되는 사고를 드러내는 매개체인 셈이다.

너 때문에 밈이 다 깨져버렸으니까 책임져
– 한국의 정치적 밈과 혐오

한국에서 일베를 중심으로 퍼진 정치적인 밈은 오래전부터 사회적인 문제로 지적되었다.[26] 일베의 탄생을 분석하는 국내 담론은 2012년에 5.18 광주 민주화운동을 폄훼하는 집단적 움직임과 2014년 세월호 유족들을 기만하려는 폭식 투쟁이 이루어지고 극우가 사회적 문제로 떠오르기 시작할 즈음 폭발적으로 활성화되었다. 당시 일베를 둘러싼 분석에는 인터넷사史 중 디시 코미디 갤러리와 2008년 촛불시위에서 일베의 기원을 발견하려는 박가분, 페미니즘의 렌즈로 일베의 동력 중 하나가 여성혐오임을 '김치녀' 키워드로 분석하려는 윤보라의 연구 등이 있다. 사회학 연구자 김학준의 석사학위논문에서는 앞선 여러 연구를 정리한 뒤 사회에서 밀려나 있는 잉여들의 불안이 온라인 뒷골목에서 밈과 밈에 담긴 혐오로 드러난다는 것을 지적한다. 또 디시의 소통 양상으로 밈을 지목한 인류학자 이길호의 연구도 눈여겨볼 성과다.

인터넷 밈에 담긴 일베 문화가 정치적으로 유효하느냐에 대한 갑론을박도 일었다. "세력화가 되기에는 아직까지 일베 이용자들에게 하나의 '이념'이 없"는 데다가, "기존에 나왔던 주장에 대해 표현을 혐오적으로 할 뿐"인 "배설에 가까운 형

---

26 이를 잘 드러내는 대표 사례가 경향신문에 연재된 기획물 "'일베 현상'에서 한국 사회를 본다(2013)"라고 할 수 있다. 일베 현상 자체를 분석하면서, 동시에 일베를 둘러싼 전문가들을 초청해 기획물을 연재했다.

태"[27]라는 최태섭의 지적은 쟁점을 잘 드러낸다. 최태섭의 주장은 고故 노무현 전 대통령 밈을 사례로 다룬다. 특히 김치녀와 광우뼁, 홍어 등의 일베 내 은어들이 정치적 타자의 혐오를 가속화한다고 보았다. 위의 논의를 종합한 하지율은 디시의 악플러인 씨벌교황을 분석하면서, "디시의 품격있던 '개념인' 문화와 '하오체' 의례가 2000년대 중반 완전히 소멸해"버렸다고 진단한다. 이어서 서로를 존칭으로 칭하는 대신 서로를 깎아내리고 병신이라 칭하면서 "외부의 사회적 관계나 논리"[28]를 배제하는 분위기를 일베의 기원으로 이야기한다.

잉여와 루저, 병맛이라는 단어로 드러나는 인터넷 초기 청년 세대의 밈 문화가 타인에 대한 혐오를 유머로 소비하는 일베의 멘탈리티를 형성했다는 진단으로 이어지기도 했다. 이를 생존주의의 맥락에서 구성된 청년 세대의 심리로 보는 분석도 이루어졌다. 정치적 밈으로 쓰이는 인터넷 밈은 청년의 좌절감과 울분 등 억압된 것이 회귀하는 통로로 보인다. 정치적 밈이 문제시되는 이유는 여기서 드러난다. 미시적인 차원에서는 놀이에 불과하지만, 거시적인 차원에서는 특정한 목적을 지니고 움직이는 정치적인 운동이자 여론으로 보이는 착시를 일으키기 때문이다. 다만 이를 정치적 목소리로 포착하는 순간에

27 일베가 세력화하기엔 통일된 이념이 없다, 그들은 배설을 할 뿐, 2013. 06.06., 경향신문, https://www.khan.co.kr/national/incident/article/201306062218235

28 2010년 이미 예견된 '일베'의 탄생, 2015.08.30., 오마이뉴스, http://www.ohmynews.com/NWS_Web/View/at_pg.aspx?CNTN_CD=A0002138082

비로소 이들이 정치적 목소리를 얻게 되는 역설에 처한다.

지젝은 정치적 운동이 밈으로 이어질 때는 합리적인 반론을 제거하며, 말하는 행위 자체를 향유하는 것으로 이어진다고도[29] 지적했다. 이는 정치적 운동이 인터넷 밈과 결부되어서 놀이문화로 소비되는 양상을 잘 드러낸다. 반면 이에 따라 인터넷 밈은 의제를 차지하는 투쟁의 도구로 쓰인다. "젊은이들의 쟁투답게 그 현장은 주로 인터넷 공간이며, (손가락 모양 등) 그들이 생각지도 못한 것을 가져다 효과적인 헤게모니적 기표로 내세워 또래 집단을 세력화하"[30]고 있는 식이다.

SNS에서의 정치적 밈과 확증편향의 확산은 한편으로 주목 경제와 맞물려 있다. 리모르 시프만은 인터넷 밈의 경제적인 논리를 언급하면서, 콘텐츠가 정보값을 갖는 것보다 관심을 유발하는 것이 더 큰 가치를 지니게 된 주목 경제시스템이 바로 유저들이 인터넷 밈을 생산하는 원리 중 하나라고 보았다. 김내훈 또한 정치적 밈의 요인으로 프로보커터(도발하는 자에서 따온 단어로, 도발을 통해서 관심을 얻는 관심종자를 뜻한다)가 관심을 통해 수익을 창출하는 주목 경제를 지적했다. 각종 가짜 소식을 편집하고 왜곡해서 전달하는 사이버 렉카를 예로 들 수 있을 것이다. 이들은 상대방을 도발하면서도 '사이다 발언'으로 주목받는다. 이는 자신이 자리하는 진영논리에 속한 이들의 이해관계를 대변하는 내용의 위악적인 언행을 말한

---

29   슬라보예 지젝, 2006, 《신체 없는 기관》, 김지훈·박제철·이성민 옮김, 도서출판b, p. 274

30   김내훈, 2021, 〈'이대남'의 포퓰리즘과 그 이면〉, 《문화과학》, 108, p. 158.

다. 시청자는 복잡한 사유와 텍스트 독해의 과정을 거치지 않고 그들이 하는 발언을 그대로 수용한다. 나아가 비슷한 의견을 자극적으로 표현하는 프로보커터에게 의견을 의탁하기에 이른다. 김내훈은 이런 현상을 담론의 외주화로 정의한다.

이때 정치적 밈은 밈화가 아니라 합성 소스를 그대로 복사하는 수준에 그친다. 인터넷 밈의 미학적 의의는 합성 소스를 색다른 맥락에 배치하고, 맥락과 합성 소스 사이의 충돌을 일으키면서 생긴다. 그러나 담론의 외주화에 익숙해진 이는 누구보다 열성적으로 생각하며 정치적으로 깨어 있다고 자신하지만, 타인의 정보를 접하면서 자기 안에 타자와 충돌하는 몽타주를 만들어낼 의지가 없다. 그저 주어진 이미지에 자신을 숨기거나, 주어진 이미지를 아무 곳에서나 남발하면서 자기가 할 말만 하기 때문이다.

정치적 밈은 행위자의 주체적 목소리를 제거하며, 말초적인 감정을 자극하고 확증편향을 강화하는 음모론과 프로파간다를 재생산하기도 한다. 문재앙, 박그네 등의 밈을 통해 상대 진영이 지지하는 대통령을 폄훼하거나 그들에게 어떠한 특정한 이미지를 덧씌워서 "커뮤니케이션은 정보에 의해 추방되"고 "정보는 센세이션에 의해 추방"[31]되도록 한다. 여기에 프로보커터의 난립은 밈적 대립을 가속화한다. 상대의 모든 메시지를 정치적인 서사로 왜곡하며 그것을 뉴스화하는 것이다.

---

31 노르베르트 볼츠, 2000, 《컨트롤된 카오스》, 윤종석 옮김, 문예출판사, p. 286.

연예인이나 대통령의 언사나 몸짓, SNS에 업로드된 이미지에 대한 음모론적인 해석과 논쟁은 이 인식에 기반해 있다. 프로보커터에게는 모든 것이 주목 경제의 수단이자 뉴스 가치를 지니기 때문이다. 매체학자 노르베르트 볼츠의 지적대로 "매스미디어들은 모든 정치적, 사회적 관계들을 뉴스 가치를 지닌 사건들로 해체시키"[32]기에 이른다. 이를 수용하는 대중은 세상에 있는 모든 것들을 뉴스로 이해하게 된다.

일베의 멘탈리티를 다룬 김학준의 연구도 주목할 만하다. 김학준은 인터넷 밈을 합성콘텐츠를 제작하기 위한 재료인 '필수요소', 그리고 그 필수요소가 또 다른 필수요소와 합성되는 '밈'이라는 차원으로 나누었다. 그는 합성 필수요소가 특정 작품을 잘라내 탈맥락화한 것이라는 점에 초점을 두었다. 합성 필수요소는 포토샵 등 합성 프로그램의 대중화로 인해 밈화가 될 수 있으며, 밈화의 기저에는 고퀼(높은 품질)을 바라지 않는 인터넷 커뮤니티의 감수성이 깔려 있다고 본다. 그 감수성은 어떠한 이미지든지 웃기게 밈화된다면 고퀼로 인정할 수 있는 심리적 허용이 가능하게 한다. 김학준은 이러한 밈화의 감수성을 일베의 기원 중 하나로 본다. 디시에서 비롯된 인터넷 밈이 왜곡된 능력주의와 결탁해 나타난 재미지상주의가, 혐오 발화를 농담으로 치부하고 혐오를 재생산하게 방조했다는 것이다.

김학준은 〈개그콘서트〉 등 예능에서 드러난 한국적인 웃음

---

32 노르베르트 볼츠, 앞과 같은 책, p. 290.

모델이 일베의 "자신보다 못한 이들을 비하함으로써 자신의 존재 가치를 발견하는 상호모멸의 매커니즘"[33]의 원형을 제공했다고 본다. 또한 이러한 웃음 모델을 폭력적으로 가속화한 원인은 경쟁적인 인터넷 커뮤니티 환경, 그리고 관심 경제의 원형이라고 할 수 있는 관종의 등장이다. 김학준은 인터넷 커뮤니티 환경이 능력주의와 결합한다고 본다. 갤러리에 업로드된 어떤 게시물의 추천 수와 댓글 수가 일정량을 넘을 시에 갤러리 상위에 해당 게시물이 고정되기 때문이다. 상위에 고정된 게시물은 개념글, 혹은 추천글이라는 이름으로 다른 글보다 더욱 주목받게 된다. 여기에 좋아요 등으로 관심 표시가 수치화되어 드러나면서 유저들은 추천 및 댓글 수에 집착하기 시작한다. 또한 그러한 수치를 상대방과의 우위를 점하게 만드는 객관적인 지표로 느낀다. 드립은 아무런 경제적인 활동 없이 그에 버금가는 효능감을 얻으려는 발버둥인 셈이다.

4chan에서 유행했던 개구리 페페 밈을 다룬 아서 존스 감독의 다큐멘터리 〈밈 전쟁: 개구리 페페 구하기(2020)〉에서도 경쟁적인 혐오는 4chan의 습성이라고 지적한다. 4chan 커뮤니티도 타 커뮤니티와 마찬가지로 추천 수에 따라서 글이 상위로 노출되며, 글이 상위에 노출될수록 유저가 자존감을 느끼게 한다. 그곳에서 타인의 관심을 모으는 가장 빠른 방법은 혐오 발화다. "인간이 다섯 명이나 모이면 그중 반드시 한 명 쓰레기가 있다"라고 이야기하거나 "대중은 개돼지입니다" 등

---

33   김학준, 2022, 《보통 일베들의 시대》, 오월의봄, p. 32.

을 이야기하면서 우월감을 얻으려 하지만, 본인이 그 혐오의 대상이 되기도 하는 아이러니이다.

이는 관종의 과잉된 행동과도 이어진다. 관종은 광범위한 대중에게 관심을 얻으려 사회적으로 용인되지 않는 행위를 저지르는 유저를 뜻한다. 관종은 드립으로 주목받고자 하는데, 앞서 말한 것처럼 드립은 대체로 즉흥성에 기반해 있다. 추천글에 오르려는 경쟁에서 유리한 조건 중 하나는 웃긴 농담을 빠르게 생산하는 속도이기 때문이다. 따라서 드립은 그것이 미칠 영향을 생각하지 못한 채로 남발되며, 발화하는 사람은 곧장 휘발될 농담으로만 치부하기에 그에 대한 책임 소재는 사라진다. 관종은 좋아요와 댓글을 얻고자 더욱더 자극적인 글을 쓰기 시작했으며, 약자 혐오와 같이 금기시된 주제를 드러내는 방식으로 대중의 반응을 자아낸다. 드립은 관종이 추천글에 오르려 하는 욕구에 의해서 남발되지만 한편으로는 극우의 이데올로기를 재생산하는 수단으로도 작동하는 것이다. 관종은 또 다른 관종을 낳고, 그들에 의해서 혐오가 확대재생산된다.

김학준의 연구는 인터넷 밈을 단순히 문화 요소로만 파악하는 이전의 경향에서 벗어난다는 점에서 눈여겨볼 만하다. 시프만도 합성 요소의 중요성을 이야기하지만, 시프만이 합성 요소가 밈으로 밈화되는 양상에 초점을 둔 데 비해서 김학준은 밈화 과정에서 혐오가 개입할 수 있으며, 놀이로 혐오를 재생산할 수 있다는 위험성을 지적한다. 즉 개개인이 주체적으로 생각하지 않는 한 밈화는 타인을 혐오하는 수단으로 전락할 수 있다는 것이다.

지금껏 정치적 밈에 대해 이야기한 이유는 우리를 기껏해야 정치적 밈에 동원되는 대중으로 대하는 관점을 반대하는 데 있다. SNS에서든 실생활에서든 친구와 애인, 가족 등 친밀한 사람과 교환하는 인터넷 밈이 정치적인 밈보다 우리의 삶에 훨씬 더 큰 영향을 끼친다. 정치적 논의가 우리 삶의 일부에 불과하듯이 정치적 밈 또한 인터넷 밈의 일부에 불과하다. 우리는 고작 진영 논리에 갇힌 존재가 아니다. 우리는 일상에서 진영 논리에 따라 행동하지 않는다. 그리고 시시때때로 본인의 신념과 다른 정치적 신념을 지닌 타자를 계속해 마주하기도 한다. 일상은 정치보다 복잡하다. 우리의 모든 언행이 진영 논리 아래에 있다고 생각하는 것은 스스로를 좀비로 하대하는 행위이기도 하다. 손절이 일상화된 시대에는 더욱 그러하다. 인터넷 밈의 정치적 자유는 우리가 정치적 밈에서 벗어나 진영이나 정당의 논리로 사유하지 않을, 어설프더라도 복잡한 정치적 주체성을 가지고 있음을 자각하는 데서 비롯한다. 우리는 서투르고 조금 더듬더라도 우리의 욕망을 말하는 연습을 해야 한다.

인터넷 밈이 사유의 부재로 우익에 의해 전유될 것이라는 공포는 가득한데, 왜 반대로 시민 사회가 다 함께 인터넷 밈을 전유할 가능성은 상상하지 않을까? 유머는 타인과 나 사이의 대화이자 미메시스다. 추천 수와 좋아요로 내 자존감과 지갑을 채우려는 나르시시즘적인 욕망은 상대방을 진정으로 웃기겠다는 본능에서 우러나오는 유머를 이기지 못한다. 똑같은 합성 소스를 쓰더라도 나와 성향이 다른 타인, 즉 타자를 웃기려고 할수록 나와 그 타자 사이의 접점을 사유하게 된다. 그 접점을 사유하고 거기에 합성 소스를 배치하는 순간 합성 소스에 깃든 독성이 사라진다. 이와 같은 과정을 한 번이 아니라 수십 번을 거치게 된다면 대중이 쓸 수 있는 기호로 탈바꿈할 수 있다. 물론 합성 소스의 기원을 굳이 파헤쳐내면 그 독성이 흔적으로나마 보일 테지만, 그 흔적도 새 의미로 덮어버리면 그만이다. 유머는 의미의 고정이 아니라 의미의 표류와 거기서 생기는 오해에서부터 나온다. 특정 단어의 의미가 여러 맥락 사이에서 표류하면서 의미의 확정이 지연된다는 것을 긍정하는 순간에 우리는 그 단어를 전용하고 재창조할 수 있다. 재창조의 가능성을 믿어야 하는 것이 바로 우리의 몫이라 생각한다. 페페 더 프로그가 홍콩 민주화의 상징으로 쓰이게 됐듯, 헛된 꿈이라도 그 가능성을 믿고 싶다.

5장

어떻게 인터넷 밈이 변하니?

– 인터넷 밈 이후의 문화와 예술

우리는 그 영화를 인터넷 밈이라
부르기로 약속했어요
– 영화가 인터넷 밈을 재현하는 법

예술 작품에서 인터넷 밈을 보는 일도 점차 흔해지고 있다. 유튜브나 SNS, 숏폼 같은 인터넷 매체의 전유물이라 생각했던 인터넷 밈은 어느덧 영화부터 시작해 미디어아트 등의 예술에 서서히 모습을 드러내고 있다. 인터넷 밈이 더는 인터넷 문화에 그치지 않고 우리 시대의 미적 질료가 되어가고 있음을 보여주는 것이다. 나아가 인터넷 밈은 그 시의성으로 인해서 현대성을 지닐 수밖에 없다. 그만큼 인터넷 밈을 담은 영화나 작품은 우리가 직면한 문제를 첨예하게 담는다.

오늘날 인터넷 밈은 영화에 등장하기 시작했는데, 정확히는 2010년대 중후반을 기점으로 인터넷 밈이 영화 소재로서 모습을 드러내는 중이다. 이를테면 2019년에 개봉한 〈기묘한 가족〉의 오프닝 시퀀스에서 달려가는 개를 본 한 노인이 "야! 개 짖는 소리 좀 안 나게 해라!"라고 외친다. 이는 개가 짖는 소리 때문에 한 아파트 주민이 허공에 소리를 지르는 인터넷 밈을 인용한 것으로 보인다. 또한 엔딩에서는 드라마 〈허준 (1999)〉의 "줄을 서시오"를 패러디한다. 같은 해에 개봉한 〈엑시트〉에서도 영화 〈클레멘타인(2004)〉에서 나온 밈인 "아빠 일어나!"를 패러디한 대사 "삼촌 일어나!"가 등장한다. 앞선 영화들에서 밈은 웃음을 유발하는 패러디 요소로 쓰이며, 영화를 관통하는 감수성이 B급 정서와 하위문화에 기반하고 있다는 것을 드러낸다. 인터넷 밈은 이 작품이 B급이라는 알리바이로 보이기도 한다.

할리우드에선 밈을 동시대를 보는 렌즈로서 극영화에 반영하려는 움직임이 보인다. 2019년에 개봉한 조나단 레빈의 로맨틱코미디 영화 〈롱샷〉은 정치적인 밈으로 인해 생기는 공화당 지지자와 민주당 지지자 간의 대립을 희극적으로 그려내 관객에게 웃음을 유발하면서, 동시에 정치의 양극화가 일상화된 미국의 정치적 갈등을 풍자한다. 탈-진실 시대의 흐름 한가운데에 서 있는 트럼프가 집권한 이후로 이와 같은 양상은 더욱 두드러졌다.

2021년에 개봉한 애덤 맥케이의 〈돈 룩 업〉은 전지구적인 위기가 닥쳤는데도 스마트폰만 보고 있는 현대인의 초상을 풍자한 영화다. 후반부에 이르러 천문학자 랜달 민디(레오나르도 디카프리오)의 주장에 동조해 곧 다가올 혜성을 마주하자는 룩 업 운동과 그런 민디의 룩 업 운동이 그저 엘리트의 말장난일 뿐이라는 돈 룩 업 운동이 맞부딪치는 상황을 그린다. 이 때 두 정치 세력이 쓰는 언어 중 하나가 인터넷 밈이다. 그것은 상대를 조롱하고 그의 주장을 장난스럽게 만드는 데 일조하는 동시에, 그것이 내포하는 섬뜩한 집단 무의식을 담고 있기도 하다.

이 영화에서 눈여겨볼 만한 것은 인터넷 밈과 사이트가 몽타주되는 방식이다. 〈돈 룩 업〉에서 룩 업과 돈 룩 업의 대립을 설명할 때 SNS와 인터넷 방송, TV 등 여러 미디어가 동원된다. 숱한 디지털 이미지가 디졸브 기법으로 그려지며 포개지는 덕에 마치 그 모든 것이 한 장소에 몰려 있는 것처럼 보인다. 이때 우리는 인터넷이 단일한 공간으로 연결되어 있다는 착각을 하게 된다. 몽타주의 기반을 마련한 러시아의 영화 이론가 레프 쿨레쇼프가 만들어낸 창조적 지리학이 쓰인 것이다. 창조적 지리학은 실재하는 전혀 다른 두 공간을 번갈아 비추거나 포갬으로써 지구에 존재한 적 없는 새로운 장소로 보이게 하는 기법이다.

인터넷 공간은 부족화된 사회다. 인터넷 밈이 확산되는 상황에서 커뮤니티 하나하나를 관찰할 수는 있어도 인터넷 전체를 조망하긴 힘들다. 〈돈 룩 업〉은 온라인의 한 커뮤니티에서 다른 커뮤니티로 이어지며 퍼지는 것을 넘어서 오프라인의 시위로까지 확장되는 인터넷 밈과 여론의 움직임을 그리려 한다.

온라인에서의 사건이 현실에 영향을 끼치는 서사는 오래전부터 그려졌다. 게임 속 세계를 그린 〈트론(1982)〉이나 앞서 언급했듯 온라인과 오프라인을 이분법적으로 바라본 〈매트릭스〉, 〈링〉, 〈주온〉 등 여러 고전 영화가 그 사례다. 이러한 영화는 온라인과 오프라인 사이에 위계가 있고 온라인 속 사건이 오프라인에 혼란을 불러온다고 본다. 2018년에 제작된 스티븐 스필버그의 〈레디 플레이어 원〉은 이러한 상상력의 한계를 담는다.

이 영화는 폐허가 된 미래를 배경으로 빈민가에서 사는 소년 웨이드 오웬 와츠(타이 셰리던)의 이야기를 다룬다. 가정폭력의 피해자인 웨이드는 VR 기기로 접속할 수 있는 가상현실 게임 오아시스를 도피처로 삼는다. 웨이드는 거기서 만렙 토끼도 이길 수 있는 고인물 유저다. 비루한 현실을 견디게 하는 것은 그뿐만이 아니다. 웨이드를 포함한 게임 플레이어들의 유일한 희망은 오아시스의 개발자 제임스 할리데이(마크 라이런스)가 심어둔 세 개의 이스터에그를 찾는 것이다. 할리데이가 그것을 발견한 이에게 게임을 물려주겠다는 조건을 걸었기 때문이다. 웨이드는 어느 날 오아시스에서 이상형인 사만다(올리비아 쿡)를 만나고, 첫 이스터에그를 손에 쥐게 된다. 그때부터 웨이드 일행은 오아시스의 경쟁사 사장인 놀란 소렌토에게 추적당한다. 웨이드가 이스터에그를 찾아서 모험을 떠나는 과정은 〈인디아나 존스〉 시리즈에서 인디아나 존스의 모험과 닮아있다. 스티븐 스필버그는 본인이 가장 잘하는 서사를 되풀이하며 관객의 마음을 사로잡는다.

이 영화의 핵심은 듀란듀란부터 건담까지 온 세상의 대중문화 콘텐츠를 한곳에 집결시켰다는 것이다. 스필버그가 아니라면 오버워치와 스타크래프트, 건담이 한데 어우러진 영화를 보는 일은 불가능할 것이다. 슈퍼맨 클라크 켄트가 악역이고, 여주인공이 아키라의 바이크를 타고 종횡무진하는 낭만이라니. 무엇보다도 건담과 메카고질라의 싸움은 특촬물 덕후의 심쿵사를 일으킬 수 있을 만큼 벅차다. 고전 영화에 대한 팬서비스도 넉넉하게 들어가 있다. 영화 속 웨이드는 첫 이스터에그로 거금을 획득한 다음 게임 속 아이템 상점에 간다. 그는 그곳에서 〈몬티 파이튼의 성배(1975)〉에 등장하는 안티옥의 신성한 수류탄을 구매한다. 또한 웨이드 일행은 박물관에 전시된 스탠리 큐브릭의 〈샤이닝(1980)〉을 게임처럼 플레이하기도 한다. 영화사에 획을 그은 고전 명작도 게임의 레퍼런스로 쓰일 뿐

이다. 이처럼 동서양의 서브컬처를 총집합하는 방대한 상상력
은 모든 서브컬처 소비자에게 바치는 헌사로 보일 만하다. 물
론 서브컬처 팬덤의 부정적인 이미지가 하나도 나타나지 않으
며 그 이미지 하나하나가 유물처럼 다루어진다며 딴지를 걸
수 있으나 여백이 부족하므로 굳이 하지는 않겠다.

　앞서 사례로 말했듯 온갖 콘텐츠가 원본의 맥락과는 상관없
이 하나의 스크린에 평등한 위상으로 존재하므로, 〈레디 플레
이어 원〉 역시 인터넷 밈의 감각을 반영한 것이라고 할 수 있
을까? 이 영화는 모든 이미지가 매끄러운 애니메이션으로 그
려져 있다. 게다가 할리웨이가 감독과 자신의 자전적인 모습
을 투영해 만든 세계관이 균열의 조짐 없이 설계되어 있기에,
인터넷 밈 특유의 혼종성을 발견할 수 없다. 뿐만 아니라 이 영
화는 모든 예술과 콘텐츠 사이의 우열을 제거한 대신 예술과
현실 사이에 격차를 둔다. 이 영화에 개인적으로 느끼는 애증
이 여기서 생긴다. 온라인은 희망 없는 오프라인으로부터의 도
피처도 아닐뿐더러, 모험의 장소도 아니어서다. 영화 속에서
는 VR기기와 닮은 고글 하나만으로 세계가 희망 혹은 절망으
로 갈린다. 또한 소렌토와 웨이드 사이의 갈등 구도는 사실 오
프라인에서 일어나는 두 회사 사이의 이권 분쟁을 온라인으로
옮긴 것에 불과하다. 즉 온라인 세계의 존망은 오프라인 세계
에 달려 있다는 식으로 묘사된다. 물론 틀린 묘사는 아니다. 예
컨대 박윤진 감독의 다큐멘터리 〈내언니전지현과 나(2020)〉에
서 운영진에게 버려진 '망겜' 일랜시아의 풍경은 황무지에 가
깝다. 그러나 온라인이 결국 오프라인의 부속품에 불과하다는

묘사는 온라인과 오프라인 사이의 상호작용을 외면하는 것이다. 이는 사이버펑크라는 고전적인 장르를 답습하는 것에 그치지 않는다.

앞서 말한 〈돈 룩 업〉은 이보다 한 발자국 더 나아간다. 〈레디 플레이어 원〉이 온라인을 현실과 분리된 거대한 가상의 세계관으로 그리는 반면, 이 영화는 구성된 SF적 세계관에서 벗어나 인터넷을 오프라인 공간과 몽타주되며 포개지기도 하는 하나의 세계로 그린다. 다만 〈돈 룩 업〉이 사이버스페이스의 이분법을 넘어섰다고 한들 인터넷 밈을 잘 그려낸 영화인지는 의문이다. 이 영화와 비슷한 사례가 하나 있다. 장강명 작가의 동명 원작 소설을 각색한 안국진 감독의 영화 〈댓글부대(2024)〉다.

〈댓글부대〉는 국정원의 댓글부대라는 소재를 다루는 만큼 영화 전반에서 인터넷 밈을 전방위적으로 쓴다. 개구리 페페부터 시작해 온갖 인터넷 밈이 인용되며 서사에 개입한다. 인터넷 밈은 여론을 조작하는 텍스트 사이에 삽입되고, 대중의 집단적인 정념을 증폭하는 장치로 쓰이기도 하며, 후반에 이르러서 주인공 임상진(손석구)의 망가진 멘탈을 이미지화하는 장치로노 활용된다. 여기까지는 〈돈 룩 업〉에서 인터넷 밈을 쓰는 방식과 비슷하다.

그러나 〈댓글부대〉는 〈돈 룩 업〉과 정반대 입장에 있는 영화이기도 하다. 〈돈 룩 업〉은 인터넷 여론을 창조적인 지리학이라는 몽타주 기법으로 그려내며 커뮤니티 사이의 여론 지형과 인터넷 밈의 유행 경로를 시각화하려고 한다. 〈댓글부대〉

의 의의는 이를 반박하는 데서 나온다. 유행하는 인터넷 밈의 배후에는 댓글 공작이 있으며, 인터넷 여론이 조작되었다는 심증이 있어도 물증이 없기에 그것을 발설하는 순간 음모론자가 될 수밖에 없다는 사실을 명백히 그린다. 정치적 밈과 인터넷 여론을 진지하게 분석하려는 순간 바보가 된다는 것을 잘 반영한 셈이다.

안국진 감독은 《씨네21》 인터뷰에서 인터넷 밈을 구현하는 데 심혈을 기울였다고 밝혔다. 감독 본인부터 영화를 만드는 동안에 인터넷 커뮤니티에 빠져 있기도 했다. 온라인 게시판을 탐방한 연출부를 섭외해 함께 커뮤니티에서 쓰일 법한 밈을 그려냈다. 나아가 감독은 인터넷 밈을 몽타주할 때 빠른 편집 리듬을 통해서 순간적으로 등장하고 사라지는 인터넷 밈의 속도를 그려낸다. 동시에 인터넷 밈으로 이슈가 매일같이 순식간에 전환되는, 우리의 가속화된 시간 개념을 영화로 체험하게 한다. 다만 〈댓글부대〉에서 묘사되는 인터넷 밈이 여론전의 수단으로 쓰이는 정치적 밈에 그친다는 아쉬움이 있다. 인터넷 밈을 텍스트를 뒷받침하는 수단으로 그리기에 그 속의 정치적 감정을 더 과장해 드러내고, 이때의 밈은 여론을 시각화하는 이모티콘 이상의 역할을 수행하지 않는다. 〈돈 룩 업〉에서도 마찬가지다. 인터넷 밈은 정치적 감정을 설명하는 텍스트로 전락하고 마는 셈이다.

이제는 온라인이 오프라인과 동등한 위치에 서 있는 시대이다. 최근에는 두 공간을 가르는 이분법을 지우려는 영화가 서서히 생겨나고 있다. B급 호러와 스릴러 영화에서 이러한 작법이 성공한 사례가 있는데, 일례로 〈언프렌디드(2015)〉와 〈서치(2018)〉라는 두 영화는 인터넷과 그것을 보고 있는 인물을 교차하며 이야기를 전개한다. 다만 장르 특성상 온라인과 오프라인에 대한 매혹적인 통찰로 나아가기보다 두 공간 사이의 정보 격차와 거기서 오는 스릴에 집중해 전개된다. 나아가 어떤 영화는 온라인과 오프라인을 하나의 공간에 공존하도록 하는 데까지 나아가며, 인터넷 밈이 우리의 삶에 침투하는 감각을 그리기까지 한다. 그중 하나는 타이카 와이티티가 2019년에 찍은 〈조조 래빗〉이다. 개인적으로 이 영화를 최초의 인터넷 밈 영화라 생각한다.

이 영화에서 가장 비극적인 장면을 먼저 소개하고자 한다. 나치광 소년 조조(로먼 그리핀 데이비스)는 식량을 구하러 마을을 배회하던 중 낮게 날아가고 있는 나비를 따라간다. 그가 다다른 곳은 反나치 활동을 한 이들의 교수형이 집행되는 마을 광장이다. 조조는 하늘로 높게 날아가는 나비를 따라서 고개를 높게 든다. 그때 허공에 붕 떠 있는 어머니 로지(스칼렛 요한슨)의 시체를 본다. 조조는 그녀의 흰 구두를 껴안고 흐느낀다. 너저분하게 풀린 구두의 끈을 묶으려 했지만 실패한 채로. 광장에는 아무도 없다. 이러한 엄숙한 분위기가 무색하게, 갑자기 창문 두 개가 있는 지붕을 찍은 장면이 삽입된다. 지붕은 마치 두 눈이 달린 듯이 보인다. 이 장면은 영화에서 가장 비극적인 순간이지만, 지붕의 등장으로 인해 장면에 왜인지 웃픈 뉘앙스가 감돌기 시작한다.

이 지붕은 Roof have eyes라는 인터넷 밈을 그대로 쓴 것이다. 급작스레 삽입되는 인터넷 밈은 조조가 있는 마을의 광장을 낯설게 한다. 반反나치 활동가가 죽은 광장은 오프라인 세계를, 사방에서 광장을 둘러싼 지붕들은 온라인 여론을 그려내는 듯하다. 오프라인에서 타인이 비극적 상황에 있어도 온라인에서는 그 상황을 창문으로 마주할 수밖에 없다. 온라인 공간 속의 대중이 댓글로 쓸 수 있는 것은 이모티콘처럼 경직된 표정뿐이다. 진정한 아이러니는 서로의 슬픔이 닿지 못하는 오프라인과 온라인의 온도 차이에 있다. 다만 이 영화는 인터넷 밈을 그려내는 순간 온라인과 오프라인이 같은 차원에 있으며, 인터넷 밈이 언어를 대신하고 있다는 것을 드러낸다. 이 영화 속의 인터넷 밈은 정치적 감정을 설명하는 부속품에 그치지 않고 또 다른 언어로 작동하고 있다.

다소 과장된 해석이 아니냐는 비판이 있을 수 있지만, 타이카 와이티티는 오프닝에서부터 마치 의도적으로 영화 곳곳에 인터넷 밈이 생각나게끔 하는 장치를 심었다. 영화가 시작되자마자 독일어판 비틀즈 〈I want to hold your hand〉가 흘러나온다. 레니 리펜슈탈의 〈의지의 승리〉 초반부에 등장하는 몽타주와 주인공 조조가 교차편집으로 나온다. 이때 히틀러를 찬양하는 독일 군중이 찍힌 자료화면이 사분할로 나누어 나열된다. 길어야 3초 남짓한 동안에 되풀이되는 이 영상은 인터넷 밈으로 쓰이는 GIF 형식과 닮아있다. 감독은 히틀러의 집권 과정을 인터넷 밈의 몽타주로 그려낸다. 대중은 홀린 듯이 독재자 히틀러를 소비한다. 이는 정치적 밈의 차원에서 히틀러를 소비하는 양상에 가깝다. 영화에서 어른 혹은 대중이 모습을 드러내는 것은 이 정도까지다. 영화는 곧장 조조의 이야기를 다루기 시작한다.

조조는 디지털 네이티브 세대의 아이로 그려진다. 그의 시점에서 그려지는 영화 속 세계는 온오프라인의 구분이 사라져 있다. 특히 게슈타포가 급작스레 조조의 집을 수색하는 장면이 그러하다. 서늘한 긴장이 흘러야 하는 상황인데 정작 관객이 마주하는 것은 몇몇 게슈타포가 채팅방에 막 입장한 사람처럼 서로 "하일 히틀러"를 연발하는 상황이다. 인터넷 밈이 어머니의 죽음에 반응하듯, 게슈타포는 현실로 보이는 조조의 집이 사실은 온라인 공간이라는 것을 드러낸다. 〈조조 래빗〉은 온오프라인을 나누기보다 그 둘을 같은 공간으로 다루려고 한다. 온라인 공간은 종종 오프라인에 침투하고 그 반대도 마찬가지다. 오프라인과 온라인이 다른 영역으로 구분되지 않으며, 둘 사이의 위아래마저 없다. 디지털 네이티브의 감각이 반영된 셈이다. 그로 인해서 영화 속 진실과 거짓의 경계마저 흐릿하지 않다. 나치 유겐트 사무소에서 스치듯이 등장하는 클론은 〈캡틴 아메리카〉와 〈헬보이〉 등 나치 관련 영화 시리즈의 2차 창작물에서 자주 등장하는 소재이지만, 〈조조 래빗〉에서는 자연스러운 사실이다. 진실과 사실의 경계가 무너져 있음을 드러낸 것이다.

디지털 네이티브인 조조는 나치를 인터넷 밈으로 소비한다. 조조의 방에 가득한 나치 선전 문구는 인터넷 밈처럼 그려져 있으며 조조는 친구나 어머니와 놀 때도 나치와 유대인 혐오를 놀이로 소비하고 있다. 조조에게 나치의 사상을 심은 히틀러는 더욱 독창적으로 그려진다. 감독은 영화 속 히틀러를 철없는 아이의 망상에서 탄생한 끔찍한 혼종으로 그린다. 역사 속 히틀러는 채식주의자에 비흡연자이며 동물보호법을 주장할 정도로 금욕적인 생활을 유지했다. 반면 영화 속 히틀러는 장난스러운 데다가 유니콘 고기를 끼니마다 먹어대며 담배를 시도 때도 없이 피우고 조조가 나치 유겐트에 가입하도록 선동한다.[1] 영화 속 히틀러는 마치 히틀러라는 프로필을 쓰는 인터넷 속 친구 중 하나에 더 가깝다. 조조는 히틀러를 진짜로 본 적이 없기에 그저 그를 상상할 수밖에 없다. 조조는 그의 영향으로 나치 유겐트를 평범한 보이스카우트 캠프처럼 생각하다가, 거기에서 사고를 당해 얼굴에 흉터를 입는다.

조조가 히틀러의 영향에서 벗어나는 과정도 흥미롭다. 이 영화는 조조를 섣불리 오프라인으로 꺼내려 하지 않는다. 오히려 더 다양한 이와의 만남이 그를 구할 것이라는 비전을 드러낸다. 조조는 집 안에 숨어 살아가는 유대인 소녀 엘사와 대화하면서 유대인 혐오를 자연스레 일삼는 자신을 마주하기 시작한다. 그녀를 짝사랑하면서부터는 히틀러와 어울리지 않으려 한다. 어머니의 죽음은 그가 평소에 찬양하던 나치의 만행을 눈앞에서, 가장 소중한 사람의 죽음으로 체험하게 만든다. 유겐트를 관리하는 아웃사이더 군인 클렌젠도르프와의 만남

---

[1] 여기서 아이러니한 것은 히틀러를 연기한 배우가 폴리네시아 출신 유대인인 감독 본인이라는 사실이다. 감독은 영화가 개봉하기 전에 자신이 히틀러를 연기하는 것만큼 히틀러를 분노하게 하는 것은 없을 것이라는 이야기를 꺼냈을 정도로 이 설정에 진심이다.

과 그의 희생 또한 조조에게 영향을 준다. 클렌젠도르프는 부하와의 묘한 로맨스 라인 등을 통해 영화 곳곳에서 퀴어라는 것이 암시된다. 마지막에 이르러 그가 조조 대신 죽기를 택할 때, 일련의 요소들로 동성애자임이 밝혀진다. 나치에서 동성애자는 핍박의 대상이었기에 클렌젠도르프는 죽는 순간에야 제 모습을 드러낼 수 있던 것이다. 조조는 자신이 은연중에 혐오하던 이들을 실제로 만나면서 히틀러에 저항하기 시작한다. 히틀러가 조조에게서 사라지는 순간은 이 영화의 태도를 잘 드러낸다. 인터넷 밈에서 벗어나야 한다고 말하면서도 감독은 조조를 오프라인으로 데리고 가려 하지 않는다. 되려 소수자와의 연대로 그를 끄집어낸다. 그리고 히틀러의 자살은 마치 인터넷 밈의 유행이 끝난 것처럼 알려진다.

〈조조 래빗〉은 사이버펑크의 이분법을 넘어서 있다. 오히려 온라인과 오프라인이 스크린에 합쳐진, 인터넷 밈의 합성 논리에 더 가깝다. 이 영화의 스타일은 웨스 앤더슨, 멀리는 자크 드미에게서 영향을 받은 것으로 보인다. 자크 드미는 앤티크한 분위기와 다소 강박적인 색감을 자랑하는 감독으로, 이러한 연출 스타일이 잘 드러나는 영화 중 하나가 〈로슈포르의 숙녀들(1967)〉이다. 그는 촬영지가 된 로슈포르의 한 마을을 통째로 파스텔톤으로 색칠하는 미술 기법을 도입했다. 이는 로슈포르를 비현실적인 공간으로 만든다. 영화에서 영화 바깥의 흔적을 제거하는 효과가 생기는 것이다. 웨스 앤더슨은 자크 드미가 공간을 연출하는 방법론을 계승했다. 그러나 자크 드미가 은연중에 알제리 전쟁이라든지 미국 문화의 유행 등

당대 프랑스의 사회적 문제를 픽션에 개입하게끔 한 데 비해서 웨스 앤더슨은 아예 그마저 삭제한다. 그는 영화가 이야기에 불과하다는 것을 드러내고자 카메라가 수직과 수평으로 움직이게끔 했다. 또한 강박적인 비율과 트래킹 등으로 화폭에 더 가까운 미장센을 그려내고자 했다. 핸드헬드를 최소화하고, 캐릭터가 자동차나 기차 등 운송 수단을 타더라도 옆에 카메라를 고정해 흔들리지 않고 그 내부만 찍을 수 있도록 연출했다. 그의 미장센은 영화를 보고 있어도 연극을 보는 듯한 기묘한 체험을 선사한다.

웨스 앤더슨의 영화는 스크린 안의 모든 것을 동등한 물질로 그려낸다. 그의 영화에는 관객의 눈길을 사로잡는 중심적인 이미지가 없다. 모든 소품이 인위적으로 제작된 데다가 평평하게 나열되어서 튀는 부분이 없다. 더군다나, 일반적으로 영화에서 중요한 이미지가 있으면 그 이미지를 부각하고자 뒤에 배치된 이미지의 초점을 날려 흐릿하게 촬영하기 마련이다. 그때 배경으로 쓰이는 이미지가 부차적인 것이 되어버린다. 웨스 앤더슨의 영화는 이러한 시선을 거부하며 스크린에 드러나는 모든 이미지를 동등한 입지로 담으려 한다. 배우를 쓰는 방식도 이와 비슷하다. 웨스 앤더슨 영화는 화려한 배우진으로 유명하지만, 그 내로라하는 할리우드 스타들을 모두 단역으로 쓰고 그들의 이름값을 벗겨낸다. 그저 그들의 얼굴만 빌릴 뿐이다. 할리우드 스타를 캐스팅하는 것은 그 자체로 해당 배우의 이미지를 중점적으로 쓰는 것인데, 웨스 앤더슨은 배우 중 어느 한 명에 중심을 두고 싶지 않은 듯하다. 그가 영화를 여러 개의 챕터로 나누는 옴니버스 구성을 택한 것도 누구 하나를 이야기의 중심에 두지 않으려는 선택 같다. 물론 웨스 앤더슨 영화에 주연이 없다고 하면 거짓일 터다. 다만 그 주연마저도 두드러지지 않는다. 그의 영화는 인형극에 가까울 만큼 인물에게 격정적인 감정을 부여하지 않는다. 모든 인물에 감정이 잘 드러나지 않기에 주연 또한 존재감이 두드러지지 않는다. 배우, 사물, 카메라가 모두가 동등한 위치를 지니며 민주주의적인 미장센이 구현되는 것이다. 다만 웨스 앤더슨의 영화는 모든 것이 미적으로 드러나 있으며 조화롭기에 매끄럽지 않은 인터넷 밈의 B급 감성을 담을 수 없다. 〈조조 래빗〉은 그 한계를 딛고 일어선 영화다. 온오프라인의 모든 인간군상을 미장센에 동등히 담아내기 위해서 웨스 앤더슨이 세계를 그려내는 민주주의적 미장센을 스타일로 가져다 쓰는 것이다. 그리하여 인터넷 밈과 오프라인 사이의 경계가 완전히 사라져버린, 나아가 언제든 인터넷 밈이 개입할 수 있는 우리의 일상을 최초로 그려낸다.

웨스 앤더슨의 스타일을 한층 갱신한 영화가 있다. 바로 이원석 감독의 〈킬링 로맨스(2023)〉다. 뮤지컬과 스릴러, 히어로물, SF 장르를 짬뽕한 이 영화의 스토리를 정상적으로 설명하기는 사실상 불가능하지만 이를 무릅쓰고 적어보겠다. 10년 전 최고의 인기를 누리던 여자 배우 황여래(이하늬)가 발연기로 조롱거리가 되면서 은퇴한다. 그녀는 꽐라섬에 놀러갔다가 그곳에 사는 정체불명의 부자 조나단 나(이선균)와 만나서 결혼한다. 그러나 조나단 나의 정체는 바로 가정폭력범이며 황여래는 막강한 부와 힘을 자랑하는 그에게서 벗어나지 못한다. 어느 날 황여래와 조나단 나는 사업 일정상 잠시 한국의 집에 머문다. 그들의 옆집에 사는 범우(공명)는 황여래의 팬클럽 여래바래 3기다. 그는 사수생이 되면서부터 동물과 이야기할 수 있는 초능력을 지니게 되었다. 그는 우연히 옆집에 사는 황여래를 만나고 함께 조나단 나를 몰래 죽일 계획을 세운다. 여기까지만 봐도 황당하기 그지없는 이야기지만 이 영화의 스타일은 더욱 황당무계하다.

이 영화는 노골적으로 웨스 앤더슨의 스타일을 밈화한다. 강박적인 비율과 동화적인 색감을 패러디하지만 그만큼 정교하게 소품을 배치하지는 않는다. 〈서프라이즈〉 등 재연 프로그램에 나올 법한 외국 배우가 구연동화 형식으로 내레이션을 할 때부터 당혹스럽다. 이 영화는 이윽고 영화, 노래방과 인터넷 밈, TV 광고 등을 몽타주하고 스티븐 스필버그의 〈쥬라기 공원(1993)〉, 앨프리드 히치콕의 〈싸이코(1960)〉 등 고전 명작도 마구잡이로 인용하며[2] 관객의 혼을 쏙 뺀다. 모든 이미지가 어디서 본 듯한 기시감을 준다. 특히 영화 속 범우와 조나단 나가 찜질방에서 벌인 혈투(?)는 〈1박 2일〉 등 예능에서 반복

---

2   이외에도 영화 레퍼런스가 한가득하다. 황여래가 감독으로부터 출연 제의를 받는 두 영화 〈낯선자들〉, 〈한라산〉은 천만 영화를 타깃으로 한 충무로 영화가 생각나게끔 한다. 이외에도 〈메트로폴리스(1927)〉, 〈텍사스 전기톱 학살(1974)〉, 〈샤이닝(1980)〉 등 고전 영화를 노골적으로 따라 하는 장면도 삽입되어 있다. 황여래가 죽을 위기에 처하자 급작스럽게 노래를 부르는 장면도 〈알라딘(2019)〉 등 여성과 소수자의 관점으로 기존 디즈니 애니메이션을 재해석한 디즈니 라이브 액션의 허구성을 뒤튼 것이다.

되는 게임을 생각나게 한다. 이처럼 이 영화는 매 순간 그다음 장면이 무엇인지 짐작하기가 불가능할 정도로 좌충우돌이다. 숏과 숏 사이에 연속성이 희미한데도 이상하리만치 이야기는 잘 전달된다. 이야기가 연결되어도 이미지가 연결되지 않고 끊기는 영화의 편집은 왜인지 인터넷을 보던 중 팝업창이나 광고가 툭 튀어나오는 듯한 이상한 체험을 안긴다. 이러한 이질적인 장르의 침입이야말로 인터넷의 감각이라고 볼 수 있다.

이 영화의 화룡점정은 조나단 나가 범우에게 충고를 건네려 보내는 불펌 동영상이다. 어디선가 퍼온 듯한 폭포 사진 위로 태권도 도복을 입은 조나단 나가 등장해 시범을 보인다. 이윽고 "덕이란 수많은 어려움을 극복하고 얻은 수양의 산물이며 노력의 결과입니다"라고 말하는 그의 내레이션이 삽입된다. 내레이션과 자막의 시간이 묘하게 어긋나는 동영상은 카카오스토리나 블로그 등 중장년층이 주로 쓰는 매체에서 유행하는 영상과 닮아있다. 영상이 끝나며 올라가는 크레딧 속 "이 글은 펌글입니다"라는 말이 나타내듯, 위 문구는 실제로 저자 미상의 글이다. "노력은 배신하지 않는다" 등 시대를 관통한 명언(?)도 마찬가지다. 이것이야말로 인터넷 밈의 저자성을 잘 드러내는 사례다. 출처 불명의 문장을 각본가가 쓰고, 감독이 영상으로 찍고, 이선균이라는 배우의 목소리로 가공되어서 조나단 나라는 인물의 입으로 말해진다. 이러한 가공 과정 아래서 인터넷 밈 특유의 저자 네트워크가 드러난다.

나아가 범우와 여래, 여래의 팬클럽 여래바래 3기가 뭉쳐 조나단 나와 최후의 결전을 벌이는 장면을 살펴보자. 조나단 나를 죽이기로 한 범우와 여래의 계획이 발각되어 무산된 직후 조나단 나는 여래를 데리고 자신이 꽐라섬에 건설한 조나단 월드로 이주해 살기로 한다. 그는 마지막으로 조나단 월드를 홍보하고자 여래와 함께 홈쇼핑에 출연하기로 결심한다. 범우는 그 방송을 마지막으로 다시는 여래를 보지 못할 것이라는 위기감에, 여래바래 3기를 동원해서 홈쇼핑 촬영장으로 쳐들어간다. 이때 조나단 나가 "리슨!"이라고 소리치자 느닷없이 H.O.T.의 〈행복〉이 재생되고 노래방에서나 볼 법한 궁서체의 곡 제목과 작사·작곡가 자막이 스크린에 나온다. 조나단 나가 노래를 부르자마자 여래가 거기에 혹하기 시작한다. 범우와 여래바래 3기는 비의 〈Rainism(레이니즘)〉을 개사한 '여래이즘'으로 노래방 배틀에 응수한다. 여래는 다시 조나단 나에게 저항하기 시작한다. 조나단 나가 범우를 찐따라고 욕하며 여래바래 3기를 기세로 짓누르던 시점에 급작스레 범우의 친구인 타조가 등장하더니 조나단 나를 등에 업고 스크린 너머로 날아간다.(이 영화는 타조가 날 수 있다는 상상을 저버리는 순간에 동의할 수 없는 영화가 된다.) 조나단 나는 영화 속 세계에 갇히며 끝난다. 이 영화가 디지털 매체를 바라보는 태도가 잘 드러나는 순간이다. 영화와 노래방 뮤비가 어우러지는 풍경은 오타쿠와 가스라이팅 피해자, 학대당한 동물이 어우러지는 순간과 맞물린다. 인터넷 밈이 이질적인 타자를 한데 모아두듯이 말이다. 이 영화가 조나단 나를 무찌르는 방식도 마찬가지다. 현실의 폭력에 저항하며 그와 똑같이 대하기보다 조나단 나를 온라인에 박제하고 그를 영원히 고통 속에 살게끔 하는 것은 인터넷 속 키보드 배틀에 가깝다.

이 영화가 악역을 그려내는 태도도 흥미롭다. 영화 속 빌런 조나단 나는 동시대 미디어에서 탄생할 수 있는 나르시시스트 유형의 캐릭터다. 그는 풉쉭확쿵이나 잇츠 꿋 등 그의 캐치프레이즈를 반복하면서 관객의 눈을 사로잡는다. 구독, 좋아요, 알림설정 앞에 더해진 (유행어와 밈을 목표로 하는 것으로 지레짐작되는) 인터넷 BJ의 시그니처 멘트를 보는 듯하다. 그는 본인 저택에 걸린 보디프로필 자화상부터 시작해 스마트폰과 SNS 등 곳곳에다 셀카를 찍어서 업로드한다. 조나단이 아니라 조나단 나라고 부르는 이름마저도 그의 나르시시즘을 한층 두드러지게 한다. 나르시시즘은 SNS 시대에 더욱 두드러지는 자아상 중에 하나다. 최근 심리학 베스트셀러 목록 중 나르시시스트와 소시오패스 등을 경계하는 책이 늘어난 것은 우연이 아닐 것이다. 나르키소스가 호수에 비치는 자신과 사랑에 빠져 죽듯이 자신을 미적인 존재로 숭배하는 이들이 고전적인 나르시시스트라면, 현대의 나르시시스트는 자아와 프로필의 관계가 역전되어 있다. 사회적으로 드러내는 페르소나를 자기자신으로 여기며 거기서 자신의 결핍된 자아를 채우려 하기에 급기야 프로필에 따라서 현실을 왜곡하기에 이른다.

조나단 나의 경우 환경운동가이자 CEO인 자기 이미지에 갇혀서 저 혼자만의 잘난 맛에 사는 존재다. SNS를 타인과 소통하며 유희하는 커뮤니티로 삼지 않으며 자신의 부와 명예를 뒷받침하는 도구로만 대한다. 조나단 나는 타인과 원활한 소통을 한다기보다 본인의 미적 세계에서 벗어나는 상대를 통제하려고 한다. 그는 여래를 구하러 홈쇼핑 촬영장에 난입한 범우와 이영찬, 여래바래를 "찐따"라고 비난한다. 범우에게 광적인 분노를 내뿜으면서 "너같은 루저의 공통점이 뭔지 알아? 똑같은 실수를 두 번 하는 거야!"라고 말하며 구타하기까지 한다. 조나단 나는 사회적 규범에서 조금이라도 벗어난 아싸에게 폭력을 가하는 사회 전체의 폭력성을 드러내는 존재로 그려진다. 이 영화는 우리가 정상성을 갈망하고 그 바깥의 존재를 밀어내는 나르시시즘적인 사회에 속해 있다고 말하는 듯하다. 이원석 감독은 그러한 규범을 비트는 B급 무비의 저항성을 언급했다. 그는 인터뷰에서 "우리의 취향이나 좋아하는 것들은 누군가에 의해 컨트롤되는 경우가 많다. SNS를 통해 상대적인 박탈감을 느끼는 원리도 비슷하다. 그게 이 시대의 악이자 빅 브러더다"[3]라고 말했다. 영화는 엔딩에서 여래의 복귀작을 다 함께 관람하는 여래바래의 모습을 비추며 끝난다. 여래바래를 제외한 모든 이는 영화를 지루해하거나 졸고 있다. 감독은 여래바래의 표정을 하나하나 살피며 우리에게 넌지시 말하는 듯하다. "오직 재미있는 자들만이 살아남는다"고.

〈킬링 로맨스〉와는 또 다르게 인터넷 밈의 감각을 그려내는 영화도 있다. A24에서 제작한 대니얼스의 영화 〈에브리씽 에브리웨어 올 앳 원스〉다. 이 영화는 중국계 이민자 가정의 일상에, 터무니없다고까지 생각되는 영웅 서사를 교차시킨다.

3 '킬링 로맨스', 상상 그 이상의 이상한 B무비, 2023.4.20., 씨네21, http://m.cine21.com/news/view/?mag_id=102523

자그마한 세탁소를 운영하는 에블린(양자경)은 국세청에 가서 인종차별주의자로 보이는 직원을 상대해야 하는 상황이지만 여러 일이 뒤얽혀 골머리를 앓고 있다. 오랜만에 집에 놀러 온 친정 아버지와 신년 파티를 열어야 하는 와중에 자신이 작성한 이혼 서류를 남편 웨이먼드가 발견한 데다가, 레즈비언인 딸 조이와의 사이도 서먹한 상태. 국세청에 도착하고 난 뒤에는 급작스레 다른 우주에서 온 웨이먼드가 조부 투파키라는 악당이 우주를 붕괴시키려고 한다며 다중우주 중에서도 이 우주의 에블린만이 세계를 구할 수 있다고 이야기한다.

〈에브리씽 에브리웨어 올 앳 원스〉에서 그려지는 다중우주는 MCU와는 정반대다. MCU의 다중우주는 다른 세계관에 있는 히어로를 한데 모아서 통합하고자 하는 의도를 지니는, 자본의 전지전능함을 드러내는 장치이다. MCU에서 아무리 우주가 확장된다고 한들 우리는 그 우주가 MCU의 세계관 속에 국한되며 CG에 불과하다는 것을 안다. 반면 이 영화 속 다중우주는 MCU처럼 세계관과 설정에 갇혀 있지 않다. 에블린의 다중우주는 〈라따뚜이(2007)〉를 인터넷 밈처럼 그려낸 라따구리와 〈화양연화(2000)〉를 인터넷 밈처럼 그려낸 멜로영화를 만날 수 있는 텍스트 간의 교류가 가능한 우주다. 다중우주가 여러 이질적 텍스트를 계속 더하고 합성하는 장으로 작동하고 있는 셈이다.

이 영화 속 다중우주는 〈이터널 선샤인(2004)〉의 각본을 쓴 찰리 카우프만 스타일의 자아탐구를 변주한 것에 가깝다. 찰리 카우프만은 나와 또 다른 나 자신을 통해 나를 인식하는 도플갱어 모티프에 천착한 작가다. 그는 캐릭터조차 몰랐던 그의 무의식까지 영화에 그려낸다. 그가 각본을 쓴 영화 〈존 말코비치 되기(1999)〉 속의 존 말코비치는 7과 2분의 1층을 거쳐서 본인의 무의식에 접속하는 순간에 수만 명의 분신을 마주한다. 그 가운데 크로스드레싱을 하는 분신도 있다. 존 말코비치의 뇌는 마치 인간의 모든 잠재된 욕망이 공존하는 다중우주로 드러난다. 찰리 카우프만이 그려내는 인간은 무의식에 LGBTQ는 물론 거지와 부자, 보수와 진보가 모두 공존하는 모순적인 존재다. 그 모순성이야말로 인간다움을 증명하는 것이며 그 모순성을 마주할 때야 나 자신을 마주할 수 있다. 〈에브리씽 에브리웨어 올 앳 원스〉는 이러한 찰리 카우프만의 자아탐구를 디지털 네이티브의 문법으로 번안하며 SNS 시대의 자아를 되묻는다.

2022년 아카데미 시상식에서 가장 주목받은 이 영화는 모녀 서사의 공식 아래에서 디지털 네이티브와 그 이전의 세대 사이의 화해를 말한다. 에블린이 다중우주를 거치면서 조부투파키의 SNS시대 자아를 이해하는 과정으로 이를 그려낸다. 에블린이 처음 버스 점프를 하는 장면을 생각해보자. 그녀가 다중우주로 오가는 것을 모르는 이들의 눈에는 그녀가 병적으로 산만한 ADHD 환자처럼 보일 것이다. 감독은 이 영화의 각본을 쓰고 촬영하는 과정에서 본인이 성인ADHD라는 사실을 발견했다고 인터뷰했다. 다른 우주에 접속해야 하는 에블린에게 급작스레 생겨나는 ADHD와 같은 모습은, 즉각적 쾌락을 선사하는 도파민에 중독된 현대인의 초상을 투영한 것이 아닐까. 발터 벤야민은 영화와 라디오의 발명으로 기존의 예술을 감상하는 태도인 관조와 명상 대신 산만한 감상이 지각을 지배했다고 보았다. 이 산만함의 감각은 언제 어디서든, 무엇이든 동시에 연결될 수 있는 과잉 연결[4]이 일상화된 무선인터넷 사회의 산물이라고도 할 수 있다.

이 영화는 다중우주를 구글 데이터 알고리즘 체계를 연상하게 만드는 마인드맵으로 그려낸다. 세계가 어떠한 행위에 따라서 연결된다는 상상력은, 무언가를 검색하는 순간 검색어에 따라서 상품 광고가 뜨는 정보 자본주의가 활성화된 사회와도 같다. 이 영화는 데이터 알고리즘을 파괴하거나 탈주하지 않는다. 되려 데이터 알고리즘을 전용한다. 에블린이 버스점프를 할 때 상식적으로 이해가 안 되는 행동을 해야만 다중우주에 접속할 수 있도록 하는 것이다. 아즈마 히로키는 현대인이 타자를 상상할 수 있는 실천으로 구글에 쓸데없는 검색어를 입력하기, 평소 가볼 일이 없는 여행지에 가보기 등을 말

---

4 영화 속 과잉 연결의 감각은 한 인간과 타인 사이의 급작스러운 연결을 가능하게 만든다. 그 사례가 박찬욱 감독의 영화 〈헤어질 결심(2022)〉 속 해준(박해일)과 서래(탕웨이)다. 해준은 살인사건의 용의자 서래를 미행한다. 이 영화에서 눈여겨볼 만한 것은 해준이 서래가 사는 아파트 앞에 자동차를 세운 뒤 망원경으로 그녀의 일상을 훔쳐보는 장면이다. 해준이 서래의 집을 망원경으로 들여다보는 순간, 급작스레 해준의 몸이 서래의 집에 들어가 있다. 아니, 차라리 접속이라는 말이 더 어울릴 듯하다. 이 순간 카메라는 해준을 빠른 속도로 클로즈업한다. 해준이 있는 차와 서래의 집 사이의 풍경이 일그러져 드러난다. 이때 둘 사이의 거리감이 무너져버리고 만다. 서래는 해준이 24시간 자신을 응시하고 있다는 것을 알고 있다.

하며 약한 연결이라는 개념에 대해 이야기했다. 돌발적인 행위와 불확실성이 데이터 알고리즘의 지배에 영향력을 발할 수 있다는 이야기다. 이러한 약한 연결을 통해 내가 체험할 수 있는 세계는 확장된다. 여기서 나아가 인터넷 밈의 지저분함과 소수자성을 아우르려 한다는 점도 눈여겨볼 만하다. 항문에 트로피가 박힌다든지, 에블린이 여성에게 갑자기 키스를 한다든지 하는 설정은 조이가 일상에서 드러내지 못한 LGBTQ 정체성이 누구에게나 있음을 드러내는 장치가 된다.

멀티버스에는 에블린이 하지 않은 선택으로 인해서 될 수 있던 자아가 있다. 가지 않은 길에 대한 보편적인 회한으로도 볼 수 있는 설정이지만 에블린이 되고자 했던, 될 수 있던 자아를 선택하는 것은 현대의 SNS 자아정체성인 프로필성에 가깝다. 이 영화는 끝내 가장 평범한 에블린이야말로 가장 강하다는 진정성의 승리를 택하지만, 에블린이 내가 아닌 다른 나 자신을 통해 저마다의 초능력을 체득하는 과정을 그린다. 멀티버스 과정에서 생기는 두통을 통해서 여러 개의 부캐와 프로필을 오가는 현대인의 혼란을 담기도 한다. 조부 투파키는 그런 혼란을 일상처럼 살아가고 있는 존재다. 그녀는 버스 점프를 자유자재로 오가다 멀티버스를 통제하지 못하는 존재가 되며 정체성의 혼돈을 경험한다. 조부 투파키의 등장씬은 이를 잘 드러낸다. 그녀는 몸짓을 할 때마다 다른 존재로 변신한다. 춤을 출 때마다 전환되는 모습이 꼭 틱톡 쇼츠를 보는 듯하다. 이때 조부 투파키의 주체성보다 형상이 먼저 주어진다는 점을 눈여겨보아야 한다. 그녀는 본인이 무엇이 될 수 있는

지를 본인조차 알지 못한다. 데이터 알고리즘에 따라서 쇼츠가 넘어가듯이 말이다. 조부 투파키의 절대적 허무주의를 상징하는 검은 도넛이 아이폰의 버튼이나 컴퓨터의 전원 버튼과 비슷하다는 점도 눈여겨볼 만하다.

에블린과 조부 투파키의 갈등은 영화의 전성기를 살았던 세대와 SNS 콘텐츠에 익숙한 세대의 갈등을 체화한다. 에블린은 다중우주를 통해서 본인이 보았던 영화 속 세계를 경험하며 그 영화 속에 있는 자신을 프로필로 사용한다. 인터넷 밈처럼 〈라따뚜이〉, 〈화양연화〉, 〈2001 스페이스 오디세이(1968)〉, 〈구니스(1985)〉 등의 고전 영화를 원본과 상관없이 이미지만 훔쳐다 쓴다. 이는 마치 쿠엔틴 타란티노 영화에서 다른 영화의 이미지를 마음껏 훔치는 도둑질을 연상케 한다. 에블린은 그렇게 훔쳐온 이미지에서 자신의 인생을 되돌아보고 의미를 발견하는 반면 조부 투파키는 정반대로 생각한다. 조이는 본인이 레즈비언이라는 것을 말하지 못하는 상황이며 프로필로 본인을 감추어야만 살아갈 수 있다. 거기에 진짜 나 자신은 존재하지 않는다. 감독은 둘의 화해를 도모하고자 한다. 이때 감독은 두 개의 돌이 움직이는 장면을 그려낸다. 물론 인간이 소멸한 뒤 다가올 무의미한 사물의 세계를 그려낸 실정만으로 수많은 이야기가 오갈 수 있을 것이다. 다만 이 장면이 내게는 조부 투파키가 어렸을 때에 보았을 법한 인형극의 이미지를 반영한 것으로 보인다. 돌로 변신한 에블린이 돌로 변신한 조부 투파키에게 서서히 다가가는 움직임은 마치 〈세서미 스트리트〉의 연출에 가깝다. 또 조부 투파키와 에블린이 인형이 되어서 싸우기도 한다. 인형극에서 소통의 가능성을 발견하면서 이 둘은 서서히 대화를 나누기 시작한다. 타인과 최대한 접점을 발견하려는 끝없는 투쟁과 노력, 그리고 다정함이 우리를 구원할 것이라는 이 낙관론은 순진하되 설득력이 있다. 그 과정으로 다가가기까지 인터넷 밈과 SNS 시대의 모든 혼란을 기어이 체험하게끔 하는 노력을 보여서다. 영화 속 웨이먼드가 이야기하는 다정함은 다중우주로 상징되는 SNS를 통해서 내가 잘 안다고 착각했지만 잘은 몰랐던 가족이라는 타인의 삶을 우연히 체험한 뒤에 그의 다름을 기어이 긍정하는 태도라고 생각한다. 상대와 똑같이 돌이 되어보는 체험이 우리에게 필요했던 것일까. 이 영화는 20대 사이에서 선풍적 인기를 끌었다.

이렇게 인터넷 밈을 섬세히 다루는 영화로 이 긴 글을 끝맺으려 한다. 지금까지의 사례로 보았듯 인터넷 밈은 영화에서 동시대성을 드러내는 장치로 쓰인다. 사이버스페이스적 상상력에 갇혀 있든, 정치적인 현실을 비판하는 도구로 활용하든, 인터넷 시대를 통과하는 우리의 일상적 감각을 그려내기 위한 수단이든, 이러한 영화들을 통해 우리는 인터넷 밈과 함께 살아가는 일상 전체를 되돌아볼 수 있게 된다. 다큐멘터리 〈밈 전쟁: 개구리 페페 구하기〉는 이보다 한 발자국 더 나아간다. 중간중간 애니메이션을 통해 개구리 페페를 살아 있는 동물로 그리는 것이다. 이렇게 개구리 페페를 인격체로 그려내면서, 인터넷 밈을 인간에게 쓰이는 도구에 불과한 것이 아니라 인터넷에 영영 살아 있는 생명체로 보게 한다. 개구리 페페는 상처받고 아픈 존재가 되기도 하며 해방되는 존재로 나타

나기도 한다. 이는 개구리 페페 원본을 그린 맷 퓨리의 희로애
락과도 포개진다. 인터넷 밈은 이 영화에 이르러 비로소 우리
의 친구로 그려진다.

밈이 될 거면 맞다이로 들어와
세상에 AI가 너무 많아
- AI 시대와 인터넷 밈의 지속가능성

인터넷 밈을 매끄러움에 저항하는 이미지의 부정교합으로 정리할 수 있다면, 어떤 상황이든지 간에 매끈한 이미지를 생성하는 AI 시대의 인터넷 밈은 어떨까. 본업이 AI 연구자가 아니기에 AI에 대해서는 잘 알지 못하며, 거의 모든 분야에서 AI에 대한 열광이 종교적이기까지 한 지금 함부로 말을 얹기가 조심스럽다. 다만 AI가 그려낸 이미지를 인터넷 밈으로 볼 수 있는지에 대한 생각을 이야기해보고자 한다.

2023년 SNS에서 화제가 된 사진이 있다. 흰 롱패딩을 입은 프란치스코 교황이 거리를 돌아다니는 모습이 담긴 사진이다. 고개를 옆으로 살짝 비튼 교황은 홍대 한가운데를 활보하는 래퍼처럼 힙하다. 나중에야 이것이 AI로 생성된 가짜 이미지이며 발렌시아가의 마케팅이라는 것이 밝혀졌다. AI 이미지 속 교황이 입은 롱패딩 브랜드가 발렌시아가로 추정되기 때문이다. 교황뿐만이 아니다. 대니얼 래드클리프가 연기한 해리 포터처럼 가상의 인물도 발렌시아가를 입기 시작했다. "해리 넌 이제 발렌시아가란다"라는 내레이션으로 시작하는 영상이 그 시초다. 어느덧 AI로 셀럽에게 발렌시아가를 입히는 놀이가 유튜브에 유행하고 있다.

발렌시아가의 AI 생성 이미지는 21세기의 인형놀이다. 평소에 명품을 입지 않을 법한 사람이 명품을 입는다는 상황을 전제하고 있어서다. 실제로 일어날 수 없는 일이기에 그것이 생성된 순간에 우스꽝스러움을 느끼는 셈이다. 당사자가 허락하는 한 이 인형놀이는 앞으로 계속 이어질 것이다. 물론 AI 생성 이미지는 인터넷 밈이 되기에 본질적 한계가 있다. 인터넷 밈만큼 다의적이지 않기 때문이다. 프란치스코 교황은 힙하긴 하지만 우스꽝스럽지는 않으며 매끈하기까지 하다. 이는 되레 자연스러운 이미지를 만드는 AI 기술에 대한 경탄을 자아낼 뿐이다. 또한 틱톡 챌린지처럼 하나의 행동만을 반복한다는 점에서도 그렇다.

앞서 발렌시아가의 사례처럼 유저의 놀이가 브랜드 홍보의 수단이 되었던 것과 달리, 생성 AI 이미지는 결국 놀이로 진화했다. AI에게 무엇을 그려달라고 명령을 입력할 때 그 명령이 섬세하지 않으면 그로테스크한 그림이 생성된다. 그 생성된 그림에 다시 피드백을 남기는 과정에서 전보다 더 우스꽝스러운 그림이 탄생한다. AI와 인간 사이의 근본적인 소통불능과 인간답지 않은 움직임이 AI의 생성물을 우스꽝스럽게 만드는 것이다. 또 기상천외한 문장을 입력해 아이러니한 그림을 생성하는 등 놀이도 가능하다. AI가 그려낸 그림은 조악하지 않다. 누군가의 그림을 가져와 학습한 것이므로 자연스러운 일러스트가 나온다. 다만 AI에 어떤 문장을 입력했는지를 함께 첨부할 때 제목학원 같은 형식의 인터넷 밈으로 쓰인다. AI 생성 이미지 밈은 이처럼 인터넷 밈이 유행하는 고전적 문법을 흡수해 발전했다.

음악에서도 AI 커버가 핫하다. AI 커버는 원곡에 AI가 딥러닝으로 학습한 다른 가수의 목소리를 덧입히는 식으로 제작된다. 그다음 웃긴 짤방을 썸네일로 걸어두고 영상을 업로드한다. 다만 원곡자의 창법에 다른 목소리를 덧입히는 것에 불과하기 때문에, 오혁 등 창법이 독보적인 가수는 다른 가수의 목소리를 덧입혀도 원래 가수의 흔적이 곳곳에서 툭 튀어나온다. 고음을 낸 적 없는 가수를 AI로 돌렸을 때는 고음이 뭉개지기도 한다. 프레디 머큐리나 브루노 마스 등 외국 가수를 AI로 돌렸을 때는 한국어 발음이 어눌하게 들린다. 이러한 문제점을 보완하고자 원곡이 아니라 다른 사람이 커버한 것을 재가공하기도 한다. 딘 AI가 부르는 R&B 재즈 풍의 뉴진스 커버는 대부분 아마추어의 커버에 AI 기술을 덧씌운 것이다. 이런 AI 커버는 너무도 진지하고도 자연스러워 플레이리스트로도 쓰인다.

이는 지금으로부터 4년 전인 2020년 Mnet에서 2부작으로 편성된 프로그램 〈AI 음악 프로젝트 – 다시 한번〉이 방영될 때는 상상조차 할 수 없는 풍경이었다. 이 프로그램은 AI 기술을 통해 故 김현식이 부르는 박진영의 〈너의 뒤에서〉와 故 터틀맨이 부르는 〈이태원클래스(2020)〉의 OST 〈시작〉 무대를 생생히 재현했다. 상영 당시에 큰 화제가 되었지만, 곧 해당 프로그램은 여러 문제 때문에 뒤편으로 물러나기 시작했다. 당시에는 AI 커버를 제작하려면 전문 인력이 동원되어야 했으며 한 곡을 제작하는 데 100일 가까이 소요되었다. 나아가 여기에 고인의 목소리를 쓰는 것이 정당한가 하는 윤리적 문제가 더해졌다. 그새 기술이 발전해 AI 커버를 제작할 수 있는 프로그램이 대중화되면서 기술이 주는 충격효과와 신선함이 덜해

졌지만 말이다.

연달아 AI 밈이 유행하기도 했다. 개그맨 김경욱은 전라도 사투리를 쓰는 일론 머스크라는 콘셉트의 부캐인 나일론 머스크 시리즈를 제작하며 일론 머스크의 얼굴을 딥페이크로 합성했다. 여기에 일론 머스크 성대모사를 더했다. 일론 머스크가 감자처럼 어그러진 얼굴로 "안녕하세요 나일론 머스크입니다. 화성 갈 끄니까~~"라고 소리치는 김경욱의 영상은 큰 인기를 누렸다. 이렇게 AI는 점차 놀이도구로 자리를 잡는 중이다.

AI 커버를 밈으로 쓸 수 있는 조건이 여기서 드러난다. AI가 그린 이미지나 생성한 음악이 인간의 작품보다 매끄럽지 않아야 하며, AI가 인간이 놀잇감으로 쓸 수 있을 만큼 통제되는 도구일 때만 가능한 것이다. 프레디 머큐리, 김광석, 브루노 마스, 아이유, 임재범 등을 안전하게 인간 악기로 쓸 수 있을 때, 그리고 그것이 가짜라는 것을 알 때 우리는 AI를 안심하고 인터넷 밈으로 가지고 놀 수 있다. 최초의 AI 커버로 볼 수 있는 보컬로이드 아이돌 하츠네 미쿠가 등장할 때부터 그래왔다. 하츠네 미쿠는 기계음으로 노래를 부르기 때문에 노래가 어설펐다. 그 목소리가 오히려 모에 요소를 자극한 것이다. AI에 대한 신적인 찬양과는 정반대로, 인터넷 밈 유저는 AI의 기술적 결함에 페티시즘을 지닌다.

그러나 AI를 통한 작업물이 윤리적일까 하는 우려도 있다. AI 기술 이미지에 다른 사람의 얼굴을 입힐 수 있는 기술인 딥페이크(딥러닝+페이크)는 디지털 성범죄의 수단으로 악명 높다. 딥페이크 기술이 일상화되면서 보통 사람도 타인의 얼굴을 합성한 포르노를 제작할 수 있게 되었다. 무엇보다도 그 이미지가 나날이 자연스러워진다는 것이 문제다. 전 세계가 딥페이크 기술의 윤리적 문제를 논하는 중이지만 여전히 논의가 더디다. 또한 AI는 가짜 뉴스를 제작하거나 보이스피싱을 위한 수단이 될 수도 있다. AI 가짜 뉴스가 핫해진 것은 트럼프의 체포 현장을 그려낸 가짜 사진이 유포되기 시작하면서부터다. 패딩 입은 교황과 체포된 트럼프의 사진은 AI로 생성한 이미지가 가짜 뉴스를 퍼뜨릴 가능성이 있음을 보여주는 사례로 언급되고 있다. 이 두 사진은 약간의 어색함이 있을지라도 언뜻 보기에는 진짜 같다는 착각을 불러온다.

AI 기술 중 하나 더 문제시되는 것이 있다. 앞서 언급했듯이 AI에 기반한 콘텐츠 추천 알고리즘이다. SNS, 포털사이트 전반에서 우리는 우리가 보는 것만 보게 되면서 필터버블을 경험한다. 특히 SNS의 유머 계정은 바퀴벌레처럼 타임라인에 출몰하며, 인터넷 밈을 핑계로 편견 어린 글을 퍼뜨린다. 이들은 'vs'나 논란 등의 자극적인 제목을 지닌 게시물을 주로 쓴다. 싸울 만한 거리가 없는 주제더라도 누군가가 싸우고 있다면 그것이 충분히 문젯거리라는 프레임을 씌우며 조회 수를 올려서 돈을 번다. 특히 결혼에 관련해 생기는 논란은 현실적인 문제라는 외양을 지닌다. 그 속살은 자본과 권력이 결탁한 가부장제의 틀을 견고히 하고 경제적 자유를 누리지 못한 이의 목소리를 지우는 역할을 한다. 우리가 진지하게 생각해보아야 하는 페미니즘과 LGBTQ 등 소수자의 사유마저도 놀잇감으로 소비되며 비웃음거리가 된다. 결국 모든 논쟁 속에서 사회

구조에 대한 비판적 사유는 사라지고 만다. 전청조의 "I am 신뢰에요~"라는 인터넷 밈이 유행할 때만 해도 그러하다. 대부분 전청조를 비웃으며 피해자를 함께 비웃고, 사기에 대한 구제책은 논의에서 밀려나기 마련이다. AI 알고리즘은 이와 같은 풍경을 방조할뿐더러 파시즘이 번식하기에 적합한 장소를 만든다.

알고리즘을 오히려 사회적 투쟁의 도구로 쓰자는 사람도 있다. 알고리즘에 유통되는 싸구려 이미지가 되레 우리가 평소에 마주할 수 없는 타자를 마주하게 한다는 것이다. 독일의 미디어 아티스트 히토 슈타이얼은 인터넷 밈의 비판적인 성격을 고찰하려 했다. 그는 빈곤한 이미지poor image 등 본인이 창안한 개념을 중심으로 예술 혹은 정치와 정보 자본주의의 중심에서 밀려나 있는 이미지를 조명한다. 스팸메일이나 노동자의 모습 등의 이미지는 일상에서는 흔히 접할 수 있지만, 인터넷에서는 보기 힘든 이미지다. 이러한 이미지에 주목하는 것에는 "가장 친근한 디지털 이미지와 인터넷이라는 도구의 평범함을 거부와 비판이 가능한 가장 일상적인 무기로 각성시키"[5]려는 원대한 꿈이 깃들어 있다. 그녀는 빈곤한 이미지로 유통되는 밈에서 비판적인 사유를 발견하려 하는 것이다. 그곳에서 우리는 자본주의를 돌아볼 수 있다.

그녀의 작업은 모든 것이 과잉 연결된 정보 자본주의의 영

---

[5]   이미연, 2019, 〈디지털 이미지의 정치성 : 히토 슈타이얼의 작품과 저작을 경유하여 기 드보르의 실천 전략을 재질문하기〉, 연세대학교 석사학위논문, 서울, p. 77.

향 아래에 있다. 자본주의와 데이터 알고리즘, 예술이 결합한 과잉 연결 사회는 "접속과 비접속, 업로드와 다운로드, 트윗과 리트윗, 검색과 좋아요, 클릭과 스크롤 등, 모든 일상적 행위들이 오늘날 스펙타클의 내적 동력이 되어 있"[6]는 사회라고도 할 수 있다. 슈타이얼은 빈곤한 이미지가 유통되는 과정과 그 이미지의 움직임에 주목한다. 빈곤한 이미지는 "무료로 배포되고 압축되고 저속 인터넷으로 겨우 전송되고 압축되고 복제되고 리핑되고, 리믹스되고, 다른 배포 경로로 복사되어 붙여넣기 하"[7]는 방식으로 전파된다. 자본주의에서 저작권이 보호하는 상품가치는 해체되고, 이미지는 알고리즘을 타고 악순환하며, 스펙터클만이 활발하게 유통된다. 슈타이얼은 이러한 사회에 오류를 일으켜 저항한다. 예컨대 먹방 짤을 보다가 급작스레 노동자가 노동하는 짤을 보게끔 하는 식이다. 그녀는 SNS와 인터넷 밈을 트로이의 목마로 쓴다.

　나아가 그녀는 인터넷 밈을 정보 자본주의를 전복할 수 있는 역설적 반전을 일으키는 메시아로 대한다. 그녀의 메시아주의는 주류문화와 저항문화 간 싸움 구도를 반복하면서 순환적인 세계관을 그려낸다. 이는 하나가 다른 하나에 저항적인 것으로 파악하기에 생기며, 둘은 전유와 재전유를 계속해 반복할 수밖에 없다. 이는 이미지가 얼마든지 전용의 대상으로 작동할 수 있는 격전장이라는 것을 드러낸다. 슈타이얼은

6　이미연, 앞과 같은 논문, p. 77.
7　히토 슈타이얼, 2018, 《스크린의 추방자들》, 김실비 옮김, 워크룸프레스, p. 41.

1960년대에 소멸한 상황주의 인터내셔널의 기획을 소생시키고자 한다.

철학자 폴 비릴리오는 기계 장치가 오류를 일으키고 작동을 멈추는 피크노렙시picnolepsie의 순간에 인간이 해방될 수 있다고 보았다. 가속화되고, 모든 것이 과잉 연결되고 가까워지는 시대에서 필터버블에 생기는 균열은 우리에게 자유의 감각을 선사한다. AI 알고리즘에 우연히 뜬 아름다운 이미지가, 혹은 저항적인 인터넷 밈이 우리를 또 다른 곳으로 이끌 수 있다. 더 재밌고, 더 낯선 인터넷 밈을 퍼뜨릴수록 우리는 더 나은 사회를 맞이하게 될 것이다. 또 그것이 우연하게 유행할 때의 행복은 이루 말할 수 없을 것이다.

258

| 나가며 |

내 인생을 망치러 온 나의 구원자, 나의 인터넷 밈

편하고 쿨하고 섹시한 책을 쓰는 데 실패해서 자괴감이 들고 괴롭다. 아직 이 책이 부족하다는 느낌을 지우기가 힘들다. 인터넷 밈은 여전히 손바닥에 한 움큼 쥔 모래처럼 나의 언어에 잡히지 않고 흘러내리는 듯하다. 숏폼, AI 등 여러 기술적인 변화, 다양한 유튜브 콘텐츠의 탄생 등 문화적인 변화가 생기며 진화하고 있어서다.

인터넷 밈이 AI로 인해서 사라지지 않을까 하는 생각도 했다. 허나 여전히 인터넷 밈과, 그것을 발굴하고 제작하는 유저는 우리가 생각하는 것보다 더 위대하다. 〈무한도전〉에서 파생된 무도미나티 밈을 생각해보자. 뉴진스의 〈Attention〉이라든지 〈탑건: 매버릭(2022)〉 같은 콘텐츠가 사실은 무한도전을 표절한 것이라는 밈의 규칙으로 인해 〈무한도전〉은 지금 생산되는 콘텐츠에 기생해서 살아날 수 있다. 네티즌의 집단 지성으로 구성된 무도미나티는 데이터 알고리즘보다 빠르다. 인터넷 밈을 즐기는 한 인간이 데이터 알고리즘보다 더 우수하다는 것을 드러낸다.

나에게, 최근 흠뻑 빠져 있는 제프프와 소련여자 등 여러 인터넷 밈 제작자의 경이로울 정도의 영상을 볼 때 몰려오는 해일 같은 감동을 대체할 것은 아직 없다. "무슨 마약하시길래 이런 생각을 했어요?"라고 물어보고 싶은 마음이다. 제아무리 AI 커버가 발전했다고 한들 조교 영상보다 찰지지 않으며, 제아무리 AI가 소설을 쓴다고 한들 소련여자처럼 맛이 간 영상을 만들 수는 없다. 유머야말로 인간이 점령당하지 않을 마지막 영토라는 듯이 말이다.

그러나 기후위기로 세상이 망해가고, 정치적 양극화 아래서 목소리가 다른 타인과의 대화가 점차 사라져가는 사회에 무슨 유머 타령이냐는 말에 전적으로 동의한다. 이 책을 쓰기 전까지의 내가 그러했다. 어쩔 땐 인터넷 밈이 되려 키배를 뜨기 편하도록 콜로세움을 세우는 역할을 하는 듯 보인다. 세상의 편견을 날것 그대로 드러내는 합성 소스 자체뿐만 아니라 뜬구름을 잡으며 정치, 젠더 이슈 등으로 싸우는 이들이 댓글창에 가득하다. 갈등 상황을 반복해 마주할 때의 피로감은 이루 말할 수 없다. 인터넷 밈은 또한 정치적인 문제의 심각성을 희석하며 사회적 공론장을 와해하기까지 한다. 이런 상황에서 타인을 웃기려는 진심과 거기에서 생긴 유머가 타인과 느슨한 연대를 만들뿐더러, 새 친구까지 생길 수 있다는 나이브한 결론에 불만을 드러내는 독자도 더러 있을 것이다. 인터넷 밈의 위험을 애써 변호하려고 애쓴다는 인상도 받을 수 있다.

그놈의 인터넷 밈. 혼자서 이 일을 더 못 해먹겠다고 다짐한 와중에 푸바오를 보았다. 물론 푸바오 인터넷 밈은 비판 당할 지점이 충분하다. 동물에 가족 서사를 덧입혀서 소비하므로 인간중심적인 사유에서 벗어나지 못한다. (누군가에게는) 에버

랜드가 아닌 다른 동물원의 비참한 동물 복지가 눈에 들어올 것이며, (또 다른 이에게는) 푸바오가 중국의 기형적인 동물 외교를 은폐하는 장치로 보일 것이다. 다만 그럼에도 푸바오 인터넷 밈을 사랑하는 데는 이유가 있다.

모든 문제에도 불구하고 푸바오 가족과 두 사육사가 나누는 사랑은 여전히 아름답다. 마치 판도라가 상자를 연 뒤 온갖 어둠을 본 끝에 희망을 본 기분이랄까. 나날이 한국에서 사라져버리고, 초코파이에만 남은 정情을 되살렸달까. 릴스에 반복되는 푸바오 영상을 보고 우울증을 회복했다는 경험담부터 시작해 온갖 사람이 위로받는 모습을 두 눈으로 보았다. 푸바오가 중국으로 송환된다는 뉴스를 볼 때마다 댓글창에 "판다한테 들일 정성으로 너네 부모님한테 더욱 잘 해라" 같은 조롱과, "판다 한 마리 가지고 왜 우는지 이해 못 하겠음" 같이 본인은 의도하지 않았더라도 분란의 시발점이 되는 댓글이 계속 달리는 것을 보았다. 자신과 그저 생각이 다를 뿐인 타인을 조롱하며 본인의 쿨함과 정상성을 지탱하려는 그러한 댓글이야말로 푸바오가 주는 따뜻함이 얼마나 귀했는지를 드러내는 증거다. 인터넷 밈에 조금이나마 희망을 걸어보기로 한 것도 이 때문이다. 아침마다 푸바오 짤방을 공유하는 마음이야말로 우리가 상실한 다정함의 파편이 아닌가 싶다. 퇴근 짤, 출근길 짤 등의 인터넷 밈은 느슨한 다정함의 연대와도 같다.

이 책의 원본은 심영물을 다루는 논문이었으나 단행본으로 고치는 과정에서 여러 주제를 다루며 심영물 관련 내용이 대폭 축소되었다. 그렇다고 해서 내 애정이 변한 것은 아니다. 안타까운 것은 심영물 팬으로서 사명을 다하지 못한 점이다. 처음에 논문을 쓸 때만 해도 심영물의 르네상스가 한참이었다. 트위터를 중심으로 오렌지병을 기리는 오프라인 파티가 열리기도 했을 정도다. 심영물의 인기가 전보다 시들해져서 안타깝다. 여전히 창작자 몇 분이 고군분투하는 중이고, 그들에게 항상 감사하다.

나아가 이 책은 사라지고 죽은 여러 밈에 대한 애도이기도 하다. 2021년 어도비 플래시를 둘러싼 온라인 추모식을 기억한다. 어도비 플래시 덕분에 내 유년기가 행복했고, 거기서 접한 노래를 아직도 듣는다. 마찬가지다. 인터넷 밈도 마땅히 추모해야 한다고 생각한다. 인터넷 밈은 유행하고 곧장 사라져버려서 추모되지 않기 마련이다. 이 책은 그 인터넷 밈이 남긴 흔적을 나름대로 추적한 결과다. 이제 가영이 짤과 함께 이 책을 쓸 동안 느낀 모든 굴레와 속박을 벗어나려 한다. 나의 행복이 무엇인지 질문하면서 이 책을 마치겠다.

안녕히 계세요 여러분~ 전 이 세상의 모든 굴레와 속박을 벗어던지고 제 행복을 찾아 떠납니다~

| 참고문헌 |

단행본

가브리엘 타르드, 2012, 《모방의 법칙》, 이상률 옮김, 문예출판사.

그레천 매컬러, 2022, 《인터넷 때문에》, 강동혁 옮김, 어크로스.

기 드보르, 2014, 《스펙타클의 사회》, 유재홍 옮김, 울력.

김내훈, 2021, 《프로보커터》, 서해문집.

김민호, 2024, 《데리다와 역사》, 에디스코.

김상민 외 8인, 2013, 《속물과 잉여》, 지식공작소.

김영하, 2020, 《엘리베이터에 낀 그 남자는 어떻게 되었나》, 복복서가.

김학준, 2022, 《보통 일베들의 시대》, 오월의봄.

김호영, 2014, 《영화이미지학》, 문학동네.

김홍중, 2016, 《사회학적 파상력》, 문학동네.

노르베르트 볼츠, 2000, 《컨트롤된 카오스》, 윤종석 옮김, 문예출판사.

─────, 2008, 《보이지 않는 것의 경제》, 유현주 옮김, 문학동네.

드미트리 클라이너, 2014, 《텔레코뮤니스트 선언》, 권범철 옮김, 갈무리.

디터 메르쉬, 2009, 《매체 이론》, 문화학연구회, 연세대학교출판부.

레이 올든버그, 2019, 《제3의 장소》, 김보영 옮김, 풀빛.

레프 마노비치, 2014, 《뉴미디어의 언어》, 서정신 옮김, 커뮤니케이션북스.

로절린드 크라우스, 2003, 《사진, 인덱스, 현대미술》, 최봉림 옮김, 궁리.

─────, 2017, 《북해에서의 항해》, 김지훈 옮김, 현실문화A.

롤랑 바르트, 1995, 《텍스트의 즐거움》, 김희영 옮김, 동문선.

리모르 시프만, 2022, 《디지털 문화의 전파자 밈》, 최은창 옮김, 한울아카데미.

리처드 도킨스, 2018, 《이기적 유전자》, 홍영남·이상임 옮김, 을유문화사.

마커스 분, 2013, 《복제 예찬》, 노승영 옮김, 홍시.

마크 더핏, 2016, 《팬덤 이해하기》, 김수정·곽현자·김수아·박지영 옮김, 한울아카데미.

박민규, 2005, 《카스테라》, 문학동네.

박승일, 2021, 《기계, 권력, 사회》, 사월의책.

발터 벤야민, 2017, 《기술적 복제시대의 예술작품》, 심철민 옮김, 도서출판b.

벨라 발라즈, 2003, 《영화의 이론》, 이형식 옮김, 동문선.

브뤼노 라투르, 2009, 《우리는 결코 근대인이었던 적이 없다》, 홍철기 옮김, 갈무리.

서동진·김성희·서현석, 2017, 《옵.신 7호 : Other Scenes》, 스펙터프레스.

수전 블랙모어, 2010, 《문화를 창조하는 새로운 복제자 밈》, 김명남 옮김, 바다출판사.

슬라보예 지젝, 2006, 《신체 없는 기관》, 이성민·김지훈·박제철 옮김, 도서출판b.

심혜련, 2017, 《아우라의 진화》, 이학사.

아네르스 블록·토르벤 엘고르 옌센, 2017, 《처음 읽는 브뤼노 라투르》, 황장진 옮김, 사월의 책.

아즈마 히로키, 2007, 《동물화하는 포스트모던》, 이은미 옮김, 문학동네.

———, 2015, 《존재론적, 우편적》, 조영일 옮김, 도서출판b.

———, 2021, 《관광객의 철학》, 안천 옮김, 리시올.

앙리 베르그송, 2022, 《웃음》, 김진성·류지석 옮김, 파이돈.

앤절라 네이글, 2022, 《인싸를 죽여라》, 김내훈 옮김, 오월의봄.

요한 하위징아, 2018, 《호모 루덴스》, 이종인 옮김, 연암서가.

월터 옹, 2018, 《구술문화와 문자문화》, 임명진 옮김, 문예출판사.

윤대녕, 2010, 《은어낚시통신》, 문학동네.

이길호, 2012, 《우리는 디시》, 이매진.

자크 데리다, 2004, 《그라마톨로지에 대하여》, 김웅권 옮김, 동문선.

자크 라캉, 1994, 《욕망 이론》, 권택영·이미선·민승기 옮김, 문예출판사.

장 보드리야르, 2012, 《사라짐에 대하여》, 하태환 옮김, 민음사.

전상진, 2014, 《음모론의 시대》, 문학과지성사.

제이 데이비드 볼터, 2010, 《글쓰기 공간》, 김익현 옮김, 커뮤니케이션북스.

조너선 갓셜, 《이야기를 횡단하는 호모 픽투스의 모험》, 2023, 노승영 옮김, 위즈덤하우스.

조르조 아감벤, 2009, 《목적 없는 수단》, 김상운·양창렬 옮김, 난장.

지그문트 바우만, 2008, 《쓰레기가 되는 삶들》, 정일준 옮김, 새물결.

———, 2022, 《액체 현대》, 이일수 옮김, 필로소픽.

최태섭, 2013, 《잉여사회》, 웅진지식하우스.

케네스 골드스미스, 2023, 《문예 비창작》, 김예경·정주영 옮김, 워크룸프레스.

토마스 앨세서·말테 하게너, 2012, 《영화 이론》, 윤종욱 옮김, 커뮤니케이션북스.

프레드릭 제임슨, 2022, 《포스트모더니즘, 혹은 후기자본주의 문화 논리》, 임경규 옮김, 문학과지성사.

프리드리히 키틀러, 2011, 《광학적 미디어: 1999년 베를린 강의》, 윤원화 옮김, 현실문화.

———, 2015, 《기록시스템 1800.1900》, 윤원화 옮김, 문학동네.

———, 2019, 《축음기, 영화, 타자기》, 유현주·김남시 옮김, 문학과지성사.

플라톤, 2005, 《플라톤의 국가·정체(政體)》, 박종현 옮김, 서광사.

황종연, 2001, 《비루한 것의 카니발》, 문학동네.

후지하라 다쓰시, 2022, 《분해의 철학》, 박성관 옮김, 사월의책.

히토 슈타이얼, 2018, 《스크린의 추방자들》, 김실비 옮김, 워크룸프레스.

Debord, G., 2006, *Œuvres*, Gallimard.

국내 논문 : 일반 논문

고규진, 2015, 〈저자/저자성의 문제 - 바르트와 푸코의 영향을 중심으로〉, 《독일언어문학》, 67, pp. 233-253.

김내훈, 2021, 〈'이대남'의 포퓰리즘과 그 이면〉, 《문화과학》, 108, pp. 146-164.

김민형, 2021, 〈팬덤의 수행성 연구 - 인터넷 밈과 시민 참여문화〉, 《기호학연구》, 66(0), pp. 7-36.

김세종, 2021, 〈웹툰에서 밈(meme)의 차용에 따른 패러디 변화 양상에 관한 연구〉,《만화애니메이션 연구》, 62, pp. 183 – 215.

김재철, 2013, 〈E. 핑크의 놀이존재론(I) – 실존범주로서의 놀이〉,《존재론 연구》, 32(0), pp. 189 – 216.

박광길, 2020, 〈인터넷 밈의 언어적 성격 고찰〉,《인문과학연구》, 66, pp. 5 – 26.

박재연, 2019, 〈'병맛' 담론의 형성과 담론의 작동방식〉,《대중서사연구》, 25(3), pp. 143 – 180.

복도훈, 2005, 〈포스트모던 문명의 불만, 괴물들의 이상한 가역반응 – 백민석의『목화밭 엽기전』『러셔』『죽은 올빼미 농장』을 중심으로〉,《문학동네》, 12(1), pp. 1 – 20.

송영민 · 강준수, 2016, 〈오타쿠 문화에 대한 고찰〉,《일본근대학연구》, 54, pp. 333 – 348.

심보선 · 김홍중, 2008, 〈87년 이후 스노비즘의 계보학〉,《문학동네》, 15(1), pp. 1 – 15.

안상혁, 2022, 〈숏폼 동영상 플랫폼에 나타난 나르시시즘〉,《한국영상학회논문집》, 20(5), pp. 5 – 16.

우지혜 · 변혁, 2021, 〈핑크의 놀이 존재론을 통한 인터넷 밈 연구 – SNS 상의 챌린지 콘텐츠 사례 분석을 중심으로〉,《한국영상학회논문집》, 19(6), pp. 33 – 44

유진현, 2012, 〈가브리엘 드 타르드의『모방의 법칙들Les Lois de L'imitation』에 나타난 심리사회학의 특성〉,《불어불문학연구》, 91(0), pp. 197 – 234.

유현주, 2019, 〈키틀러와 젠더 – 담론의 채널에서 여성은 매체와 어떻게 결합하는가〉,《세계문학비교연구》, 66(0), pp. 125 – 141에서 재인용.

윤보라, 2013, 〈일베와 여성 혐오〉,《뉴 래디컬 리뷰》, 57, pp. 33 – 56.

임윤수, 2018, 〈확장된 회화로서의 디지털 사진 연구〉,《한국과학예술융합학회》, 35, pp. 411 – 420.

주재형, 2020, 〈데리다: 진리의 탈구축〉,《현상학과 현대철학》, 87, pp. 1 – 31.

지영은, 2021, 〈밈의 대화로의 초대 – 인터넷 – 밈의 시각면과 상호행위〉,《독어교육》, 81(81), pp. 31 – 58.

————, 2021, 〈인터넷 밈과 시각언어학 – 메르켈 밈 사례 분석〉, 《독어학》, 44(0), pp. 97 – 115.

황종연, 2001, 〈탈승화의 리얼리즘〉, 《문학동네》, 8(3), pp. 1 – 17.

국내 논문 : 학위 논문

김장희, 2005, 〈디지털카메라 등장이 가져온 인터넷 문화컨텐츠의 변화 양태 연구 – 싸이월드와 블로그 등 개인 미디어를 중심으로〉, 서강대학교 석사학위논문, 서울.

김학준, 2014, 〈인터넷 커뮤니티 '일베저장소'에서 나타나는 혐오와 열광의 감정동학〉, 서울대학교 석사학위논문, 서울.

오서현, 2021, 〈인터넷 밈 재생산 유형에 따른 향유 특성 연구〉, 한양대학교 석사학위논문, 서울.

이미연, 2019, 〈디지털 이미지의 정치성 : 히토 슈타이얼의 작품과 저작을 경유하여 기 드보르의 실천 전략을 재질문하기〉, 연세대학교 석사학위논문, p. 77.

해외 학술지 및 정기간행물

Halversen, A., & Weeks, B. E., 2023. "Memeing Politics: Understanding Political Meme Creators, Audiences, and Consequences on So-cial Media," *Social Media + Society*, 9(4).

Marwick, A. E., & Boyd, D, 2011. "I tweet honestly, I tweet passio-nately: Twitter users, context collapse, and the imagined audience," *New Media & Society*, 13(1), pp. 114 – 133.

Tuters, M., & Hagen, S., 2020. "(((They))) rule: Memetic antagonism and nebulous othering on 4chan," *New Media & Society*, 22(12), pp. 2218 – 2237.

Wiggins, B. E., & Bowers, G. B., 2015. "Memes as genre: A structura-tional analysis of the memescape," *New Media & Society*, 17(11), pp. 1886 – 1906.

이미지 출처

[사진1] [주작이냐] 단체방에서 고백해보는 패기, 2015.08.04., 웃긴대학, https://web.humoruniv.com/board/humor/read.html?table=pds&number=547506

[사진2] sake L, 2015.01.31., 노동요, 유튜브, https://www.youtube.com/watch?v=TpPwI_Lo0YY

[사진3] 개비스콘 광고 영상 ⓒ 옥시레킷벤키저, 모델 김하균

[사진5] 카카오톡 고독한 전광렬 오픈채팅방

[사진6] 손님!!, ⓒ X 계정(@guest1207)

[사진9] 싸이월드 미니홈피 화면

[사진10] 가수 채연 미니홈피

[사진11] 오늘 산 중저가형 모델 싸게 팝니다.., 2001.07.17., 디시인사이드, https://gall.dcinside.com/board/view/?id=hit&no=12&page=1

[사진12] 이말년시리즈 야후 웹툰판 1화, '불타는 버스', ⓒ 이말년

[사진13] 짤방보이, 나무위키, https://namu.wiki/w/짤방보이

[사진14] 개죽이, ⓒ 권한일(Nills)

[사진15] 개죽이, 나무위키, https://namu.wiki/w/개죽이

[사진16] 내공냠냠족, 백괴사전, https://ko.uncyclopedia.info/wiki/내공냠냠족

[사진18] 출처 불명

[사진20] 에드워드 머이브릿지, 〈움직이는 말(The Horse in Motion)〉, 1878, 스탠퍼드 대학교 도서관, 캘리포니아.

[사진21] 조르주 드므니, 〈Je vous aime〉, 1891, 국립 농아 교육원, 프랑스.

[사진22] 〈용쟁호투〉, 감독 로버트 클라우스, 워너 브라더스, 1973.

[사진23] 싱하형, 나무위키, https://namu.wiki/w/싱하형

[사진24] 〈눈싸움〉, 감독 뤼미에르 형제, 1896.

[사진25] 〈이누야샤〉, 감독 이마이즈미 히데유키, 선라이즈, 2004.

[사진28] 이미지 사이트 Worth1000(worth1000.com)의 사진으로 판단되나, 현재 해당 사이트가 운영을 중지해 확인 불가

이미지 사용을 허가해주신 분들께 진심으로 감사드립니다. 일부 이미지의
경우 저작권 소유자와 연락이 닿지 않아 아직 교섭을 마치지 못했습니다.
앞으로 계속 추적하여 사용 허락을 구할 예정입니다.

QR코드 링크

[사진4] 무한도전 유혹의 거인, 나무위키, https://namu.wiki/w/무한도
전%20유혹의%20거인

[사진7] 루피, 나무위키, https://namu.wiki/w/루피(뽀롱뽀롱%20뽀로로)

[사진8] 군침이 싹도노 뽀로로 루피짤 50개 대방출, 2020.07.10., 뷰스타
위드제이 블로그, https://m.blog.naver.com/mahz3014/222027376100

[사진17] 알고 보면 더 재밌는, 고전 짤의 유래를 찾아서, 2018.09.05., 웨
이브 네이버 포스트, https://m.post.naver.com/viewer/postView.nhn?
volumeNo=16643995&vType=VERTICAL

[사진19] 아햏햏, 나무위키, https://namu.wiki/w/아햏햏

[사진26] 최강희(축구인), 나무위키, https://namu.wiki/w/최강희(축구
인)

[사진27] 무야호, 나무위키, https://namu.wiki/w/무야호

한국 인터넷 밈의 계보학

초판 1쇄 발행 | 2024년 6월 17일
초판 3쇄 발행 | 2024년 10월 21일

지은이 | 김경수
펴낸이 | 이은성
편 집 | 김다연
디자인 | 최승협
펴낸곳 | 필로소픽
주 소 | 서울시 종로구 창덕궁길 29 - 38, 4 - 5층
전 화 | (02) 883 - 9774
팩 스 | (02) 883 - 3496
이메일 | philosophik@naver.com
등록번호 | 제2021 - 000133호

ISBN 979 - 11 - 5783 - 339 - 9 93100

필로소픽은 푸른커뮤니케이션의 출판 브랜드입니다.